读懂元典

宋会群 著

《周易》与中国文化

华夏出版社

图书在版编目(CIP)数据

《周易》与中国文化/宋会群著. -- 北京：华夏出版社有限公司，2022.10

(读懂元典)

ISBN 978-7-5222-0256-3

Ⅰ.①周… Ⅱ.①宋… Ⅲ.①《周易》-研究②中华文化-研究 Ⅳ.① B221.5 ② K203

中国版本图书馆 CIP 数据核字 (2022) 第 008264 号

《周易》与中国文化

著　　者	宋会群
责任编辑	王　敏
封面设计	殷丽云
责任印制	周　然

出版发行	华夏出版社有限公司
经　　销	新华书店
印　　装	三河市少明印务有限公司
版　　次	2022年10月北京第1版 2022年10月北京第1次印刷
开　　本	787×1092　1/32
印　　张	11.625
字　　数	211千字
定　　价	57.00元

华夏出版社有限公司　地址：北京市东直门外香河园北里4号　邮编：100028
　　　　　　　　　　网址：www.hxph.com.cn　电话：（010）64663331（转）
若发现本版图书有印装质量问题，请与我社营销中心联系调换。

弘扬元典　走向未来
——序《读懂元典》丛书

华夏出版社的《读懂元典》丛书就要和读者见面了，这是一件值得庆贺的事，我很高兴有机会和读者朋友就这个选题说几句话，聊聊对元典文化的一些想法。

20世纪90年代，我曾主编过一套《元典文化丛书》，当时"元典"这个概念还不十分流行，有朋友问我，为什么要用"元典"，而不是人们习以为常的"经典"。我当时是想写一篇小文来谈谈这个问题，一直没有合适的机会，就放下了。现在就借机来谈一点简单的想法。

中国历史上的先秦时代和秦汉之际的社会变革时期，产生了一批影响中国历史、中国文化和中国民族性格的基础性文化典籍，如《周易》《诗经》《尚书》《春秋》《老子》《论语》等等。由于从汉代起儒家研习的先秦《五经》被国家确立为全体国民都必须遵循的思想法则，《五经》获得了在社会政治和社会文化生活中不可质疑的神圣性，一直延续至宋《十三经》，在中国思想文化的发展史上，就形成了一批只能被尊奉而不能怀疑和批判的文献典籍。汉以后研习《五经》《十三经》的学问，被称为"经学"；经学典籍《十三经》，即被称为经书、经典。"经典"二字，代表着典籍的神圣和尊严。

近代以来，马克思主义传入中国。马克思主义哲学本质的革命性和批判性，教会我们以科学理性的态度对待传统文化，改变了我们对经典只能遵循而不能分析和质疑的思想态度，传统《十三经》成为我们研读、分析和思考的对象，而失去了不可分析的思想权威属性。所以，在马克思主义普及的今天，把传统文化典籍当作"经典"而盲从的传统积习，应该改变。虽然我们已经习惯了"经典"二字，但在科学而理性的文化研究和文化传播活动中，尽可能地避开不科学的做法，是文化学者应该考虑的问题。

于是，我们选择以"元典"来指称《周易》《诗经》等等这批古老的文化典籍，并一般性地称之为"中华元典"。"元典"是什么意思呢？

元者，始也，首也，意谓"第一"和"初始"。这是中国最早的一批文化典籍，对以后思想文化的发展，具有初始意义。

元者，大也，意谓宏大而辽阔。这批文化典籍提供的思想场域，涵盖了后世中国思想发展的诸多问题意识，具有全覆盖的特点。

元者，善也，吉也，有美好、宝贵和嘉言之意。这批文化典籍提供了后世中国最宝贵、善良和美好的思想修养资源。

元者，基也，根也，具有基础、根本、本源之意。这批文化典籍是后世中国文化的基础和出发点，一切思想元素都来源于此，一切思想的发展都以此为根基。

元者，要也，有主要、重要之意。这批文化典籍不是中国文化典籍的全部，但却是中国文化中最重要、最核心的部分。

总之，"元典"包含有始典、首典、基本之典及大典、善典、宝典等意蕴，"元典"称谓，既在某种程度上包含了传统的圣典、经典之义，又避开了对传统典籍非理性尊崇的嫌疑。这是我们对"元典"称谓的简要说明。

先秦和秦汉之际产生的"中华元典"包含了后世中国思想文化的各种因子，历史地决定了后世中国历史与文化发展的方向、性质和特征。中国所以是中国，所以是今天这样的文化面貌，所以在文化精神、民族性格的方方面面都迥异于西方，即是由它们所奠基的。读懂元典，对于我们今天认识自身的文化面貌，了解文化国情，理解中国历史文化发展道路的特殊性，具有极其重要的意义。

中华元典诞生在春秋战国和秦汉之际的社会大变革时期，是对社会转型、社会变革所提出的一系列重大的基础性问题的回答。两千多年后的今天，中国又处在一个历史的转型期。传统社会向现代社会的过渡，必然要求以文化的变革为先导、为前提，同时也作为最终巩固经济、政治变革成果的牢固根基。然而，任何一个民族的文化变革，都不可能是对先前文化传统的革除，而恰恰相反，民族文化的每一次更新，都是对原有文化传统精髓在更高层次上的发扬和转换，是将原有文化传统在其开端时已蕴涵着的文化意蕴在新形势下重新发现，重新唤起，并赋之以新的生命活力。唯有如此，文化才有更新，才有发展；唯有如此，文化也才有绵延不断的统绪，也才能为全体民族成员认同和承袭。这就是在两千年后我们还要重温元典的历史根据。历史昭明，再读元典并读懂元典，对当今社会的历史进步，具有多么重要的意义。也正是在这个意义上，我欣赏华夏出版社的这套丛书！

我了解丛书的部分书稿，知道它可以实现丛书组织者的初衷。

读懂元典，首先是要了解元典本身所蕴含的思想意义。丛书在这方面有充分的解读。

但读懂元典的真正含义，还不止于此。元典所以是元典，是被历史所证明的，是被历史选择出来的，它真正对后世历史起到了根本性的影响和奠基作用。所以，读懂元典，还需要了解这些元典典籍对中国文化、中国历史的发展道路，对中国国民性格的塑造，怎样起到了一种奠基性、支配性的作用；进而还需要知道我们的民族精神之来源，以及民族文化传统形成和发展的来龙去脉，从而站在今天的历史高度，对民族文化的发展史，作出清醒的考察和历史的反思。弄清这些问题，是读懂元典的深层次要求。所以，丛书作者也都着力于此，尽可能去梳理中华元典对后世中国文化的全方位历史影响。丛书的最大篇幅，都用在了读懂元典的这个方面。

这套丛书是有特色的，相信它可以受到读者的欢迎。希望丛书发挥出它强大的指引与激励作用，最终可以帮助当代青年认识我们的文化国情，了解中国文化的发展道路和文化特色，进而以清醒的头脑面对传统、走向未来。

2021.9.27

目 录

千古奇书——《周易》　　　　　　　　　　1
《周易》的流传与得名　　　　　　　　　　2
《周易》的基本要素：阴阳爻　　　　　　　5
表达象数逻辑思维的符号——卦　　　　　18
神秘的易数和筮法　　　　　　　　　　　27
《周易》的素材和成书年代　　　　　　　46

周易学简史　　　　　　　　　　　　　　67
从占筮书到哲学书：先秦易学　　　　　　69
群经之首：两汉象数易及其影响　　　　　84
三玄之冠：魏晋的玄学易　　　　　　　　99
《周易》原理的哲理化：宋明理学易　　　110
质朴笃实：清代的朴学易　　　　　　　　133

《周易》与中国思想文化　　　　　　　　　　　　　147

　　《周易》奠定了中国人传统的思维方式　　　　　147

　　《周易》与宗教文化　　　　　　　　　　　　　167

　　《周易》与中国君主政治　　　　　　　　　　　193

　　《周易》的教育神圣思想　　　　　　　　　　　203

　　《周易》与传统美学　　　　　　　　　　　　　213

《周易》与中华民族精神　　　　　　　　　　　　221

　　"吉凶与民同患"的时代忧患意识　　　　　　　222

　　"革去故，鼎取新"的社会改革意识　　　　　　224

　　《周易》的理想人格　　　　　　　　　　　　　227

　　"天行健，君子以自强不息"的民族性格　　　　233

《周易》与中国古代科学　　　　　　　　　　　　239

　　《周易》的思维方式是古代科技发明的思想基础　239

　　《周易》与天文历法　　　　　　　　　　　　　243

　　《周易》与数学　　　　　　　　　　　　　　　273

　　《周易》与中医学　　　　　　　　　　　　　　292

《周易》与术数文化　　　　　　　　　　　　　　313

　　术数的源流与内涵　　　　　　　　　　　　　　313

《周易》与各种筮占	317
《周易》与相术	323
《周易》与四柱命学	329
《周易》与堪舆术	334
易学与象棋的起源和演变	340

余论   351

主要参考书目   357

千古奇书——《周易》

《周易》是中国最古老最重要的典籍之一。它有近三千年的流传历史，在中国文化史上闪耀着熠熠光彩，具有惊人的生命力和几乎是永恒而普遍的魅力。正统的儒家尊崇它为"群经之首"，玄奥的道家尊奉它为"三玄之冠"，即使现代的学术界，也一致认为它是"大道之源"，是中国文化的"源头活水"。数千年来，从帝王到百姓，从鸿儒到术士，从世外逸人到凡夫俗子，从军事家到政治家，从思想家到科学家，无不对《周易》抱着浓厚而广泛的兴趣——传易、说易、研易、用易，大到国家的治乱兴亡，小到个人的荣辱得失，精到高深的哲学思维推理，微到中医的治病养生，人们无不期望从《周易》中找到合理的解释和答案。有的借《易》以安邦治国,有的借《易》以趋吉避凶,有的援《易》以发挥新思想伦理,有的据《易》以建立新的学术流派。《周易》像那源源不竭的甘泉,浇灌了中国传统文化的土壤,培育了中华民族自强不息的精神风貌。它是理性思维的源泉,又是民族智慧的结晶。

因此,从《易经》到《易传》再到易学,形成了中华文化中一门庞大的学问。这门学问的图籍之盛,可谓汗牛充栋。民国以前见于著录的"易籍"已达六千种左右,现存的"易籍"总数也在二千八百种以上。一本数万言的《周易》,竟在文化史上具有如此巨大的影响,这不仅在中国是独有的,在世界上也是罕见的。

《周易》是神奇的书!神得令人神往而困惑,奇得令人咋舌而惊叹!叹惑之余,人们不禁要问:《周易》究竟是一部怎样的书?它哪些地方值得人们如此迷恋和神往?它又是怎样影响了中华民族的文化行为和伦理思想?

要弄清以上问题,首先要了解《周易》。

《周易》的流传与得名

我们所讲的《周易》,是指今天所见到的传本,而在周代,易书至少有三种。《周礼·春官·太卜》说:"掌三易之法，一曰《连山》，二曰《归藏》，三曰《周易》。"说明先秦时期，还有《连山易》和《归藏易》与《周易》并存。即使是《周易》，自秦汉以来也有不同的传本和结构形式。西晋太康二年（281年），有人盗发了战国时魏襄王的墓，墓中有《易经》，但没有《易传》（亦称十翼），爻辞也和今本《周易》不同。1972年，长沙马王堆汉墓出土的帛书《周易》，其卦名、卦的排列次序都与今本不同；十翼中没有《彖传》《象传》《文言传》，却另有《要》《昭力》等三篇；其中虽有《系辞传》，内容也与今本有差别。这种情况说明，我们现在看到的《周易》，不但只是先秦易学著作中的一种，而且仅是众多《周易》传本中的一种，别的《周易》传本和易学著作，与今本的结构、卦名、卦序、传注等都是不同的。然而，对中国文化的传延与发展、对中国民族精神产生了巨大影响的，无疑是今天所见的这个《周易》传本。所以，本书所论，当然也就只能是以这个传统的《周易》传本为据。

《周易》一书最终著成于战国末期。秦始皇焚书，未及卜筮之书，所以它未遭秦火。自西汉起，有了传《易》的专门之学。开始诸家皆祖田何，以后又有了今、古文《易》的区别。今文《易》有施雠、孟喜、梁丘贺、京房等诸家，他们所传的是《易经》十二篇，受到官方维护和承认，得立于学官。其特点是经、传分开，不相混杂。当时还有费直传古文《易》，官方虽不承认，在民间却流传较广。其特点是专以《易传》解经，把《彖传》《象传》《文言》杂入卦中，使经与传合为一体。西汉末年，刘向用皇家秘藏的古文《易》校对施、孟等人的今文《易》，发现后者有不少脱字，而费直《易》却与秘本相同。至东汉，原受冷落的费氏《易》开始兴盛起来，著名经师郑玄、马融等皆治费氏《易》，结构上大体仍其旧。魏人王弼注《易经》，晋人韩康伯续注《易经》，用的都是郑玄的本子。唐代初年，孔颖达主编《五经正义》，其中《周易》用王弼和韩康伯的本子。宋代易学大发展，程颐作《伊川易传》，用的也是王弼的本子。宋人吕大防、晁说之、吕祖谦等人，恢复汉时人今文《易》之旧，又将经与传分立。清代初年官修的《周易折中》，采用经、传分立的老办法，读起来甚为不便，所以阮元编《十三经注疏》的时候，采取的是王弼、孔颖达的注疏本，这个本子也被录入《四库全书》，即今天的《周易》通行本。溯其根源，实起于汉代费直的古文《易经》，而当时立于学官的施、孟、梁丘三家传授的今文《易经》，在晋末"永嘉之乱"时就亡佚了。

　　《周易》因何而得名？这个看似简单的问题，目前却还没有确切的解释。有人认为"周"是"周匝""周遍"的"周"，有人认为是"周族"的"周"，还有人认为是"周代"的"周"。"易"字的解释更是五花八门。有人说"易"象蜥蜴之形，蜥蜴善于变色，取其善变以为义；有人说"生生之谓易"，认为万物的繁衍生殖是"易"的本义；有人说"易者占卜之名，因以名其官"，认为"易"是筮官的官名；还有人认为易占的方法比龟卜容易，因而释易为"简易"之义；更有人统而观之，认为易有"简易""变易""不易""交易""反易""对易""移易"等多种含义。

以上诸说，见仁见智，都有一些根据和道理。虽莫衷一是，众说纷纭，但也足见《周易》之学博大精深之一斑。现代学者多认为，《周易》是周代的一部占筮书，《周易》一名必和周代的占筮分不开。如《左传》庄公二十二年："周史有以《周易》见陈侯者，陈侯使筮之。"昭公五年："庄叔以《周易》筮之。"哀公九年："阳虎以《周易》筮之。"凡提《周易》都与"筮之"相连，说明《周易》在春秋以前，并无其他方面的功用。因此，《周易》名称的含义，似以"周代的占筮"为确。

《周易》的基本要素：阴阳爻

《周易》的结构与爻的性质

从结构上讲，《周易》包括经（或称《易经》）和传（或称《易传》，汉时人称作《易大传》）两部分。《易经》分上经、下经两篇。《易传》是对经的解释,有十篇,亦称"十翼"。所以《汉书·艺文志》说:"《易经》十二篇。"颜师古注:"上、下经及十翼,故十二篇。"值得注意的是,这里把传文十翼也归于经文,统称《易经》,说明汉时人已把传文也作为经文看待而统统立于学官,汉时人《易经》的概念已同于今天的《周易》概念。本书所谈的《易经》,专指《周易》的经文部分,而把十篇传文统称为《易传》。

翻开《周易》,首先映入眼帘的是"☰""☷"等符号,符号后写有"乾""坤"等字样,再后是用简练而艰深的文字对组合符号和单个符号的种种解说。这种结构一望可知,六个一组的符号是《周易》的中心和纲领,它统贯全书。而所有的文字部分都附于其后,对这些符号不厌其烦地进行解释和说明。可见这些符号在《周易》中扮演着多么重要的角色。

这些符号不是别的,正是《易经》中的六十四卦。每卦都由六个"—"或"--"组成。"—"称作"阳爻","--"称作"阴爻",统称为"爻"或"爻画"。用阴阳爻画组成六个一组的卦形,若不重复的话,只能组成六十四种,所以《周易》只有六十四卦。如果用阴阳爻组成三个一组的不重复的卦形,只能组成八种,称为"八卦"。因此,《周易》的符号系统共有三类:爻类、八卦类、六十四卦类。

爻是《周易》最基本的符号　爻也是构成八卦和六十四卦的最小单位。阴阳爻的区分以及爻象的建立，是《易经》作者们对世间万事万物的高度抽象和概括，为以后《易传》的作者们建立《周易》的阴阳对立统一学说，进而将《易经》由卜筮之书改造为伦理哲学之书奠定了基础。《周易》共有六十四卦，每卦六爻，所以应有三百八十四爻。实际上，它又多出"—"和"--"两爻，总共为三百八十六爻。

爻都有爻题　爻题即爻的名称。阳爻"—"题为"九"，阴爻"--"题为"六"。每卦中的六爻爻题由爻位名和爻名共同构成。爻位名从下向上分别为"初、二、三、四、五、上"。所以，一个卦的阳爻自下而上称为"初九、九二、九三、九四、九五、上九"，一个卦的阴爻自下而上称为"初六、六二、六三、六四、六五、上六"。如☳丰卦，自下而上的爻题可记为：初九、六二、九三、九四、六五、上六。由此可看出一个规律，凡卦中阳爻爻题皆为九，阴爻爻题皆为六。九与六作为数字和"—""--"符号有着密切的关系。"九""六"数一般认为是源于《周易·系辞上》的"大衍之数"占筮法。其法是用四十九根蓍草经分二、挂一、揲四、归奇四个固定的程序（亦称"四营"）运算后，可以得到九、八、七、六中的某一个数。六为老阴，九为老阳，都是可变之数（阴阳趋极而转化），所以用九、六命名阴阳二爻。关于筮法的问题比较复杂,后面将专题介绍。

爻的性质 爻不仅可以组成八卦、六十四卦的卦形,更重要的是,以它的阴阳二体"--""—"的高度抽象性,反映了八卦、六十四卦的不同卦象。爻的阴阳之象(亦称爻象),在每卦的卦象中都起着重要的作用,其最突出的作用是变、是动、是效。《周易·系辞上》说:"爻者,言乎变者也。"《系辞下》也说:"爻象动乎内,吉凶见于外。""爻也者,效天下之动也。"可见,所谓爻,就是仿效天下万事万物的变化运动,经过高度抽象的一种符号。它的本质特征是"效"(效法万物之象)和"动"(有动才会有变,有变才会生出不同的卦象和变卦),这和《易》的原意为"变易"是一致的。爻和卦的关系是体用关系。卦是事或物的本体,爻是事或物的变用。卦处在静态的角度观察,重在反映世间各种阴阳事物的物象;爻则处于动态的角度观察,重在反映阴阳事物之间的变化和转化。

阴阳爻的起源

阴阳爻的起源有各种假说,可分为二类:

一类认为"—""--"两符号本身来源于两种互相对立而又统一的物象,后来抽象为阴和阳的概念。如章太炎、钱玄同、郭沫若等人认为,阳爻"—"象征男根,阴爻"--"象征女阴，由此两种最普通、最直接、最易体会的具象形成了阴阳二爻。此即男女生殖器说。再就是现代的科学易派提出的日月星象说。《史记集解》引孟康云："五星之精，散为六十四变，记不尽。"据此认为阴阳爻源于日月星象；"—"爻画源于日象，"--"爻画源于月象。

再一类假说认为"—""--"符号的起源未必和对立统一的事物具象有联系。有以下几说：

结绳说。根据《周易·系辞下》称伏羲氏"作结绳而为网罟，以佃以渔，盖取诸离（卦名）""上古结绳而治，后世圣人易之以书契，百官以治，万民以察，盖取诸夬"的记载，认为上古记事在绳上打一大结，即为"—"符，打两小结，即为"--"符。李镜池、范文澜等持此观点。

龟兆说。认为古代占卜，烧灼龟甲，依其兆纹判定吉凶，"—""--"的符号即归纳总结兆纹而形成。屈万里、余永梁和日本人本田成之等持此观点。

竹节蓍草说。认为阴阳爻为占筮时所用竹节蓍草的符号化，一节竹或一根蓍草为"—"，两节竹或断开蓍草为"--"。高亨等主此说。

以上诸说，或许都有一定根据，但孰是孰非，殊难断定。最近几年，考古发现的"数字卦"为解决爻画起源问题提供了重要线索。

考古发现的数字卦,从商代一直延续到秦汉时代。它由一、五、六、七、八、九等数字混配而成卦。如"䷻"形,即由六、一、一、八、六、六组成。按照筮法原则,奇数可画为阳爻,偶数可画为阴爻,则该数字卦可画为䷭形,上坤下巽,即升卦。数字卦随着时代的变迁,所用数字不同,西周早期以前,只用一、五、六、七、八等五个数组卦,西周中期以后又添了九字。到了战国时期,省去了五和七,只用一、六、八、九四个数组卦。到了西汉初年,安徽阜阳双古堆汉墓的竹简上,又省去了八、九两个数字,只用一、六两个数组卦。如升卦写作"䷻"形。比其稍晚的马王堆汉墓帛书《周易》中,又将∧(六)写作"八"形,中间断开而和爻画"--"相当接近。因此,现代不少学者认为"--""—"爻画符号是由六、一两个数字的字形演变而来的。

此说虽得到考古资料的支持,但也不无缺陷。因为若按此说推理,数字一、六转化为"—""--"的爻画符号是西汉初年才完成的,但作于春秋和战国早期的《左传》《国语》中的卦画已用"—""--"符号表示,商末周初的铜器上又有"䷕""䷭"等卦画符号,东周玺印上还有"䷭"的卦画符号。这些资料证明爻画符号的形成至少在战国早期以前,与前说有明显矛盾。

我们认为,根据目前的考古和文献资料,可以确认阴阳爻画的起源与数字卦有密切关系，爻画的阴阳性质来源于数字卦筮数的奇偶性质。但爻画是否由一、六两个筮数的字形讹变而来，值得进一步研究；同时，不带卦象的数字卦与以卦象为核心的爻画卦能否等同看待和相互翻译，都是需要进一步研究的问题。

爻位的变化与《周易》的哲理化

爻位是《周易》中的重要概念。它指的是六十四卦各爻所处的位置。爻的"动""变"的性质主要体现在爻位上。每卦中的六个爻位由下至上依次名为：初、二、三、四、五、上。初、三、五爻位是奇数，故称阳爻位；二、四、上爻位是偶数，故称阴爻位。

阳爻居阳爻位，阴爻居阴爻位，称为得位，否则为失位。判断吉凶时，得位则吉，失位则凶。六十四卦中，阴阳爻全部得位者只有既济卦䷾，全部失位者只有未济卦䷿。

按照传统易说，六爻爻位高低不同的等次，象征着事物发展过程中所处的阶段，或象征着贵与贱的身份、地位、条件等。如：初、二爻位象征地位，三、四爻位象征人位，五、上爻位象征天位，反映了古代天地人"三才"的宇宙一统观念。就等级而言：初爻位为元士，二爻位为大夫，三爻位为大公，四爻位为诸侯，五爻位为天子，上爻位为宗庙。就贵贱而言：初九、九五为圣人，初六、六四、上六为小人，九三为君子，九二为庸人，九四为恶人。当位则吉，不当位则凶。

爻位由下而上的依次递进，还体现了事物从低级向高级发展壮大及穷极而返的规律。其基本特征为：初位象征事物发端萌芽，主潜藏勿用。二位象征事物崭露头角，主适当进取。三位象征事物功业小成，主慎行防凶。四位象征事物新进高层，主警惕审时。五位象征事物圆满成功，主处盛戒盈。上位象征事物发展终尽，主穷极必反。《周易》中的卦爻辞，是对卦象、爻象的解释，因而，大多都反映了这一递进的发展趋势。如乾卦☰：

☰乾，元亨，利贞。（此是卦辞。意思是开始即通达而宜于占问。）

初九：潜龙勿用。（处于初位。潜伏的龙不可轻举妄动。）

九二：见龙在田，利见大人。（龙呈现于田野，崭露头角，宜于见大人。）

九三：君子终日乾乾，夕惕若厉，无咎。（君子白日勤勉不懈，夜晚又戒惧似有危厉，即使身处危境，也无患害。）

九四：或跃在渊，无咎。（龙在渊中，跃或不跃，皆得其所，无患害。）

九五：飞龙在天，利见大人。（龙终于飞腾于天，宜见大人而呈志。）

上九：亢龙有悔。（龙飞得过高，反而会有悔恨。）

爻位的概念，在《彖传》《象传》（十翼中的两篇传文）那里被发展成一种爻位学说，即以爻象在全卦象中所处的地位说明一卦之吉凶。这种学说以阳爻和乾卦为刚（刚强之意），以阴爻和坤卦为柔（柔弱之意），使对《易经》中卦象、爻象的解释进一步抽象化了。《彖传》和《象传》的作者认为卦爻象同卦爻辞之间存在着必然的联系，并试图以爻位学说把《易经》中六十四卦的全部内容逻辑化、体系化。这种爻位说，概括起来有以下六点：

当位说 即爻位的初、三、五为阳位，二、四、上为阴位。阳爻得阳位，阴爻得阴位，都为得位，得位则吉；反之为失位，失位则凶。如既济卦䷾，六爻皆当位，故《象》说："利贞，刚柔正而位当也。"再如归妹卦䷵，二三四五爻皆失位，所以《象》说："征凶，位不当也。"

应位说 指初与四，二与五，三与上，其位相应。在这三对位置上的卦爻，如果是一阴爻和一阳爻，则为"有应"；

如果都是阳爻或都是阴爻，则为"无应"。一般情况下，有应则吉，无应则凶。这个原则是对《易经》中用"当位说"解释不了的卦爻辞的重新解释和补充。如对未济卦☲☵，六爻皆不当位，应该是凶卦，但卦辞却说"亨"（即亨通顺达之义），与"当位说"矛盾。于是乎，《象传》就用应位说来解释："虽不当位，刚柔应也。""刚柔应"指初与四、二与五、三与上的爻位上都是阴、阳爻相应，故为有应，有应则吉，则能亨通顺达。

中位说　中位指居上、下卦中间的爻位，即六爻卦的二、五爻位。《周易·系辞下》说："二多誉""五多功"。所以，一般情况下，阴阳爻虽不当位，但居二、五中位，亦得吉。如噬嗑卦☲☳，其六五爻并不当位，但居上卦之中，所以《象》曰："柔得中而上行，虽不当位，利用狱也。"以为此卦有利，为吉。再如未济卦☲☵，六爻皆不当位，《象传》解其九二爻说："九二，贞吉，中以行正也。"上卦的中位，又称为尊位，此位若是阳爻所居，既当位，又是中位、尊位，其吉则妙不可言。如需卦☵☰，上坎下乾，《象》说："（九五）位乎天位，以正中也。"天位，即天子之位。后来称帝王为"九五之尊"，即源于此。中位说来源于儒家的中庸思想，《彖》《象》皆推崇"中道"，以"居中"为美德，以"中正"为行为准则，这样使《易经》的占筮迷信色彩更加淡薄，并逐渐地哲学化、伦理化。

趋时说 此说也是解释卦爻辞吉凶的一种体例。它认为，卦爻辞的吉凶，往往取决于其所处的时机。即使当位或居中位，也不一定都是吉，适时则吉，失时则凶。《系辞》说："变通者，趋时者也。"王弼进一步提出要适时而变的范畴："夫卦者，时也；爻者，适时之变者也。"不仅讲时机，还讲适时而变通。掌握时机的问题在《彖》《象》中多次提到。如节卦䷻，上坎下兑，坎为刚，兑为柔（八卦中坎为阳卦，兑为阴卦），九二、九五都居中位，所以《彖》说："节，亨。刚柔分而刚得中。"但节卦九二爻辞却说："不出门庭，凶。"显然有矛盾。《象传》解释说："'不出门庭，凶'，失时极也。"这就是说，九二爻虽居中位，但应出去而不出，就会失去时机，时机失去，故为凶。除此而外，《彖》释卦爻辞时，还有很多论述。如释大有卦说："应乎天而时行，是以元亨。"释随卦说："天下随时，随时之义大矣哉。"释损卦说："损刚益柔有时，损益盈虚，与时偕行。"释艮卦时说："时止则止，时行则行，动静不失其时，其道光明。""与时偕行"的命题，指出了世间万事万物随时变化的客观规律，也指出了人们适应这种规律的思想方法是审时度势，与时偕行。

承乘说 在一卦中临近的两爻，下者为承（有承上的含义），上者为乘（有乘下之义），阳爻在上，阴爻在下，为阴承阳，阳乘阴，符合阳上阴下的准则，故这种关系为"顺"。阴爻在上，阳爻在下，为阳承阴，阴乘阳，关系颠倒，故为"逆"。顺则吉，逆则凶。如小过卦☷，震上艮下。上卦震的爻象是六五乘九四，阴乘阳为逆；下卦艮的爻象是六二承九三，阴承阳为顺。因此《象》说："不宜上宜下，大吉。上逆而下顺也。"所以为大吉，是因为下卦为阳乘阴、阴承阳为顺，又从下不从上。再如归妹卦☷，上震下兑。上卦六五乘九四为逆，下卦六三乘九二也为逆，六五虽居中位，由于乘阳，不能为吉。故《象》解释卦辞说："无攸利，柔乘刚也。"承乘说是在中位说不能解释卦爻辞中的吉凶断语时，对它的一种补充说明。它从天上地下的客观物象出发，强调人们要顺乎自然及其规律，能顺则吉，反逆则凶，有积极的思辨逻辑意义。但此说用于人事，在封建等级秩序的社会条件下，则会导致人们形成安分守己、柔弱屈从的意识，因此具有一定的消极意义。

往来说 这指卦中各爻的上下往来。自下而上为"往"，自上而下为"来"。《周易·系辞上》说："往来不穷谓之通。"爻的上下往来，是爻象的自身运动，《彖》《象》的作者都认为，这种运动与卦爻辞之间有必然联系，因此用来解释卦爻辞的吉凶。这反映了《周易》中的整体论思想。如随卦☷，兑（☱）上震（☳）下，震为刚为动，兑为柔为悦。《彖》解释说:"刚来而下柔,动而悦,随。"是说上卦兑的阳爻自上而下"来",到了下卦震的二阴爻之下,成为震卦初九爻,以此解释震为动,兑为悦,即下动而上悦,进而说明此卦辞"元亨,利贞"的结果是吉利。无妄卦☷也是这样,乾上震下,《象》说:"刚自外来而为主于内,动而健。"是说上卦乾(亦称外卦)为刚,来到了下卦震(亦称内卦)之中,成为震卦的初九爻,此爻阳刚当为主,有统率二阴爻的作用,为内卦之主。这样无妄卦就有即动而健(健是乾的卦象)的卦象,进而解释了卦辞"无妄,元亨,利贞"的吉祥断语。相反,如剥卦☷,为五阴一阳之象,《象》解释说:"柔变刚也。不利有攸往,小人长也。""柔变刚"指柔长(阴爻多)而侵犯改变了刚,以此解释卦辞"不利有攸往"。复卦☷,五阴居上,一阳居下,《象》解释说:"利有攸往,刚长也。""刚长"指下卦初九爻为阳为刚为主,表示一阳复生,有发展前途。以此解释此卦"利有攸往"。

  以上六种说法,往往结合起来解释某一卦的卦义和吉凶。由此构成了一个复杂的爻位关系网,这个网联结着六十四卦的卦象、爻象和卦辞、爻辞;并用儒家的伦理观念(如尊卑观念、趋时与中庸观念等)为中心,以道家阴阳家的盈虚消长、刚柔往来说为辅助,调节着《易经》中的象数与卦爻辞之间的矛盾。爻位说的建立,使《周易》的内容开始逻辑化和体系化，使卦爻象与卦爻辞之间的内在联系更加明朗化，使它们之间的矛盾得到了一些合理的解释。这是一个《周易》的自我完善过程，促进了《周易》从卜筮迷信向伦理哲学化的转变。

表达象数逻辑思维的符号——卦

八卦的卦象与卦德

卦，亦称"易卦"，是易的符号体系。前已说明，它分为八卦、六十四卦两种形式。在《周礼》中，"八卦"称为经卦，以后亦称单卦、三爻卦和小成之卦；与其相对，"六十四卦"亦称别卦、重卦、六爻卦和大成之卦。

卦的含义，《说文解字》云："卦，筮也。"《易纬·乾坤凿度》说："卦者，挂也，言悬挂物象以示于人，故谓之卦。"《周易·说卦》说："观变于阴阳而立卦。"这说明，卦是悬挂的意思，又是通过筮法得到的一种反映各种物象的符号，这种符号源于阴阳的变化，占卜时悬挂起来以示于人，筮者解其象而论吉凶。

八卦是由三个爻组成的八种基本符号和图像。其名与形是：乾（☰）、坤（☷）、震（☳）、艮（☶）、离（☲）、坎（☵）、兑（☱）、巽（☴）。为了便于记忆，人们编出了下边的口诀：乾三连，坤六断，震仰盂（像正放着的盆），艮覆碗，离中虚，坎中满，兑上缺，巽下断。

八卦的卦形是《周易》的基本表象结构。《系辞下》："八卦成列，象在其中矣。""八卦以象告，爻象以情言，刚柔杂居，而吉凶可见矣。""象"是《周易》中最重要的概念，它有双重含义。一指抽象的象征之象、效法之象，如符号"—"代表"阳"之象，"--"代表阴之象，这是《易》中最大的"象"，也是最抽象、最灵活、适应性最强的"象"。第二是指具体的现象或形象，八卦之象即属于这一种。象寓于卦形或爻形之中，卦和爻的实质都是象。象的作用是表意，即表达某种思想，象是《周易》表意的最基本的手段。有人推测，卦在发明的时候，只有卦画，吉凶全以卦象断之；后来才有了用文字表象的卦辞和爻辞，学《易》用《易》的人才根据卦辞了解象，根据象了解意。因此，《周易》的本质特点就是用象（还有数，后面讲）来表达思想，表达义理。

八卦象征和代表着自然界和人类社会的各种物象和现象，如：乾为天，坤为地，震为雷，巽为风，坎为水，离为火，艮为山，兑为泽。这是八卦的大象。八卦的卦象很灵活，可以象征和代表一切事物。以之象动物，则乾为马，坤为牛，震为龙，巽为鸡，坎为豕，离为雉，艮为狗，兑为羊。以之象人体，则乾为首，坤为腹，震为足，巽为股，坎为耳，离为目，艮为手，兑为口。这是八卦的本象。以之象家庭，则乾为父，坤为母，震为长男，巽为长女，坎为中男，离为中女，艮为少男，兑为少女……其象触类旁通，"以通神明之德，以类万物之情"。

八卦的取象虽多，却有规律可循。八卦的取象是根据八卦的性质决定的，亦称为八卦的"卦德"。它载于《周易》的《说卦传》：

"乾，健也。"乾象天，不息地运转，性质刚健。

"坤，顺也。"坤象地，顺天而行，性质柔顺。

"震，动也。"震为雷，惊动万物，性质为动。

"巽，入也。"巽为风，无孔不入，性质为入。

"坎，陷也。"坎为水，流于低处，性质为陷。

"离，丽也。"离为火，火附着于可燃之物，性质为附丽。

"艮，止也。"艮为山，巍然不动，性质为停止。

"兑，悦也。"兑为泽，泽气洋溢，性质为悦。

八卦在《周易》中的主要作用或者说主要意义，就是给世界上的万事万物划定了这可以互相比拟、触类旁通的八种性质。万事万物都可包含在这八种性质之内，概莫能外。八卦所取象的事物千变万化，但只要反映这八种性质，说者如何取象，完全可以因时势而制宜。后世的取象愈益复杂，万事万物几乎无所不包，无所不容，其原因正在于八卦的取象是由"卦德"所决定的，这种取象系统完全是一个开放的、兼容的系统。由卦象所反映的各种义理、思想，在《周易》以后之所以能形成世界上最大的学术流派——易学洪流，与八卦开放性的符号取象系统有密切关系。

八卦卦象在《周易》中十分重要，易就是象，象就是易，易中深刻的哲理和逻辑都是从物象中得来的。《系辞上》："圣人设卦观象，系辞焉而明吉凶。""《易》无思也……感而遂通天下之故。""通天下之志"，"成天下之务"。这道出了易象深刻的哲理功能和社会功能。历来的学者都十分重视卦象，视不通卦象者为不通八卦，不通《周易》。

但是，也有些学者认为卦象无意义。如研《易》的专家高亨先生，对卦象就持怀疑态度。他认为执意研究卦象，会导致巫术化。还有人认为，八卦的取象令人莫名其妙，如乾为天、为阳，但何以又为寒、为冰、为大赤？为老马？为瘠马？为驳马？为木果？坤为地、为阴，但又何以为文？为柄？同象事物划分的根据也很驳杂，或据外部的联系，或据表面形似，或由比类推引而成。这些状况都说明，象不能成为科学意义上的认识论范畴。

刘大钧先生认为，卦象和卦爻辞之间是有关联的。他指出：六十四卦的三百八十四条爻辞，凡拟之以物时，初爻之辞皆取象于下，如乾卦初九爻的"潜龙勿用"的潜有下义，坤卦初爻的"履霜"、履卦初爻的"素履往"、贲卦初爻的"贲其趾"等皆有下义。上爻之辞都取象于上。如乾卦上九爻的"亢龙"即极高之义。在取一物为象的卦中，随着爻位的上升，物象也由下往上变。如咸卦六爻初为脚的大拇指，二为腿肚，三为大腿，五为背脊之肉，六为面部。乾卦中的龙则是由潜为跃为飞，最后为亢。可见，《系辞》中所讲的"八卦成列，象在其中""立象以尽意""设卦观象系辞焉"的提法是有根据的。只是《周易》的作者当初是如何"拟诸其形容"和"象其物宜"的，因其法亡佚，已不可尽知。因此，今天会出现那些莫名其妙的拟象或忽吉忽凶的卦爻辞是不足为奇的。后代的学者，虽在取象上有许多探究，但往往不免穿凿附会。正确的态度是，既不能固执于古人的取象之法，盲从于象；也不能以为"观象系辞"毫无根据和意义，从而离象解经。

总之，八卦的卦象、卦德，都是非常奇妙的，其中不乏唯物的观点和辩证逻辑的思维，其不足之处是取象中有不少穿凿与附会。如何分析整理象数之说，用其精华，是一项极为艰巨的任务。

玄妙的卦序与象数逻辑思维

六十四卦是《周易》卦和卦象的另一重要形式。单独的八卦，并不能用来占筮，八卦的诸多取象只有在两两相重为六十四卦即六爻卦的时候，才具有诸多实在的意义。六十四卦是怎样产生的呢？

一般认为它是由八卦相重得来。相重的原则即以某一个经卦（三爻卦）为内卦，在其上配以一个经卦为外卦，从而构成六个爻的六十四卦卦象。具体地说，就是将每一个三爻卦都分别自重，并和另外七个三爻卦异重（异卦相重）。自重后只能得到八个六爻卦，称作八纯卦，其名称与组成它的经卦名称相同。它们是☰乾卦，☷坤卦，☳震卦，☴巽卦，☲离卦，☵坎卦，☶艮卦，☱兑卦。乾（☰）作内卦，和另外七个三爻卦相重，会得到☰夬，☰大有，☰大壮，☰小畜，☰需，☰大畜，☰泰。这样八卦依次相重后，必然会得六十四卦。

相重说是《系辞》提出来的，所谓"八卦相荡"，"因而重之，爻在其中矣"；"八卦而小成，引而伸之，触类而长之，天下之能事毕也"。显然，重卦的目的，是出自占筮的需要。从三爻的八卦，推衍成六爻的六十四卦，共有三百八十四爻爻象和六十四卦卦象，便可以应付千变万化的万事万物了。

关于重卦的作者，古人有伏羲、神农、夏禹、文王等不同说法，现在学术界多认为，重卦应出现在西周以前。

《周易》的卦序　卦序，分为八卦卦序和六十四卦卦序两类。卦序体现了《周易》的种种思想精华，历来研究易学者无不重视卦序。了解卦序的形式和内涵，其意义重大。

《周易》六十四卦的排列方式，古人曾用"二二相耦，非覆即变"的话来概括。所谓"二二相耦"，即把每二卦分一组，六十四卦共分了三十二组。所谓"覆"，指每组中后一卦是前一卦的反覆倒挂，亦即互相颠倒，如屯䷂与蒙䷃。具有"覆"的关系的卦共有二十八组，五十六卦。所谓"变"，指后一卦是前一卦的对卦，前卦反覆后仍是本卦（如乾䷀），故要发生"变"。亦即前卦的所有爻都阴变阳、阳变阴，以完全相反的方式排列。如乾䷀反覆后仍为乾，"变"后为坤䷁。其排列顺序如下：

1 乾䷀　2 坤䷁　3 屯䷂　4 蒙䷃　5 需䷄　6 讼䷅　7 师䷆　8 比䷇　9 小畜䷈　10 履䷉　11 泰䷊　12 否䷋　13 同人䷌　14 大有䷍　15 谦䷎　16 豫䷏　17 随䷐　18 蛊䷑　19 临䷒　20 观䷓　21 噬嗑䷔　22 贲䷕　23 剥䷖　24 复䷗　25 无妄䷘　26 大畜䷙　27 颐䷚　28 大过䷛　29 坎䷜　30 离䷝　31 咸䷞　32 恒䷟　33 遁䷠　34 大壮䷡　35 晋䷢　36 明夷䷣　37 家人䷤　38

睽䷥ 39 蹇䷦ 40 解䷧ 41 损䷨ 42 益䷩ 43 夬䷪

44 姤䷫ 45 萃䷬ 46 升䷭ 47 困䷮ 48 井䷯ 49 革䷰

50 鼎䷱ 51 震䷲ 52 艮䷳ 53 渐䷴ 54 归妹䷵

55 丰䷶ 56 旅䷷ 57 巽䷸ 58 兑䷹ 59 涣䷺ 60 节䷻

61 中孚䷼ 62 小过䷽ 63 既济䷾ 64 未济䷿

从上边卦象可以看出，乾和坤、颐和大过、坎和离、中孚和小过四组卦是以"变"的方式排列组合，其余二十八组卦是以"覆"的方式排列组合。以"变"的方式排列组合的四对卦又称为错卦，以"覆"的方式排列组合的称为综卦。

《周易》的象数逻辑　《周易》中的思想精华，大多寓于六十四卦的排列结构之中。总的来说，卦序的构成，是为占筮服务的，但其中隐含着逻辑思维的光辉，这就是对立面的排列与组合。就八卦而言，分别由奇偶对立的四对卦组成，分为四阴四阳的四个对立面。就六十四卦而言，又分别由八种对立的卦象所构成，六十四卦也被分为三十二个对立面。就卦序而言，六十四卦都是"二二相耦"，形成对立的、卦象互相配合的系列。对立面的联系与变化，主要体现在阴阳两爻的相互配合和变化上。此两爻画起初被称为九、六，又称为奇、偶，或谓刚柔和阴阳。这种思维对后来的易学产生了深刻的影响。历代的思想家以矛盾的对立面的相互关系说明事物的变化，其思想的最初萌芽即存在于卦象和卦序中。

千古奇书——《周易》 | 25

其他的龟卜等活动，不存在逻辑的思维，而《周易》的卦象则出于奇偶两爻画的排列与组合之中，这是人类理性思维的产物。

再者，《周易》卦序首乾次坤，反映了从"殷道亲亲"（《归藏》首坤）到"周道尊尊"的深刻变化，反映了乾尊坤卑、男尊女卑的社会伦理观念，对整个中国的传统文化发展有着深远的影响。乾坤居六十四卦之首，反映天地的运动在宇宙万物中的决定意义。天、地、自然界的矛盾运动是构成《易》"生生不息"过程的原因所在。阴阳对立统一观念是对世界根本矛盾认识的高度抽象概括。

六十四卦的卦序，在《序卦》的作者看来，反映了天地——万物——男女——夫妇——父子——君臣——上下——礼义这样一个从自然到人类社会的进化过程。对这个过程的认识，是从乾象天，坤象地，咸卦象男女，恒卦象夫妇……而得来的。咸、恒二卦居下经三十四卦之首，恐非《易》作者随意的安排。毫无疑问，这个认识是有历史唯物主义因素的：人立于天地之间，是自然的一部分，并非超自然的力量所创造；人最开始有个男女杂婚阶段；进化而到了文明阶段的小家庭；文明以后，等级社会的各项秩序——君臣、父子、尊卑、上下、礼乐制度等逐渐建立起来。《周易》中基于卦象、卦序建立起来的这个认识是接近事实的。

既济、未济两卦居于六十四卦的最后,也有深刻含义。"既济,定也。"表示自乾开始的一个大过程的终止,其卦象六爻皆得位,展示了这个大过程中的矛盾已完结。然而一个旧过程的终结,预示着一个新过程的开始。所以既济之后又有未济卦,未济六爻皆有应,但都不当位,所以又开始了新的矛盾运动。这说明六十四卦的终结并不是矛盾运动的终结,"物不可穷,穷极而反"的辩证法思想在这里表达得非常巧妙而深刻。

神秘的易数和筮法

从天地数到大衍数的宇宙构成观

象(卦象)与数(筮数)是构成《周易》一书的主要框架。对《周易》而言,筮与卦不可或缺,要了解研究《周易》,必须了解筮与筮法。

筮和筮占的含义 先秦时代,向神卜问吉凶祸福,是人们生活中至大和至关重要的事情。其卜问的方法主要有两种:龟卜和占筮。我国最早的古籍之一《尚书·洪范》说,"汝则有大疑……谋及卜筮","择建立卜筮人"。可见商周时期已有了专职的神职人员"卜筮人"。卜与筮连称,说明二者都有占问吉凶的功能,但二者所采取的方法及内涵有很大的区别。"卜",以灼烧龟甲兽骨的方式,根据烧灼后的裂纹而获得兆象,再据兆象而断定吉凶。殷墟商代遗址出土的大量甲骨文字,就是这种龟卜的明证。"筮",又称"占筮",它是怎么一回事呢?

《说文·竹部》说:"筮,易卦用蓍也,从竹从巫。"段玉裁注说:"《曲礼》曰:'龟为卜,策为筮。'策者,蓍也。从竹者,筮如筭也,筭以竹为之。从巫者,事近于巫也。"筮字的本义为蓍为策,即古时计数的工具——算筹。然而筮为易卦所用,不是一般意义上的算筹。《左传》僖公十五年韩简说:"龟,象也。筮,数也。物生而后有象,象而后有滋,滋而后有数。"这里的象是物象,万物繁衍而生数,用数来占卜则为筮。筮数与易卦密不可分,《周易·说卦》曰:"昔者圣人之作《易》也,幽赞于神明而生蓍,参(古同三)天两地而倚数,观变于阴阳而立卦。"由蓍到数,由数及卦,既说明了筮字由本义向引申义的发展,又说明了易卦源于数的占卜。以蓍草或竹策进行的演算,可以得到卦和卦象,蓍草生于"神明"(天地自然之物),所以,阴阳爻、"三天两地"的六爻都靠数而立,据筮而成。

总之,"占筮"是一种推测人事吉凶和命运的方术。"占筮法"是以蓍草或竹节进行数的演算而得卦,通过分析所得的卦象和卦爻辞而推断吉凶的一种方法。与龟卜和其他迷信相比,它有突出的特点。其他迷信靠祈祷或单凭神灵的启示，它却依据卦爻象的变化来推断人事的发展结果，其中含有较多的逻辑推衍和理智分析的哲学因素。后来的《易传》和易学，将这种因素大大发展，所谓"善为易者不占"(《荀子·大略》)，终于使《周易》逐渐成为指导人们的生活、规范人的言行以及人们观察和分析问题的指南。

古筮法的含义 《周易》的筮法最早保存在《易传》的《系辞》中：

> 大衍之数五十，其用四十有九。分而为二以象两，挂一以象三，揲之以四以象四时，归奇于扐以象闰。五岁再闰，故再扐而后挂。
>
> 天一，地二；天三，地四；天五，地六；天七，地八；天九，地十。天数五，地数五，五位相得而各有合。天数二十有五，地数三十。凡天地之数五十有五，此所以成变化而行鬼神也。
>
> 乾之策二百一十有六，坤之策百四十有四。凡三百有六十，当期之日。二篇之策，万有一千五百二十，当万物之数也。是故四营而成易，十有八变而成卦，八卦而小成。引而伸之，触类而长之，天下之能事毕矣。

以上所引，是见于著录的最古老、最完整也最有权威的筮法记录。可分三个层次：

第一，筮法的数学基础是"大衍之数五十"，筮法的构想根据是"成变化而行鬼神"的天地之数。《周易》的作者大胆地把世间万事万物的千变万化，都用数和数的运算来构成和表示。要把握具体事物的吉凶成败，首先要从整体上把握各种事物共同的本质变化，这种整体的、本质的变化，被机械地附会于数和数的变化之中。在这里，既有宏观的理性推论和构思，又有简单盲从的迷信附会，反映了《周易》作者奇特的世界观、自然观和人生观。

第二，筮的基本程序模式，运算和得卦的方法及数的象数含义。

第三，筮的结果是得出爻和卦，目的是占问人事吉凶。筮的过程中，人们可以"通天下之故"，"成天下之务"，最后使"天下之能事毕矣"。

从天地之数到大衍之数　《周易》为何有天地之数五十五和大衍之数五十两种筮数呢？它们的含义和关系是什么？

"大衍之数五十，其用四十有九。""五十"是行筮的基数，"衍"通"演"，即以五十根蓍草进行推演换算。为什么只用五十根呢？《系辞》没有解说，于是自汉以来人们极尽想象之能事，标新立异，众说纷纭。宋代人丁易东作《大衍索引》三卷，专研天地之数和大衍之数，共列举了自汉代《易纬·乾凿度》至宋代的各种说法五十七种。并评论说："其言数也，非不可通，率多牵合附会。"下面略举数例，以窥其貌：

《易纬·乾凿度》曰："日十者，五音也。辰十二者，六律也。星二十八者，七宿也。凡五十。"此以十日、十二辰、二十八宿合而为五十之数，后为京房、司马迁等所宗，对后世象数之学影响极大。

宋朱熹的《周易本义》说："大衍之数五十，盖以河图中宫天五乘地十而得之。至用以筮，则止用四十九，盖皆出于理势之自然，而非人之知力所能损益也。"河图中，以一、二、三、四、五为生数（生息繁衍之数），是根据天象皆随五星（金、木、水、火、土五星）运转而变化，万物皆随五气（五行之气）推移而生成。五为生数的最后一数，故为生数之极；在五的生数基础上递加一（5+1，5+2……），则可得到六、七、八、九、十五个成数，十为成数之极。用生数五乘以成数十，可得大衍之数五十，表示了天地万物的生成变化。此说颇得《周易》的本旨。

大衍之数五十表示了天地万物的生成变化，前引《系辞》中的"天地之数五十有五"也可以"成变化而行鬼神"，二者是不是一回事呢？它们在《周易》筮法中是否都起着数学演算基础和构思根据的作用呢？为此，古今人绞尽了脑汁，异说纷纷，意见不一。金景芳、高亨先生认为大衍之数与天地之数本就是一回事,《系辞》"大衍之数五十"后佚脱"有五"二字。此论古人早已提出,《大衍索引》引安定胡氏曰:"大衍之数即天地之数,当有五十有五。今言五十者,盖脱漏也。五十有五之数,去坤六爻之数为四十九。"此说来得干脆简单,毫无凑数附会之弊,较之众说,更符合《周易》的本义。但《系辞》中"大衍之数五十"之后有"其用四十有九……挂一以象三"的记载,若脱"有五"二字,其后当言"挂六"才对,不然前后矛盾,文义不通。显然大衍之数为五十,并非其句后脱"有五"而为五十五。

其实,古今不少学者都认为大衍之数与天地之数是同一种筮数,只是其数值未必非要凑足五十五,以生种种牵强之举而已。这是体察《周易》筮法本旨后得出的共同印象。《周易》中大衍之数和天地之数的性质和作用是一样的,它们都有象征天地万物生成变化的性质,它们都是《周易》筮法设计中要涵盖天地万物各种变化的整体构思的根据,在筮法中,它们都起着数学演算基础的作用。用筮数得卦,其基数必须是"四十九"(下面详谈),用"大衍之数五十"时,必须只用"四十九",方可行筮。用"天地之数五十有五","成变化而行鬼神"时,必须"去六"。从汉时人开始就设计了各种巧妙的凑数以达此目的。

其实,不管怎么去凑合这个天地之数或大衍之数,它们都是为了筮法的需要而构思和设立的。筮要得卦和卦象，要使所得的卦尽可能地反映物象、人事的客观变化，就必须要概括天地万物生成发展的千变万化。这种抽象概括必须有所依托，必须要恰当地用一些特定的概念表达出来，限于当时的思维水平，人们选择了数。数是人类最早抽象的概念之一，数既神秘（如河图洛书数），又可摸得着，既抽象又具体。在数理之中，人类可以任意地遐想，任意地用数代表自己的思维对象。"筮，数也。"作为一种占卜方法，选择了数来代表人们要表达的各种物象、事象，不能不说是一种非常理智又非常巧妙的做法。天地之数与大衍之数的产生正是这种选择的结果。

天地之数与大衍之数是古人关于"世间万物生成变化"这一思想的两种表达方式。天地之数五十五可能出现较早，大衍之数五十是"减五""略五"的结果，可能是在"简易"的过程中形成的。这个推测有下列根据：

首先，《系辞》作者对于天地之数的来源和构成非常清楚。从一、三、五、七、九是天数，二、四、六、八、十是地数的概念讲起，进而讲五个天数之和二十五，五个地数之和三十，最后总结出天地数为五十五。后人对此绝无掺和附会的余地。《系辞》作者对大衍之数却未交代来源和构成，这有两种可能：一是由于五十五减五这样的"衍"太简单了，无需交代；二是作者本人也不清楚，无法交代。我们认为前一种可能最大，因为难以想象五十这一筮法的根本问题连《系辞》作者（有人认为是孔子）这样的贤圣也不清楚其构成。因此，大衍之数是从天地之数"衍化"而成，之所以称为"大衍之数"，恐怕就是从天地之数"演化"而来的意思。

其次，"减五""略五"是"简易"发展的结果。所谓"简易"，指筮法的简明易辨。过去人们把龟卜兆象的"繁杂难辨"与筮法的简明易辨对举，认为简易之所以简明，是筮占相对于龟卜而言的。这纯属臆测。《系辞上》："乾以易知，坤以简能，易则易知，简则易从。""简易"是通过筮法更容易知道天地的变化，从而服从于这种变化，"易简而天下之理得也"（同上）可作为上句的注脚。这里只字未提龟卜之事，显然筮的简单并不是对龟卜的繁难而言，而是对筮法自身的由繁到简的简化而言。用天地之数五十五做基数而筮，要取五十五根蓍草，去六之后方能筮得卦象，去六不仅麻烦，而且在春秋战国的术数思想中毫无根据。通过长期的筮法实践人们发现，若用五十做基数而筮，只"去一"即可，既减少了去六的繁难，又从当时流行的哲理思想中找出了"去一"的理论根据。所谓"挂一以象三"，"三"指在筮占的第二个程序中，从右手蓍草中取出一根象"人"，左、右手所余蓍草各代表天、地。天道、地道、人道的概念盛行于春秋战国思想界，汉时人归结为"三才"。这是包罗人和自然万象的大概念，因而以挂一象三才，使神秘而带有盲目性的筮法具有更多的逻辑性和伦理性。以上从天地之数五十五演化为大衍之数五十的推论如果是正确的话，那么，这不啻是一次筮法或当时易学的重大改革，改革的中心是"去五"和"去一"。"去五"使天地之数象征天地万物生成变化的内涵未变，但新产生了更适应筮占的大衍之数。"去一"使筮占之法更加"简能"，更加"易知"，更加逻辑化和哲理化。这个改革把变动不定的筮法改变为定性的含有数理逻辑的筮法，是"易"演化过程中的一个里程碑，对当时宗教界、思想界产生了重大的影响。因此，《系辞》的作者把新筮法视为《易》的三大宗旨（变易、简易、不易）之一，以"简易"代表了这次"易"的改革运动。

大衍之数形成之后，被专用于筮法，在筮法中替代了天地之数。天地之数在筮法中的作用却越来越减弱，《系辞》中只隐约提到其有"成变化而行鬼神"的功用，但如何达到却不甚了了。后来，"河图说"兴起，天地之数五十五才又找到了归宿，成了它的基数和理论基础，至宋代达到了一个鼎盛阶段。

《周易》筮法的内容与方法

筮的目的是为了得到六、七、八、九四个筮数，然后按其奇偶画出相应的卦画。六、八是偶数，用阴爻"--"表示。七、九为奇数，用阳爻"—"表示。只要得到这四个筮数中的任意一个，就可画出一个卦爻。数与形、筮与卦被有机地结合起来，有严格的对应关系。

"大衍之数五十，其用四十有九。"为什么缺一不用呢？古人说法不一，有的说"一"是北辰（北极），居位不动，故不用一。有的说"一"是乾卦初九，"潜龙勿用"，故用四十九。有的说去一即减去"太极之无"，故不用。有的说用四十九是出于"理势之自然"。这些说法都讲得通，但都不对。去一而只用四十九者，是因为按筮法的"四营"模式，只有四十九（今人研究四十八亦可）做基数运算后，才能得到六、七、八、九四个筮数，从而成卦。用五十则得不到四个筮数，不能成卦。

"分而为二以象两"，是筮的第一个步骤，简称"分二"。即把四十九根蓍草在手中信手分为两份，左手一份象天，右手一份象地，每份多寡不定，全凭自然。

"挂一以象三"，是筮的第二个步骤，简称"挂一"。即从右手蓍草中任取一根，夹于左手小指之间，以象征"人"。加上右、左二手的象地、象天，所以称"以象三"。

"揲之以四，以象四时"，这是筮的第三个步骤，简称"揲四"。"揲四"即以四个一组分数两手中的蓍草，用现代算法而言，即两手的蓍草数各"除以四"，四个四个地数，象征四时。

"归奇于扐，以象闰。五岁再闰，故再扐而后挂"，这是筮的第四个步骤，简称"归奇"。"奇"即左右手各以四根蓍草一组分数完后的余数。"扐"，宋人解作"勒"，即将左手蓍草的余数，置于左手无名指与中指之间；将右手蓍草的余数，置于右手无名指与中指之间。以这余数象征回归年长度减去阴历年长度的余数（即 $365\frac{1}{4}$ 日减去了354或353日，得11—12日余），积2—3年所成的闰月。两次闰月间隔大约32个月，合二年半强，故曰"五岁再闰"。以"再闰"比拟"再扐"，即再次筮算，最后可得卦（"挂"通卦）。

经过分二、挂一、揲四、归奇四个步骤（统称四营），筮占的第一个程序就算完成了。其结果是：左手若余一根，右手必余三根；左手若余二根，右手必余二根；左手若余三，右手必余一；左手若余四，右手也必余四。这是因为，四十九根蓍草先去一象人，余四十八根任意放在左右手中，都揲四之后，其余数只有上述四种可能。如把左右手余数加起来，只有四与八两个和数，再加上象人的一根，可得五或九。这样，四十九根蓍草分完后，去掉余数五或九，左右手中的蓍草数还余四十四根或四十根。

第一个程序的完成，称为"一变"或"一易"。然后将左右手的蓍草合在一起（四十或四十四根），再信手分为两份，与第一次分时一样，先"挂一"（取右手一根象人），再"揲四"，最后"归奇"。待完成第二变后，两手余数分别是：左一右必二，左二右必一，左三右必四，左四右必三，即两手余数之和只有三或七。再加上象人的那一根，结果不是四就是八。此时两手蓍草总和在减去四或八之后，还余四十根或三十六根或三十二根。即44－4＝40，44－8＝36，40－4＝36，40－8＝32。至此完成了第"二变"。

然后，将两手蓍草再次合在一起。分二，挂一，揲四，归奇。一组组地分完后，两手的余数分别为：左一右必二，左二右必一，左三右必四，左四右必三。加上象人的一根，余数之和仍为四或八。而两手蓍草的总数在去掉四或八之后，将会出现下列四种情况的一种：

40－4＝36　40－8＝32

36－4＝32　36－8＝28

32－4＝28　32－8＝24

即：或余36，或余32，或余28，或余24。至此，"三变"结束。

三变之后，必得一爻。其法是以所得之数用四除之，即：

36÷4＝9（9为老阳之数，用"—"表示）；

32÷4＝8（8为少阴之数，用"--"表示）；

$28 \div 4 = 7$（7为少阳之数，用"—"表示）；

$24 \div 4 = 6$（6为老阴之数，用"--"表示）。

一卦六爻，经十八变便可得出六爻的卦画，组成一卦。故上引《系辞》说："是故四营而成易，十有八变而成卦。"

老阳数九和少阳数七都用"—"表示，但九是变爻，七是不变爻。老阴数六和少阴数八都用"--"表示，但六是变爻，八是不变爻。所谓"老变少不变"，是《周易》占筮中的一条重要原则。为何有变爻与不变爻的区分呢？这与古人的数学观念有关。数的变化过程是质与量的互变过程，阳数以进为大，阴数以退为大。在七、八、九、六四个数中，七为少阳，可进而变九，故阳性不变，为不变爻。八为少阴，可退而变成六，故阴性不变，为不变爻。九乃阳之极，无处可进，极而必退，退而变为八，由阳变阴，性质改变，故称变爻。六乃阴之极，已成老阴，无处可退，极而必进，进而变为七，阴变阳，性质改变，故称变爻。

《周易》"变占"之法与筮占实例考察

得卦之后，还要有占的方法和原则。如果没有变爻与不变爻的区分，便只能求卦而不能变占。《周易》的作者并没有明白告诉人们"十有八变而成卦"后，怎样根据所得的变爻和不变爻来推断占事的吉凶，《周易》的占法实际上是失传了。后世不少学者都试图恢复和说明这个问题,但谁也没能说得十分明白。总的讲,人们通过对《左传》《国语》所载筮占实例的长期研究,也弄清了一些占的基本原则,如爻画有变爻不变爻之分,《周易》基本上以变爻为占,等等。

关于"变占"之法,宋代人朱熹做了较全面的总结:

六爻皆不变时,占本卦卦辞;

六爻中有一爻变者,以本卦变爻之辞占;

六爻中有二爻变者,则以本卦二变爻之辞占;

六爻中有三爻变者,以本卦和之卦(由本卦爻变之后所得的另一卦)的卦辞为占,以本卦卦辞为主;

六爻中有四爻变者,以之卦中二不变之爻辞为占,以下爻辞为主;

六爻中有五爻变者,以之卦中不变爻的爻辞占;

六爻皆变者,以乾、坤二卦的"用九""用六"为占。

当一卦演成以后,无论有无变爻,不会脱出以上七种爻变范围。因此,这七条体例准确地概括了爻变的种类。

一爻变者,如乾☰之姤☴。"之"是变的意思,乾初爻筮数为九,它爻为七,"老变少不变",老阳九退变为八,阳爻变阴爻。故由乾卦可变为姤卦。乾在这里为本卦、贞卦,姤为之卦、变卦、悔卦。下皆仿此。

二爻变者,如乾☰之遁☶。三爻变者,如乾☰之否☷。

四爻变者，如乾☰之观☷。五爻变者，如乾☰之剥☷。六爻全变者，如乾☰之坤☷。

古人留下了很多关于用《周易》筮占的记录，其中对《周易》筮占最有发言权的是《左传》和《国语》中引《易》而占的筮例。今人通过详尽的研究，发现朱熹的"变占法"并不完全符合古意。

《左传》《国语》中，六爻皆不变之卦有三例　如僖公十五年："秦伯伐晋，卜徒父筮之，吉。涉河，（晋）侯车败。诘之，对曰：'乃大吉也，三败必获晋君。其卦遇蛊☶……蛊之贞，风也；其悔，山也。岁云秋也，我落其实而取其材，所以克也。实落材亡，不败何待。'"蛊下卦（亦称贞卦）为巽，卦象为风；上卦（亦称悔卦）为艮，卦象为山。故曰："蛊之贞，风也；其悔，山也。"时值秋天，风落山上的果实，秦可以取其山材，晋国实落材亡，怎能不败呢？这是卜徒父用蛊卦卦象和当时时令来解释秦胜晋败的原因。另外二例，一取卦象一取卦辞为占，与朱熹的占本卦卦辞基本相符。

一爻变之卦有十例　如《左传》僖公二十五年载，周襄王被狄人打败，流落于郑国的汜地。秦国陈兵于黄河岸边，准备接纳襄王。晋国的狐偃则劝晋侯主动去勤王，理由是想成为一方诸侯，这是最好的办法。晋侯犹疑不定，先卜而得吉，但还拿不定主意。于是又占筮。筮的结果是大有☰之睽☱。即本卦大有的九三筮数为九，老阳变少阴，从而得出睽卦。此为一爻变。

其占断的方法是，先引大有九三爻辞"公用亨于天子，小人弗克"，即可以亨用于天子而成诸侯，故说吉。这象征晋侯战胜狄兵（喻狄兵为小人，不会胜利）而受到周王的款待。次由卦象再进行推断：大有卦☰的下卦为乾，变为睽卦☱下卦的兑；两卦的上卦均为离卦。乾为天，兑为泽，离为日而在上，故有天变为泽以迎日的卦象，这正是天子屈尊（天变为泽）以迎接公侯（以离象公侯）的卦象。更何况如单论本卦大有☰的卦象，下卦乾为天为父，上卦离为火为子，子在父上，也有天子屈尊以迎诸侯的意思。

筮之后，晋侯终于下了决心，辞别秦军，沿黄河而下，去氾地勤王了。

此卦占断以取象为主，先用本、之卦的联合卦象占断，又用本卦象占断，同时还用了本卦变爻爻辞占断吉凶。另外九卦，二例占取本、之卦卦象；二例占取本卦变爻爻辞；三例如同上举之卦，占取本卦变爻爻辞及本、之卦卦象；一例占取本、之卦爻辞及本、之卦卦象；一例占取本卦卦辞和本卦变爻爻辞。这与朱熹的"一爻变则占本卦之变爻"大致相符，所缺者朱熹变占未及卦象和卦辞之占。

二爻变之卦 《左传》《国语》无筮例，其变占原则大概是朱熹自己的推测之言。

三爻变之卦 有二例。如《国语·周语下》载，晋成公在以公子身份回国争夺晋国君位的时候，晋人给他筮了一卦，得乾卦☰，初九、九二、九三这三个筮数均为九，皆是变爻，因而说乾☰之否☷。即乾卦的下卦（内卦或贞卦）由乾☰变坤☷，成为否卦。乾象为天为君，坤象为地为众（见《说卦》），有天变地，君变民之象。故曰"配而不终"，能当国君但不能终于君位。又因为乾卦内卦三爻皆变，推测成公要"君三出焉"，三次逃离晋国。

此卦纯以本卦、之卦卦象为占，未及本、之卦的卦辞和爻辞。另一例载《国语·晋语四》，则以本、之卦卦辞和卦象为占，与朱熹变占法基本相符。

四爻变之卦 先秦典籍皆无记载。所谓"四爻变则占之卦二不变爻，仍以下爻为主"，乃朱熹自己的发明。

五爻变之卦 有一例。《左传》襄公九年载，鲁宣公的妻子穆姜在宣公死后，与大夫叔孙侨如通奸。成公十六年，二人阴谋政变失败，穆姜被迁至东宫。此时，穆姜想得知自己的吉凶前程，就用《周易》占了一卦，得"艮之八"。史官说，这是艮☶之随☱。根据筮数变化原则，此卦数与爻变的状况如下：

千古奇书——《周易》 | 43

上九 9（变）	——	- -	上六 8
六五 6（变）	- -	——	九五 7
六四 6（变）	- -	——	九四 7
九三 9（变）	——	- -	六三 8（由老阳 9 变来）
六二 8（不变）	- -	- -	六二 8
初六 6（变）	- -	——	初九 7（由老阴 6 变来）
本卦艮			之卦随

本卦艮☶初六爻由六变七（老阴变少阳），九三爻由九变八（老阳变少阴），六四爻由六变七，六五爻由六变七，上九爻由九变八。五爻皆变，只有六二爻原筮数为八，不变。

此卦主要以之卦随的卦名之义和卦辞为占。史官解释"随"有外出之义，故劝穆姜速出逃祸。穆姜却以随卦卦辞为占，随卦卦辞"元亨利贞，无咎"是一个大吉大利之卦，是开始就亨通顺达，利于占问，无灾害之意。穆姜筮得此卦，应当高兴才是，但当时她的处境非常糟糕，不容她有非分之想。她就用"四德"说解释了"元亨利贞"四字，认为有四种德性者遇随卦才能"无咎"，像她那样宣淫乱国、四德尽失之人，虽遇随这样的吉卦，也不可能没有咎害，必死于东宫，不能出逃。

值得注意的是，此卦并不以卦辞所示吉凶作为行止的根据，而是以有无"四德"作为决定事情发展结果的根本因素。有德者才能无咎，无德或失德者遇吉卦也难逃厄运。这说明，占断可以不以卦示吉凶为准，吉凶取决于人的所作所为。这种占断思想，对以后的各种占卜活动和各类术数思想影响甚大。

此卦以之卦卦辞为主而断吉凶，兼顾了卦名的含义，与朱熹的"五爻变则占之卦不变爻"之说大相径庭。

六爻全变之卦　先秦典籍中皆无筮例，"六爻变则乾坤占二用，余卦占之卦彖辞"的原则也当是朱熹的发明。

综上所述，得卦后如何占变，如何判断吉凶，由于古法失传，迄今并无定论。高亨先生在《周易古经今注》中著"变卦法"，贯通古今，独创新解，解释了占法中的不少难题。但古法已失，筮数繁杂，不少问题还有待于进一步研究。

占法以判断人事吉凶为目的。决定人事吉凶的因素既有主观的、人为的，也有客观的、自然的。其间的千变万化，绝不是古人创造出来的筮占法所能涵盖、包容，所能正确把握的。因此，筮占法从本质上来讲是迷信的，不管它用多么玄妙、深奥或简单易行的方法，都是不可能真正达到目的的。

从以上筮例可以看出，古人解占，并无固定的模式和框框，对结果的判断，大多是凭着占筮者对于主客观事物的观察和了解而做出的。自《左传》以来，占筮者解占就以变通为主，不拘泥于一端一例。当卦爻辞和筮占者所预见的结果发生矛盾时，就求助于卦象、爻象。当本卦不能说明问题时，就求助于之卦。当卦爻辞和卦爻象都无能为力时，就求助于伦理、德行等等，有时更结合时令、天象、干支及筮者的德行、造诣等，以期与客观事物发展趋势相符。所有这些，都加速了筮占由迷信巫术世界走向现实客观世界的进程。这之中不乏深刻的哲理和逻辑思想，也不乏正确的伦理和道德思想。但迷信终归是迷信，如果执意要从筮占中找出科学的预测，则难免荒诞、愚妄，并将使易学走向末流、深渊。

《周易》的素材和成书年代

《周易》成书于何时，是正确认识其思想和哲学价值，确定它在中国文化史上地位的关键问题，也是《周易》研究及评价中首先要解决的问题。

自古以来，学者们对此争议颇多。传统看法中最有权威的是《汉书·艺文志》的"人更三圣，世历三古"说。即：伏羲为上古，始作八卦；文王为中古，作六爻卦（重为六十四卦）和卦爻辞；孔子为下古，作《彖》《象》《系辞》《文言》《序卦》等十篇传文。

现代学者有主张西周初期说的、西周末期说的、春秋中叶说的、战国说的。这些说法在材料根据上有一个共同点，就是立足于对《周易》卦爻辞、《易传》等文字部分进行考证。《周易》卦爻辞中有"箕子""康侯"等人物和故事，最晚的是成王时事，于是有人力主西周初期说。《周易》的文体和语法好多与西周晚期文体相似，于是有人便力主西周晚期说。《周易》中有些词句又与春秋时代的作品相似，于是则有人主张《周易》定本成于春秋中叶。《周易》中不少思想是战国时盛行的思想（如功利思想等），有些易传显然不会成于战国以前，因此不少人认为《周易》的定本著成于战国晚期。

以上诸说，见仁见智，各有所据，但对于构成《周易》最基本、最重要的素材——筮占、卦画、卦象爻象等不见诸文字的东西考证偏少，因而有些结论很难被普遍接受。现在多数人认为，《周易》非一时一人之作，而是在古代漫长的时间中陆续完成的，卦爻辞的形成与周王朝的建立有密切关系。这种有局限的共识与"人更三圣，世历三古"的传统看法本质上并无什么差别。

确定《周易》的成书年代，首先应在分析《周易》各种素材和基本框架的基础上，明确"《周易》形成"的概念。

其一，《易》是以"--""—"符号及其组成的六爻卦为主体而构成的，《易》的符号显然早于派生的卦爻辞。《易》的符号又源于筮占后所得的筮数，筮数又成为爻画产生的前提。

弄清筮数和卦符的形成年代无疑对探讨《周易》的起源有决定意义。可以设想，最早的《易》形式是由筮数或卦符组成的。它是易的起源，但不是《周易》本身，筮数或卦符的出现，不等于《周易》的形成。如《左传》昭公二年："晋侯使韩宣子来聘……观书于太史氏，见《易象》与鲁《春秋》，曰：'周礼尽在鲁矣……'"所谓"易象"，就是关于易的符号或图像，它能象征各种事物，故称为"易象"。这说明在《周易》的完整结构出现之前，曾有专门的"易象"符号系统阶段，它是《周易》的素材，不是《周易》本身。

其二，《周易》由《易经》和《易传》两部分构成。《易经》包括六十四卦卦象和六十四卦卦辞、三百八十四爻爻辞。《易传》则包括《彖》《象》《系辞》《说卦》《杂卦》《序卦》《文言》等七种十篇解释《易经》的文字。显然《易经》成书比《易传》早，《易传》各篇成书时代也不一致。如整体而言，"《周易》形成"，即《周易》定本著成时代，则应以《易传》中形成最晚的一种为标准。如分而言之，《易经》有《易经》的形成年代，各篇自有各篇的形成年代。除《易传》著成最晚的一篇外，其他各种著成时代都不能代表《周易》一书的形成。

依据上述原则，下面再据考古方面的新发现及学术界的研究成果，对《周易》的起源及形成做一大略介绍。

从数字到筮数

《左传》僖公十五年:"龟,象也;筮,数也。"这就是说,龟卜以象为占断根据,筮占则以数为占断根据。数是筮的基础,是筮的来源。

据考古资料,人类对数的认识至少源于中石器时代。如马来半岛的塞芒人和澳大利亚人只有三个数字:二、三、五;中部的阿兰达部落只有一和二,三以上就得用组合数字表示,十以上则用"很多"表示。到了新石器时代,对数的认识有了长足的发展。我国的仰韶文化、崧泽文化、良渚文化、龙山文化、马家窑文化中,均发现有可视为数字的符号。如:丨或一,‖或 二,Ⅲ或 三,Ⅲ或 三 和 ×(五)、∧(六)、十(七)、八(八)等。有些学者否认它们是数字,但无法解释它们和甲骨文同类数字为什么字形完全一样的事实。就逻辑推理而言,新石器时代发展的五千年中,人们发明抽象的数字不仅是可能的,而且是非常自然的事情。特别是属于崧泽文化(前4000—前3000年)的江苏海安青墩遗址出土的一件骨匕上,刻有"三 × 三 ∧ 三 ∧ 二 × 三 一"一组连续的数字符号(有人认为是两组数字筮卦),不容置疑地证明了当时人们数字概念的存在。入商以后,甲骨文中的数字已相当发达,一、二、三、三、×、∧、十、八、七(九)、丨(十)

俱全，🔣（百）、🔣（千）、🔣（万）的十进制数字单位亦已完善，最大的数字是三万。数的概念的发展与数的表达形式的完善，为筮占的产生奠定了基础。

把数用于筮占而变为筮数，是当时每事必占于鬼神的活动发展的结果，是适应当时人们社会生活的需要而产生的。由数字发展到数占，并非一蹴而就，它是随着人们对数字性质认识的深化，在对数的奇偶性质进行概括抽象的过程中产生的。《系辞》说："阳卦奇，阴卦耦。""天一、地二、天三、地四……天数五，地数五。"这就是对从一到十十个数字奇偶性质的概括。对奇偶性质的认识是从数到筮数，又从筮数到卦画发展的前提和基础。新中国成立前四川彝族流行的一种数卜法"雷夫孜"，为数与筮数的这种关系提供了证据。

"雷夫孜"的数卜方法 由巫师取细竹或草秆一束，握于左手。右手随意分去一部分，看左手所余之数是奇是偶。此为第一次筮，可得一个既定的数字。如此三次，可得三个数字。然后巫师根据是奇是偶（不管其筮数的具体数目）和得到的先后排列次序，判断械斗、出行、婚丧等事的吉凶。这种方法的原则是：数只分奇偶两种，筮则必须三次。故只有八种可能的排列组合方式，每种组合方式的解释也各不相同。如果是械斗，则有下列占辞：

偶偶偶——不分胜负（中平）；

奇奇奇——非胜即败，胜则大胜，败则大败（中平）；

偶奇奇——战斗不大顺利（下）；

奇偶偶——战必败，损失大（下下）；

偶奇偶——战斗无大不利（中平）；

偶偶奇——战斗有胜的希望（上）；

奇奇偶——战斗与否，无甚影响（平）；

奇偶奇——战必胜，掳获必多（应为"上上"，原文作"平"）。

这种"雷夫孜"的数卜法表现了数与筮的内在联系。数不分奇偶、单双，就无法和筮法发生联系。比"雷夫孜"更简单的数卜法应是以第一次所得的奇偶直接判断吉凶，就像利用硬币自然落下后的有文面和无文面直接占断吉凶一样，这种简单的方法在云南佤族中也存在。其法是用小木棒在地上信手画许多短线条，然后计其总数，总数是奇则主凶，是偶则主吉。

由数到数卜再到筮数的推测　这个过程到底经历了怎样的具体形式，目前还很难确知。我们认为，最有可能的是原始民族在长期结绳记数、结绳记事的实践中受到启迪而发明筮数的。《系辞》作者对此也有意识："古者包牺氏之王天下也……于是始作八卦……作结绳而为网罟，以佃以渔，盖取诸离（卦名）。"即认为八卦的起源与结绳有关。在绳上打结记数、记事，曾广泛流行于上古原始氏族之中。在这种行为中，数与事很自然地会发生联系。最初人们并不认为绳结上所记之事的成败吉凶与数字有什么关系，在长期反复的实践过程中，人们会发现结绳之数与绳结之事的成败吉凶有某种偶然的概率性联系，开始认为排列和组合起来的数有无穷奥妙，数中蕴含了神鬼莫测的东西。于是数成了一种超自然的力量，与天帝一起，能够决定人的命运。天决定万物和人的性命，数决定万物和人的运气。

这种认识的发展，导致了数字神秘主义的产生。在国外有公元前6世纪希腊的毕达哥拉斯学派，奉数为神明，认为数的排列组合奥妙无穷，数可以产生万物并可预知未来。在中国则导致了各种原始的数卜法，即《周易》筮法、天地之数五十五、大衍之数五十等筮占方法的产生和"运数"概念的形成。因此，结绳中记数和记事方法的共存，为数向数卜发展提供了前提和条件。四川阿坝地区的藏族，就用毛绳八根随便打结，丢于地上后再打，反复三次，最后看三次所得绳结数的排列关系，以定吉凶。绳的结数和结数的次序，与所占之事发生了关系，这应当是在绳结所表达的事与数的偶然关系在人们的头脑中被反复印证之后，而发明的以绳结为依托的数卜法。这种方法有可能就是把数运用于数卜的一种中间过渡形式。以后随着对数字奇偶性质的概括和认识，就会发现天地之数和大衍之数，完成由数到数卜再到筮数的发展过程。这一过程的起源至少是伏羲所处的渔猎时代，其终结可能是新石器时代晚期。

从筮数卦到爻画卦

爻画卦即易卦，包括八卦和六十四卦。近年来发现的百余种数字卦（亦可称为筮数卦）是否也是易卦，学术界并无一致的意见。张政烺、张亚初、刘雨等先生认为那些数字组合（如八六六五八七，译作"晋卦☷☲"）就是易卦，并成功地利用数卜的奇偶性质把它翻译成阴阳爻画。这种看法，给易学界本不平静的水面投入了一块巨石，激起层层浪花，吸引了大批学者的注意力。因为它给人们带来了解决《周易》易卦起源和形成问题的曙光，这种看法也成为考古界和易学界的主流。然而也有一些人认为，那些数字组合并不等于易卦，甚至不能称为"卦"，只能称作"筮数"。

根据目前考古学所发现的有关资料，断定那些数字组合为"筮数卦"是没有问题的，最显明的证据是数字组合后有卦辞。如岐山凤雏村西周窖穴中的85号卜甲上刻"八一七六六七，曰：其人王□鱼"。"鱼"即"吉"，显然是卦辞。但是，筮数卦是否是易卦，却很耐人寻味。

易卦和筮数卦的联系与区别　　首先，二者有着明显的联系。《汉书·律历志》说:"伏羲画八卦,由数起。"说明卦是由筮数发展而来的。前举"雷夫孜"的数卜法,是典型的奇偶数的八种组合,如遵照《系辞》所讲的"阳奇阴耦"的原则,很容易将"雷夫孜"的奇偶组合变为阴阳爻的组合,从而产生八卦。这种翻译并非凭空附会,而是以《周易》中先得筮数六、七、八、九,后依其奇偶性质再画爻画的基本原则得出来的。但是这两种筮数又有差别,如果从筮数卦中除掉一和五,仅余六、七、八、九四个数,任何人也不会怀疑这种数字组合就是易卦的前身。这是得易卦的必要条件,是用奇偶数代表爻画的易卦。

其次,筮数卦和易卦一样,也具有占卜吉凶的功能。如湖北荆门包山二号楚墓出土的竹简(公元前316年以前)上记录了六个一组的数字卦十二个,每次都筮占成二卦,故每两组合在一起并列书写。如简229:"𤕟𤕟,占之,恒贞吉,少有忧于宫室。""贞吉"是《周易》最常用的占辞,该书中共有二十七条卦爻以"贞吉"为占,意即"守正则吉"。"恒贞吉"也就是贲卦九三爻辞的"永贞吉",意即"永守正道则吉"。由此可见,在占断方面,数字卦与爻画卦有着同样的功用,甚至占断的术语也是相类的。

但是数字卦与爻画卦又有区别。最大的区别在于阴阳爻有爻象,它象征着天和地、阳与阴、明与暗、雄与雌、男与女、父与子等多种对立而又统一的事物。用阴阳爻组成的八卦和六十四卦又有好多具体的卦象——乾、坤、风、雷、山、泽、水、火等等。象的理论是《周易》占断的主要根据，卦爻辞中除占辞外，多数也是对卦爻象的解释，象是构成《周易》的主要部分，是《周易》的精髓。而数字卦中，虽有奇偶对立的概念，但它毕竟不能象征万物万象，不能用象来解释何为吉，何为凶，为何吉，为何凶。我们目前见到的数字卦，仅言吉凶而不言何以吉凶，这正说明数字卦本身不具有象征万物万象的功能，无法进一步解释吉凶休咎的结果。有象与无象的差别是本质性的，数字卦无阴阳符号，也就无象，这就使它永远停留在筮占的初级阶段。易卦有符号，也就有象，则使它在筮数的基础上发展成筮占的高级形式，并逐渐地脱离占筮迷信，化腐朽为神奇，具备了向哲理化、逻辑化、伦理化的方向发展的条件。

数字卦的筮数和易卦的筮数表现形式也全然不同。易卦由六、七、八、九共四个筮数所得的爻画而成卦，其表现形式是卦画。数字卦则用一、五、六、七、八（西周早期以前的筮数）或一、五、六、七、八、九（西周中期至战国晚期以前的筮数）等筮数直接形成三个一组或六个一组的卦。如果根据张政烺先生的推论，一中含三，六中含二四的话，数字卦的筮数就有八个或九个（一到八或一到九），其表现形式是数字。这与易卦的筮数只有六、七、八、九大有区别。筮数的不同是由筮法的不同所决定的。《周易》的筮法是其得到卦爻象的基础，数字卦的筮法与之不同，是不可能筮出来易卦的。以数字卦的奇偶关系直接译作易卦的阴阳关系，大有武断之嫌。因为《周易》的六、八画作阴爻"−−"的原因，除了同是偶数之外，主要还是因为它们有老阴、少阴的更重要的性质；七、九画作阳爻"—"，除了同是奇数之外，主要因为它们兼具老阳、少阳的更重要的性质。数字卦的六、七、八、九虽有数的自然性质——奇与偶，但并无像易数那样的人为性质——老阴、少阳、少阴、老阳。因此，把数字卦中的六、八译作易卦的阴爻，七、九译作易卦的阳爻，无论从二者筮法的差别上，还是从筮数的性质上，都是不妥当的。因此，二者虽同属数占，但数字卦不能表象而停留于数占的低级阶段，易卦能表象而发展到数占的高级阶段，它们同源而分流，异道而发展，这是弄清二者关系的关键所在。

数字卦源流及发展趋势 数字卦源于新石器时代晚期。青墩遗址骨匕上的"三五三三六四六二三五三一"可能是数字卦，有人把它分为两组，每组六位数，以期和商周时期的数字卦相合，是缺乏根据的。甲骨文中有"六七七六"和"八七六五"两种四个一组的数字组合，准此，上面的数字卦还可分为三组。另外，扶风齐家村西周遗址采集到的108号卜骨上，还有十三位数字这种无法分组的组合形式。因此，这些早期的数字组合仅仅可能是数字卦。其基本特点是：位数不固定，其性质和内涵有待于进一步研究。

商代中期到西周早期，数字卦正式形成。以三个或六个一组，筮数由一、五、六、七、八组成。据对这时32条材料的168个数字统计，六使用次数最多，为64次；其他依次为：一，36次；七，33次；八，24次；五，11次。二、四可能归于六，三可能归于一，这是由于汉字竖行书写时，二、三、三容易混淆而归并。

从西周中期到战国末，数字卦的资料主要有两批：湖北江陵望山一号墓（公元前340年以前）竹简，共有八组十六个数字卦，所用数目字为一（出现37次）、六（出现49次）、八（出现5次）、九（出现4次）；荆门包山二号墓（公元前316年以前）竹简，共有六组十二个数字卦，所用数目字为一（出现34次）、五（出现1次）、六（出现30次）、八（出现7次）。后者多一而不见九。两者均不见七。

这两批数字卦一、六占绝大多数，和商及西周的情况基本一致，但五仅一见，七则不见，新出现了九。

至秦汉数字卦仅见二例：一为四川理番县版岩秦墓陶罐上刻有"一八七一八九"的数字组合，一为汉代陶罐上刻有"一六十"的数字组合。材料虽少，但说明秦汉仍在沿用数字卦。

至于大家熟知的安徽阜阳双古堆和长沙马王堆汉墓所出的《周易》卦画，仅用"—""∧"形或"—"")("形表示阴阳爻。"∧"和")("虽可释读为六和八，但这时已是卦名、卦爻辞、爻题俱全，"∧"和")("形在这种特定环境中，只能释作阴阳爻画，不能释作六和八。它们显然已不是数字卦中的数字字形，而是易卦的卦形。

以上考古资料表明，数字卦源于新石器时代，盛行于商周和战国，也流行于秦汉时期。数字卦自成一系，它的发展并没有直接导致易卦的发明和出现，它不大可能是易卦，而只是和易卦同源而异流的一种低级的筮占形式和方法。易卦筮法的产生或许与这些筮数卦有某种联系，但卦爻画和八卦、六十四卦的产生，与数字卦并无多大牵连，易卦应自有一套产生、发展变化的序列。

易卦的形成与发展 "伏羲画八卦，由数起"，"筮，数也"，这说明八卦的起源与筮数有密切关系。八卦和六十四卦都是由阴阳爻组成的，阴阳爻则是由筮数的奇偶自然性质及阴阳的人为性质所决定的。因此，八卦产生的前提是人们必须懂得把许多复杂的数都归纳为两类——奇与偶；在此基础上可以进行数字的占卜。但这一阶段是筮占的初级阶段，它还不是易卦。只有把抽象为奇偶的数字赋予阴阳之象而转变为"—""--"符号时,才标志着易卦的形成。

奇偶概念何时产生,难以考知。但商周时期大量数字卦的存在,可推测在商中期以前甚至是新石器时代晚期,人们已认识了数字的这种自然性质。数字卦的存在,证明人们已掌握了数的奇偶性质。

由奇偶数到画出阴阳爻,是一个质的飞跃。因为它把奇偶筮数抽象为阴阳爻象,使具体的数值含有了能包容一切事物的阴阳两象。数值的大小已失去决定意义,奇偶亦被归纳于阴阳,所谓"阳卦奇,阴卦耦"(《系辞下》)即指此。所以,阴阳概念的产生,就成为探讨八卦起源的关键所在。

阴阳概念大约形成于西周时期,起初是指天地阴阳二气。《国语·周语上》载,宣王即位,不籍千亩,虢文公谏之,语中有"阳瘅愤盈,土气震发";"阳气俱蒸,土膏其动"。"阳气"有震、有动之意,指天之气。"土气"有被震、被动之意,指地之气。

西周末年,伯阳父把阴阳二气的概念表述得更加明确。《国语·周语上》载:

> 幽王二年,西周三川皆震。伯阳父曰:"周将亡矣。夫天地之气,不失其序,若过其序,民乱之也。阳伏而不能出,阴迫而不能蒸,于是有地震。今三川实震,是

阳失其所而镇阴也。阳失而在阴，川源必塞。"（三川指伊河、洛河、黄河所在的豫西地区）

地震发生的原因，被伯阳父归结为阳气镇于阴气之下，伏不得出，势必动而上升，与所震之阴气相迫，故发生地震。这段话被研究思想史和哲学史的人经常引用，但忽略了它与《周易》震卦卦象、卦名的联系。若把阴气和阳气分别用符号"--""—"表示，地震时阴多而镇住了阳，阳失而在阴下，则很自然地得到震卦卦象"☳"。此卦象之所以称"震"，又以"动"为其基本性质，恐怕就是来源于古人对地震一类由下向上而动的事物的理解。用这段话来解释震卦的卦象和卦名，非常贴切。实际上，这段话正是理解爻画"—""--"具有阴阳性质的一把钥匙，它包含了三个重要思想观念：（一）天地等自然物由阴气和阳气组成。（二）上方和天为阳所，下方和地为阴所，阴阳有着固定的位次和秩序，这种自然秩序与人类社会秩序相类，并与人事相感应。（三）阴阳失序是不正常的现象，阳气必动而升，发生震，与阴气相迫以恢复正常秩序。阳不甘处下而震动反映了它的刚健性质，所谓"乾行健，君子以自强不息"（《周易·象传》）反映的就是这种性质。与其相对的阴气和地，按秩序应处下，故有"坤，顺也"的性质。

伯阳父的话，证实了西周晚期关于阴阳的基本概念已经形成，正是它为阴阳爻象、八卦卦象的设计提供了思想理论根据。

《周易》的成书是一个长期的过程，其中最主要的素材——爻和卦的形成只能是在阴阳对立观念日臻成熟的一段时间内。《国语·周语上》引宣王时虢文公的话说"阴阳分布，震雷出滞"是阴阳对立观念的首次出现，其成熟则是伯阳父的上段论述。因此爻画和卦象的形成上限应为周幽王二年（公元前780年）。

易卦形成的下限最晚应是春秋中期以前。《左传》庄公二十二年（公元前672年）载：

> 周史有以《周易》见陈侯者，陈侯使筮之，遇观☷☴之否☷☰。曰：是谓"观国之光，利用宾于王"……光，远而自他有耀者也。坤，土也；巽，风也；乾，天也。风为天于土上，山也。有山之材而照之以天光，于是乎居土上。故曰："观国之光，利用宾于王。"

这是先秦典籍提及《周易》最早的一例。以后，《左传》和《国语》共载二十二条，《论语》与《庄子》各两见，《荀子》三见，《战国策》《管子》《吕氏春秋》各一见。

上引之卦为观卦六四爻变而成为否卦。先以本卦变爻爻辞"观国之光，利用宾于王"为占，意思是臣子可朝觐国王，做王的上宾（即成为诸侯）。隐喻陈侯生的这个孩子将来大有作为，如不在陈国，也会在别国得志；如不是他本人成就大事，他的子孙也会成就大事。此即"光，远而自他有耀"。

此卦又以卦象为占。观卦下卦为坤为土，上卦为巽为风，上卦又因爻变而成否卦的上卦乾，乾为天，故曰："风为天于土上。"否卦☰☷二至四爻互卦后成艮☶，艮为山，居于乾天之下，坤土之上，有山生林木而成材之象。故曰："有山之材而照之以天光，于是乎居土上。"此联合卦象与本卦变爻爻辞（观卦六四爻辞）一致，都隐喻陈侯之子可以成材，大有作为。此处引变爻爻辞和本、之卦卦象为占。

由以上注释可知，这条史料所提及的《周易》，除六爻卦无爻题外，已和现行《周易》的爻辞、卦象、卦名等完全一致。这证明在春秋中期《周易》已有了蓝本，这个蓝本包括卦爻画、卦爻象和卦爻辞，也就是《周易》中的《易经》部分。此处未涉及《易传》，显然《易传》著成于其后。

另外，这个蓝本是"周史"带给陈侯的，说明《易经》的成书很可能是由周王室的"巫史"之官们最早编纂而成的。"卜筮"是巫史们的专职活动，自商代以后，他们代代相因，掌握了大量的卜辞、筮辞资料，也懂得筮法的深奥和玄妙。

同时，他们又是当时各种思想文化的直接继承者和传播者，其中有一些就是当时著名的思想家和理论家。

因此，从筮数变为易卦，应是周代的巫史们在长期的卜筮实践中，基于当时逐渐成熟的阴阳对立思想，为奇偶数字赋予了新的人为性质——阴阳性质后，而发明了阴阳爻画和易卦。因为他们最具备发明易卦的主客观条件。

思想和方法一旦成熟之后，阴阳概念用什么表示，是一件十分简单的事情。既然"伏羲画八卦，由数起"，那么阴阳卦画最有可能来源于奇偶数字。古时人在揲蓍占筮时，每占一次所得的结果都要记下来以防遗忘。在筮数卦阶段记的是"一、二、三、四"等数字；在易卦阶段，则先记筮数，后整理为卦爻，这就是所谓"画地记爻"和"书卦于木"。每次所得的具体数必然要先概括为奇偶，然后才能谈到判断吉凶。那么奇偶数加以抽象之后如何再来具体表示呢？汪宁生先生推测说："最简单也是最自然的办法，当然是用一画代表奇数，用二画代表偶数。"这是真知灼见。可以设想，西周的巫史们，在需要一种符号代表奇偶和阴阳观念时，最有可能启发他们的是数字的画法。数字一本就作"一"形，又是奇数之始，可把所有奇数归之于"一"形。数字二作"="形，又是偶数之始，化上下结构为并排结构，即可避免与一二三三数字形体上的混淆，还可把偶数全部归之于"--"形，或含有两个一为偶之意。奇偶概念的符号化与当时阴阳概念的表达需要不仅不矛盾，而且结合得天衣无缝；它既沟通了筮法与卦之间的联系，又把单纯的奇偶抽象，变成了反映万事万物变化对立的卦爻象，这真是一个既简单而又奇妙的发明！

这个发明构成了易学的符号系统。最先画出的可能是八卦，其后由八卦相重而得出六十四卦。西周的巫史们根据各卦所显示的卦象和卦德（即卦的性质），如乾象为天，性质为健，坤象为地，性质为顺等；再从商到西周大量的占辞、筮辞里面，挑选了一批与卦象所反映的休咎基本一致的材料，附于六十四卦中每卦每爻的后面，就构成了《周易》的最初蓝本——《易经》。这就是《易经》的由来。

《易经》与《易传》的著成年代

如前所述，《周易》的《易经》至晚形成于春秋中期（鲁庄公二十二年，公元前672年），是周王室的卜筮者们长期摸索和经验积累的结果。

《易传》亦称《易大传》，分为十篇，亦称十翼，是专门解释《易经》卦名、卦象、卦辞、爻象、爻辞的，其中：

《彖》分上、下两篇，专门解释六十四卦的卦名、卦象、卦辞之义。不涉及爻辞。

《象》分上、下两篇，专门说明各卦的卦象、爻象。

《文言》一篇，专门解释乾、坤两卦卦义。

《系辞》分上、下两篇，通论《周易》的原理和筮法的大义。

《说卦》一篇，解释八卦的性质、方位和象征意义。

《序卦》一篇，专门从理论上解释六十四卦的排列顺序。

《杂卦》一篇，专门说明各卦之间的对立错综关系。

以上十篇的成书年代，学术界并无定论，一般认为是在战国时期。学者们根据其他先秦文献引用《易传》各篇的情况，大体排出了其间相对的早晚关系。《彖》和《象》最早，《文言》和《系辞》次之。这四篇早的不会超出《老子》，下限不会晚于《庄子》，因此都是战国中期以前的作品。余下三种，以《说卦》较早，大致成于战国晚期；《序卦》次之；《杂卦》又次之，其形成至晚在汉初。

关于《易传》作者，也是众说纷纭，司马迁认为是孔子所作。《史记·孔子世家》说："孔子晚而喜《易》，序《彖》《系》《象》《说卦》《文言》。读《易》，韦编三绝。"孔子晚年喜欢读《易》，确是事实。《论语·述而》引孔子说："加我数年，五十以学《易》，可以无大过矣。"这可与司马迁的说法互证。"韦编三绝"是句成语。"韦"，是熟牛皮，古人用牛皮条把用竹简写的书串起来，叫"韦编"。"三绝"即牛皮条多次磨断。可见孔子反复读《易》，竟把牛皮条都磨断了多次，其好《易》不言而喻，其作《易传》似乎也在情理之中。直到现代，金景芳先生还持此论。

宋代的欧阳修开始对司马迁的说法产生怀疑，指出《系辞》不是孔子所作。清代的崔述进而否定孔子作《彖》《象》。到了现代，大多数学者都怀疑孔子作《易传》，普遍的意见是，孔子曾有功于《易传》，但绝非《易传》的唯一作者；《易传》各篇非出于一时一人之手，它是自战国直到西汉早期陆陆续续形成的学者解易作品。

周易学简史

对《周易》的研究，称为易学。

《周易》实质上只有两个内蕴，一是象，一是辞。玩其象者，以其筮数、符号为主要研究对象，发展成象数派。究其理者，以卦爻辞为主要研究对象，发展成义理派。

"名物为象数所依，象数为义理而设。"其实《周易》的象与辞之间有着必然的内在联系，言理者虽以义理为主，但也离不开象数；言象者虽以象数为主，但也离不开义理。这两派的发展、斗争与结合，构成了易学史的主流。

易学有着源远流长的历史，即使从《左传》《国语》算起，也有两千多年。

《周易》本身的价值与它特殊的历史地位，都决定了易学一直是中国学术的重点与核心。先秦时,《庄子》称"《易》以道阴阳",指出了《易》对当时六艺的哲理指导意义;两汉时,《易》被奉为"群经之首",立于学官。《汉书·艺文志》对当时学术有一个总结:

> 六艺之文,《乐》以和神,仁之表也;《诗》以正言,义之用也;《礼》以明体,明者著见,故无训也;《书》以广听,知之术也;《春秋》以断事,信之符也。五者盖五常之道,相须而备,而《易》为之原。故曰"《易》不可见,则乾坤或几乎息矣",言与天地为终始也。至于五学,世有变改,犹五行之更用事焉。

《易》为五学之源,可与天地终始,在于《易》是极具普遍性的科学——哲学。这崇高的学术地位,决定了它对中国文化长期而深远的影响。中国历代的哲学家、思想家、经学家、政治家、文学家,乃至数学家、天文学家,大多数都习《易》、研《易》,不少人本身就是易学家,都和易学结下了不解之缘。至清代,《四库全书总目》再次对《易》之地位进行了总结:

> 《易》道广大,无所不包。旁及天文、地理、乐律、兵法、韵学、算术,以逮方外之炉火,皆可援《易》以

为说。而好异者又援以入《易》，故《易》说愈繁。

至今天，无论是中国学者还是外国学者，都对《易》产生了浓厚的兴趣。搞人文研究的，打出了"人文易"的旗帜；搞自然科学的，打出了"科学易"的旗号。援《易》为说或援以入《易》的风气，大有与日俱长之势。易学作为一种学术，一门中国古典哲学，也大有"与天地为终始"之势。

但是，易学史的研究却是薄弱环节。本章将在已有研究成果的基础上，简略地介绍易学的大致发展过程及其影响。

从占筮书到哲学书：先秦易学

先秦易学是易学研究的奠基阶段。

《周易》形成后不久，易学应当就产生了。其产生的原因主要是对那些高度抽象化的符号及深奥的词句进行诠释和理解。不同的解易倾向导致了不同派别的萌生，后世易学的象数、义理两派在先秦已初见端倪。

先秦易学的突出特征是把《易经》由卜筮书改变为哲理书。化腐朽为神奇，从变占、象占、辞占的束缚中解脱出来，发展到疑占，以德代占，是《易传》对《易经》和中国哲学思维的一大贡献。《易传》的产生，为《易经》注入了新的活力,而它本身也上升为经而成为《周易》的组成部分。这是易学史上的第一座丰碑。

先秦的占筮易学

《易经》的著成,首先是用以占卜吉凶。因此,最早产生的对《周易》的诠释,是对其筮法、占法、卦象的理解。《左传》一书言《周易》者十九条,其中十六条是占筮。《国语》三条也全是占筮。这说明春秋时人是从占筮角度来利用和说解《周易》的。

战国时期,《周易》已从王室走向民间。《墨子·公孟》说:"且有二生于此,善筮。一行为人筮者,一处而不出者。行为人筮者与处而不出者,其糈孰多?""行为人筮者"是外出在路上为人占卦者,"处而不出者"是居家算卦者。想占卦要付给筮者粮食,说明筮已成为谋生的普通职业。

筮占在民间的普及,是以春秋以来礼崩乐坏的社会局面为背景的。秦始皇焚书,五艺皆烧,唯《易》独存,绝非偶然。在当时,从帝王、贵族到普通百姓都将《易》看作卜筮之书。"民之能此者,皆一马之田,一金之衣。"(《管子·山权数》)易筮占是一个吸引人的谋生手段。占筮的普及,是易学生存和发展的基础。

先秦的易占理论,有三个特点:一是变卦,二是用辞占,三是用象占。

变卦 变卦是解占的前提，又称之卦。筮得一卦后，据筮数的奇偶阴阳性质，求得变爻和变卦，然后以本卦变爻为主求得吉凶断辞。《左传》《国语》中出现的变卦大部分为一爻变，也有三爻变和五爻变。如庄公二十二年的"遇观䷓之否䷋"为一爻变，即观卦六四爻由阴变阳，变为否卦。《国语·晋语》的"得贞屯䷂悔豫䷏"，本卦初九、六四、九五三爻皆变，而成豫卦。襄公九年的"艮䷳之随䷐"，本卦除六二爻不变外，它爻皆变，而又得随卦。

变卦之风一直持续到战国。湖北江陵天星观和荆门包山战国楚墓中的"数字卦"，皆并列成双，共有十四对二十八个卦。如天星观的"䷔"，可译作一六六一六一和一一一一一六两组数字卦，也有人译作噬嗑䷔之夬䷪。孰是孰非，姑且不论，但双卦并列，反映的应是卦的"贞""悔"关系。内卦（六爻卦的下卦）为贞，外卦为悔；本卦为贞，变卦为悔；先得到的一卦为贞，后得到的一卦为悔。贞悔概念起源很早，《尚书·洪范》论卜筮说，"卜用五"，"占用二"，占用二的内容是"曰贞曰悔"。先秦文献和考古资料中的易卦和数字卦，大多都是二卦并列以断吉凶，说明了贞悔是先秦筮占的主要原则之一，是整理筮数或卦画的主要手段，在贞悔关系的基础上才能判断吉凶。贞悔关系的实质则是变，在数变中求爻变,在爻变中求变卦,这和《周易》的三大核心——简易、变易、不易,是完全一致的。变是物质存在的形式,易变中含有不少辩证法的因素。

变卦在先秦以后消失,与《周易》原有的占法失传有密切关系。占法一旦失传,爻变就不好确定,变卦也就无从谈起。因此汉以后人们争创新说,创纳甲筮法、卦气法、爻辰法等等,虽还是以六爻为占,但形式和方法与《周易》古法大有区别。

辞占 即根据《周易》的文字系统——卦名、卦辞、爻辞来占断吉凶。根据文献所载的筮例看,辞占是判断所占之事吉凶的主要方法。这大概是因为辞占最省事便捷、最易把握的缘故。

象占 即根据《周易》的符号系统——爻象、卦象来占断吉凶。象占的首要条件是卦符的取象。一旦卦符创造出来,它所取象的基本内容也大致定型。因此,卦象的起源应与卦符是同步的。《左传》昭公二年:"晋侯使韩宣子来聘……观书于太史氏,见《易象》与鲁《春秋》。"这本《易象》很可能是专讲卦符与卦象的书。卦象寓于卦符之中,开始只能是口耳相传,以后才见诸文字。《左传》《国语》中已有八卦的取象,如"乾,天也","坤,土也","巽,风也","艮,山也",等等。到了《易传》时期,卦的取象已固定化、系统化,《象》《说卦》中保存了相当繁复的卦象与其解说。

在筮占实例中,有取本卦卦象为占的,有取之卦卦象为占的,有兼取本、之卦象为占的。

变卦、辞占、象占都不是孤立的,而是互相有联系的一个统一体。变卦是辞占、象占的基础,辞占和象占的结果是由变卦所引发的,先秦时代筮人往往将这三种方法综合运用。

如前举《左传》庄公二十二年由观☷☴之否☰☷的筮例,先得本卦观,因六四爻变(筮数为六)而变为否卦。以本卦观变爻之辞"观国之光,利用宾于王"为占。接着又以两卦卦象进一步占断,说本卦内卦为坤为土,外卦为巽为风,之卦外卦由本卦外卦变来,为乾为天,本、之卦下卦都为坤为土,故曰"风为天于土上"。又之卦二至四爻为艮为山,形成了天居上、山居中、土在下的卦象,所以说"有山之材而照之以天光,于是乎居土上"。筮占结果是田敬仲完或其子孙可以朝见周天子,做王的宾客。这个筮例明显将变占、辞占、象占三种方法联合运用了。

需要说明的是,此例观、否二卦均无艮卦之象,艮象来源于之卦否的二至四爻,形成艮☶,这是互卦法。互卦法的原则是可用二至四爻、三至五爻组成新卦。以互卦之象为说,使易占的回旋余地更大。互卦说对西汉京房易学和东汉、晋的易学影响极大,成为"象数易"的一项重要内容。

总之，先秦的占筮易学，对后世象数易学产生了深远的影响，它对《易》的解说不仅成为后世易学研究的重要内容，也是后世象数易学发展的基础。

先秦的义理易学

先秦时期的义理易学有两个发展阶段。春秋时期为前段。这一阶段由怀疑筮占结果的正确性开始，发展到引证卦爻辞来分析事物的矛盾，最后形成了"以德代占"的重要观念。

疑占说 疑占始于春秋时期。当时礼崩乐坏，旧的社会秩序被打破，人们开始怀疑神权的作用，逐渐认识到了神"依人而行"、"吉凶由人"而不由神的客观道理。反映在筮占上，就产生了疑占说。

引证占辞以论事 也见于《左传》的记载。如宣公十二年晋师救郑，彘子不听号令，知庄子评论说："此师殆哉！《周易》有之，在师☷☵之临☱☷，曰：'师出以律，否臧，凶。'"师☷☵之临☱☷为初六爻变，故引本卦初六爻辞说明违反军纪必然失败而招祸的道理。

《周易》的卦爻辞本身就含有不少哲理，结合当时实事，对这些哲理加以发挥和揭示，是向义理易学发展的最重要的一步。正是这个解易趋势，改变了《周易》的卜筮性质。

以德代占说 "以德代占"是对占筮迷信的否定，是当时

"吉凶由人"的人本思想在筮占说中的最高反映。它肇始于春秋，至孔子而完成。

前文已称引过《左传》襄公九年的一条筮例：鲁成公的母亲穆姜与大夫叔孙侨如通奸，又合谋推翻成公失败后，被囚于东宫，占筮遇"艮☶之随☳"。艮、随两卦卦辞皆断为"无咎"，与穆姜实际处境大相径庭。史官只好以"随"有"出"之意而劝她赶快出逃，摆脱囚禁。穆姜倒是明白人，她断然否定这种讨好的占断，说："是于《周易》曰：'随，元亨利贞，无咎。'"意即随卦卦辞的"元亨利贞"指四种德性，元是仁，亨是礼，利是义，贞是守正。只有具备四德的人，遇随卦才能无咎害。她于这四条一条不占，怎能没有祸害呢？现在她是自取其祸，必死于东宫，出不去了。这个筮例告诉我们：穆姜虽遇吉卦，但不以吉卦来解释，因为"四德"的有无是占断吉凶的又一标准。有德者则吉，无德者则凶，吉凶取决于人事，而不是卦名、卦象、卦爻辞。这种以德代占，揭示了筮占的迷信无知，否定了占筮的权威，具有实事求是的求实性思维。在当时神权统治下的思想界，这是非常难能可贵的。同时，它开辟了一条解易的新路，为易学的发展提供了更为广阔的天地。筮占的结果凡与事实不符者，都可以用有无德性来解释，使筮占变得更加圆通。

孔子晚而喜《易》。他对易的态度是"不占而已矣"(《论语·子路》），即认为善学易的人，不必去占筮。他的治易方法是"非安其用，而乐其辞"，"我观其德义耳"（帛书《周易·要》引孔子语）。不用《周易》筮法为占，而乐道卦爻辞中的道德和义理，这与《左传》中的"以德代占"思想是一致的。孔子强调"观其德义"，是要探讨《周易》中的"天之道"和"民之故"，探讨《周易》中的义理思想。

孔子对《易》的整理和理解，开创了儒门解易的先河，将易学导入哲学领域，对后代易学产生了深远的影响。

战国时期是先秦义理易学发展的第二阶段。

这一时期，以《易传》的形成为标志，《周易》发生了本质的变化——从卜筮之书变为哲理之书。《易传》是易学史上的第一座里程碑，它开辟了儒门解易的一条新路，形成义理易学史上的第一个高峰。除儒家外，先秦的道家、阴阳家、纵横家以及诸子之学，大都是从哲理的角度来解说和运用《周易》的。它们和《易传》互相影响，相得益彰，对后世易学的发展产生了深刻的影响。

《易传》对易的认识　对《易》的性质和社会效用的认识的不同，是筮占派与义理派治易的原则分歧。

筮占派以《易》为卜筮书，用其占断吉凶，因而着重以筮占本身释易治易。义理派以《易》为哲理之书，用其探讨"天之道"和"民之故"，主张"善为易者不占"，因而其治易的原则是以德解易，以义理解易。

《易传》认为："夫《易》者何为也？夫《易》开物成务，冒天下之道，如此而已者也。"把《易》看成囊括天下一切事物变化发展直到终结全过程的哲学书。《系辞》说："《易》之为书也，广大悉备，有天道焉，有人道焉，有地道焉"；"明于天之道，而察于民之故"。《易》中无所不包，无所不容，从自然界到人类社会的各种思想和知识，它都以哲学的方式囊括无遗。这种认识，透过占筮的迷障，深刻地挖掘了《易》符号系统中所包容的博大的思想体系。这种认识的确立，启迪了后人援《易》为说又援以入《易》的学术风气，为易学的扩充、发展奠定了思想基础。

《周易》既然是哲理之书，那么其功用不是占，而是"开物成务"。《系辞》说："夫《易》，圣人所以崇德广业也。"崇高其德，是说《易》可用来进行伦理道德的修养；广大其业，是说《易》可用来成就大的事业。德业思想，是儒门易学关于《易》的社会效用的基本思想。用《易》可以达到"通天下之志，以定天下之业，以断天下之疑"的目的。

《易传》继承了春秋以来的"以德代占"思想，主张以德、以义理解易，把易从占筮迷信的泥淖里拔擢出来。这些主张主要反映在《彖》和《象》中。如乾卦："天行健、君子以自强不息。"坤卦："地势坤，君子以厚德载物。"从乾、坤二卦的卦象性质,论及君子应当效法天之健,自强奋斗永不息止;效法地之德,容载万物,宽厚待人。

《易传》的解易方法 先秦的解易方法有三种:

其一,取象。即以八卦所象征的物象,说明重卦后六十四卦的卦象。"取象说"早在《易传》之前就已出现,到《易传》完成了八卦取象的条理化和系统化。

其二,取义。即以八卦所代表的八种性质,说明重卦的卦象,《说卦》"乾,健也;坤,顺也"等指的就是这种性质。这种性质是不变的,运用于重卦后,就体现了一定的卦德。如屯卦䷂,下震上坎,震有动的性质,坎有险陷的性质,故《彖》解释屯卦的卦德是:"动乎险中,大亨贞。"处险陷之地必动,动而出险犹如新生,所以前程远大,亨通顺达。

其三,爻位。以爻象在整个卦象中的地位来解说卦爻辞。这发明于《易传》,有当位说、应位说、中位说、趋时说、承乘说、往来说等六种表现形式(其内容上章已述)。

"爻位说"主要反映在《彖》《象》之中,是以儒家伦理观念为中心,结合道家、阴阳家的思想提出来的。它的提出,集中体现了先秦以义理解易的思想和方法。这些思想概括起来就是儒家的尊卑等级观念和趋时居中观念、道家和阴阳家的盈虚消长观念。

"爻位说"把六十四卦看作一个社会整体,每卦是社会中的一个单位，每爻则是社会成员所处的地位或时机。阴阳爻位表示了君臣、父子、夫妇、男女、君子小人的区分，卦辞的吉凶表示了社会成员的命运和遭遇，按照伦理原则行动则吉，违背伦理原则行动则凶。刚柔爻象的变动，指示着人或事的盈虚消长。在易学史上，"爻位说"第一次将《周易》的符号系统与文字系统结合起来，使其变为逻辑化和体系化的哲理书籍。

《易传》的哲学思想及其影响　其一，太极思想。《系辞》中说："易有太极，是生两仪，两仪生四象，四象生八卦。"这里的太极，即是产生易卦卦象的根源，又是产生天道、地道、人道的根源，它既解释了《周易》筮法的原理，同时也道出了《易传》作者对世界本源的认识。

《易传》认为，宇宙的变化过程是以太极开始的。太极是天地两仪未分时的原始统一体，这个统一体，即是世界的本体。这是一种关于宇宙生成的朴素唯物观。

同时，由太极所生成的六十四卦符号系统和框架结构，是一种数理逻辑的哲学思维模式。这个模式以包容、广大为基本特征，以整体概念统率天道、地道、人道的全局。这种思维模式和表现形式，后来成为中国传统哲学的基本思维模式。

太极式的世界生成图式和具体化的三才图式，对以后的易学和中国的各种学术影响极大。无论是两汉经学、魏晋玄学、隋唐佛学还是宋明理学，都把太极式的天道、地道、人道等关于自然和社会的普遍规律作为主要的研究对象,表现了包罗万象、沟通天地、追根求源、整体把握的思想特征。

其二,一阴一阳之谓道。这是《易传》作者提出的易学哲学的基本原理,也是《易传》对中国哲学的主要贡献。

阴阳范畴的提出出自解易的需要。《系辞》说:"乾坤其《易》之门邪?乾,阳物也;坤,阴物也。阴阳合德而刚柔有体,以体天地之撰,以通神明之德。"这里把乾、坤两卦当作《周易》门户,乾卦为阳,坤卦为阴,其他各卦都是乾坤两卦德行的结合。阴阳二爻有刚柔的体制,故整个六十四卦是"阴阳合德而刚柔有体"。同时它们又体现了天地之数(撰,数也),贯通了日阳月阴的品德。这里的阴、阳实际上被解释为六十四卦构成的基本法则。

在此基础上,《系辞》对阴阳概念进行了更高度的概括:

> 一阴一阳之谓道。继之者善也,成之者性也。仁者见之谓之仁,智者见之谓之智,百姓日用而不知,君子之道鲜矣。

"一阴一阳",是说有阴即有阳,有阳即有阴,二者不可或缺。阴阳之间的相互转化就是"道"。阴阳具备就有了完善的本性。在实际生活中,人们或见仁,或见智,只以一面为道。百姓虽常用阴阳之道，但不知其中道理。这段话的重要哲学意义在于：

（一）它将《周易》的基本原理，概括为一阴一阳。奇偶、乾坤、天地、日月、寒暑、昼夜、刚柔、健顺、明暗、进退、辟阖、男女、父子、君臣等，《周易》中的许多概念，都可用阴阳统之。

（二）它将事物的性质及其变化概括为一阴一阳。上述阴阳对立的自然和社会现象，都如卦爻一样，可以互相变通，如日月推移、寒暑往来等。

（三）一阴一阳的命题，承认事物的两重性，主张在观察事物时，既要看阴面，也要看阳面，不偏废一方。这是我国古代哲学中两点论的代表，它对古代天文学的寒暖盈虚、兵学的显隐、医学的寒热等基本概念的形成都有深刻的影响。这个命题，承认事物的对立性质，并把对立面的依存和转化，抽象为阴与阳，阴与阳又体现了事物的本性及变化规律。这是古代哲学史上的一块丰碑，也是对先秦辩证思维的发展总结，更对后来的易学乃至各项学术都产生了重大影响。

其三，刚柔相推而生变化。"夫易者，变化之总名，改换之殊称。"（《周易正义序》）变易，是《周易》的精髓，《易传》对"变易法"有不少精辟的论述，概括起来，有以下几点：

（一）刚柔相推，变在其中。刚柔指阴阳二爻，"相推"

即阴阳二爻的互变,或上下往来,或互相消长。"刚柔者,昼夜之象也。"昼夜的变化是相互推移,推移的结果,是有的进,有的退,白天的到来意味着黑夜的后退。这一进一退,也就是一长一消。因此,《易传》认为:"六爻之动,三极之道也。"即刚柔相推,一进一退,是天、地、人三才的至极之道,是宇宙的普遍法则。

相推又是互相感召。如日月相推,才有光明生出;寒暑相推,才成一岁;屈伸相感召,方有利益之事。《易传》的这种观点,是把对立面的相互作用看成变化的原因,这是古代内因论的思想先驱。推去一方,可招来另一方,能屈方能伸,能弛方能张,这又含有对立面相互依存的含义。

(二)天地盈虚,与时消息。随着时间的变化,事物的变异性反映为盈虚、消长、兴衰的过程。如《彖》说:"日中则昃,月盈则食,天地盈虚,与时消息。"由中而昃(日斜)、由盈而虚的根本原因,是随着时间的变化,事物发展到极点,必然向其反面转化。如《象》解释乾上九曰:"亢龙有悔,盈不可久也。"由潜龙到飞龙在天,已是春风得意,如果再飞得无限高亢,则必然有反悔之事。故盈不可久,要向其反面转化,这就是物极必反的道理。《易传》把它用于政治,则是"居安思危";用于德性,则是"满招损,谦受益"。

《系辞》对事物变化,还提出了"易穷则变,变则通,通则久"的三阶段说。即认为,事物的发展变化总是穷极而后变,变而后通达,通达后可以打开一个长久的局面。这个思想,对后代提倡变法革新的人,产生了很大的影响。

(三)天地交而万物通。《象》解泰卦说:"天地交而万物通也,上下交而其志同也。"泰卦☷坤上乾下,表示天气下降,地气上升,天地之气相交,故万物通顺。这是据对立面的互相吸引来解释万物化生的道理。《系辞》讲得更明白:"天地絪缊,万物化醇;男女构精,万物化生。""絪缊"即交相融合,天地、男女互相沟通,可化生万物和人类。在这里,对立面的互相沟通,成了变化的源泉。沟通有两方面,一是男女交合,一是上下等级之间的和谐,所谓"上下交而其志同也"。

(四)变化有必然性和偶然性。《易传》认为,事物的变化是恒久的,无止境的。变化并非杂乱无章,是有规律可循的。如《象》解恒卦说:"天地之道恒久而不已也。……终则有始也。日月得天而能久照,四时变化而能久成。……观其所恒,而天地万物之情可见矣。"天地的变化法则是恒久而永不停止,旧过程看上去似乎是终结了,实际是新过程的开始。从事物发展的永恒性中,可以看到天地万物变化的真实情况,并掌握其规律,这就是变化的必然性。

《系辞》又说:"极数知来之谓占,通变之谓事,阴阳不测之谓神。"极尽筮数的变化称作占,爻象有通有变,人可因其变通而立事。奇偶和刚柔、阴阳爻象的变化难以推测,可谓之神。"不测"指占筮过程中信手分蓍草,难以预知测得某卦;就爻象的变化而言,事先也不能断定某爻必为老阳或必为老阴以得变爻。"阴阳不测"的观点,是指事物的具体变化过程神秘莫测,具有偶然性。

总之,《易传》认为事物的变化既有法则可循,变化是恒久不息的;又认为变化的具体过程,人们事先难以预料。这种看法,被后来的哲学家阐发为事物变化既存在偶然性,又存在必然性。

《易传》的哲学思想是非常丰富而深刻的,这里只举其大端,略窥其貌。它的本体论、阴阳之道、易变思想,对后世哲学、古典科学、社会学、政治学等都产生过深远的影响。在中国历史上,如董仲舒、王弼、李淳风、柳宗元、张载、朱熹、王夫之、方以智等思想家都曾从《周易》哲学中汲取了不少营养,而成就为一代宗师。

群经之首:两汉象数易及其影响

汉代易学概说

汉代易学是易学发展史上的一个重要阶段,后人称为

"汉易"。

汉代统治者独尊儒术，推崇经学，《周易》被奉为六经之首，有得天独厚的发展条件。这时，不只是儒家的经师，其他学派的思想家也探求《周易》的理论，这就为易学流派的形成创造了条件。"汉易"的主流是以卦气说为中心的象数易哲学体系，它在易学史上占有重要地位，并对中国的学术史、思想史、哲学史、文化史、术数史产生了深远的影响。

秦始皇焚书，不焚《周易》，"故传授者不绝也"。据《史记·儒林列传》和《汉书·儒林传》等史籍所载：孔子传《易》于商瞿，商瞿传六世后达于齐人田何，田何传于周王孙、丁宽、服生、杨何等四人。此后易学分为两支：杨何传司马谈，丁宽传田王孙。田王孙再传于施雠、孟喜、梁丘贺。孟喜则传焦延寿，焦延寿又影响京房，于是有"京氏之学"。其中施、孟、梁丘和京氏"易"皆在西汉立于学官，成为官方易学的代表。官方易学是用当时通行的汉隶写成的，故又称今文经学。

西汉民间传《易》者，主要有费直、高相两家，属古文经学派。费直传王横，高相传子康和毌将永。

东汉易学的传授系统，以《后汉书·儒林传》记载较详："建武中，范升传孟氏易，以授扬政。而陈元、郑众皆传费氏易，其后马融亦为其传。融授郑玄，玄作《易注》，荀爽又作

《易传》，自此费氏兴，而京氏遂衰。"

上述经师或学者都以治易为己任，可以说是易学专家。但两汉还有一大批学者，均研《周易》。如汉初的韩婴曾著《子夏易传》，陆贾《新语》、贾谊《新书》、刘安《淮南子》、董仲舒《春秋繁露》等书都引《周易》经传文加以解说。西汉后期的严君平、扬雄、刘向和刘歆，也都研究《周易》。东汉以后的学者虞翻、王肃、魏伯阳等对易学也很有见地。总之两汉时期的易学研究者队伍浩大，研究面涉及哲学、思想、文化、宗教、术数等各个领域，成果累累。可惜的是，他们的著作绝大部分已失传，后人做了大量的辑佚工作，主要见于孙堂《汉魏二十一家易注》、马国翰《玉函山房辑佚书》、黄奭《汉学堂丛书》中。另外，《易纬》类著作的辑佚见于《黄氏逸书考》。唐代李鼎祚《周易集解》中也记载了荀爽、虞翻等人的易说。对"汉易"的研究著作主要有宋代朱震的《易丛说》、清代惠栋的《易汉学》、张惠言的《周易虞氏义》《易义别录》等。可供参考。

总的来说，两汉易说有三种倾向：

其一，以孟喜、京房为代表的官方易学，着重于对卦象以及《周易》中一些特殊数字的研究，被后人称作"象数之学"。其特点是，以奇偶之数和八卦所象征的物象解说《周易》经传文；以"卦气说"解释《周易》原理，利用《周易》

讲阴阳灾变。《说卦传》对此派易学产生了重大影响。

其二，以费直为代表的古文民间易学，继承战国和汉初的易学传统，以《易传》文意解经，注重义理的阐释，后来发展为魏晋王弼的义理学派。

其三，以《淮南子》、严君平、扬雄为代表的阴阳变易学说，他们以道家的黄老之学解释《周易》，将黄老学说与易学结合起来阐发阴阳变易的观点。严君平著有《道德真经指归》，其弟子扬雄著有《太玄经》。东汉以后，道家学说逐渐发展为道教，此学说也随之变异。

这三种解易倾向基本上反映了汉易的面貌。值得注意的是，两汉的谶纬神学也给易学带来一定的影响。六经皆有纬，用纬书来推演《周易》的就是《易纬》，它主要讲图谶和灾变、天人感应等，具有浓厚的迷信色彩。但其与经学的结合，使其地位提高，对汉代学术和易学都产生了很大影响。而从总体来看，以孟喜、京房为代表的象数派官方易学自始至终是汉易的主流。

汉代的"卦气说"

汉代的卦气说，首倡于孟喜，兴盛于京房，流变于《易纬》。"卦气说"是汉代易学的核心之一。它的特点是把当时的天文历法知识融进了《周易》，用《周易》的卦象来解说四季、十二月、二十四节气、七十二候的变化，并以此来推断人事的吉凶。其理论基础则是阴阳说和五行说。

孟喜"卦气说" 孟喜"卦气说"的主要内容是：以坎、离、震、兑为四正卦，主一年四季。坎主冬、离主夏、震主春、兑主秋。以十二辟卦主一年十二个月，即复☷☳主十一月（夏历冬至所在之月，表示阳气开始复生），临主十二月，泰主一月，大壮主二月，夬主三月，乾主四月，姤主五月（阴气开始复生），遁主六月，否主七月，观主八月，剥主九月，坤主十月。除四正卦外，其余六十卦配一年的日数，每月配五卦，每卦主六日七分。这六十卦又配二十四节气，把每一节气分为三候（初候、次候和末候），共七十二候。每卦配一候，缺十二候，以十二侯卦补之（卦气说把六十四卦分为四正卦、十二辟卦、十二公卦、十二侯卦、十二卿卦、十二大夫卦）。这样，每年节气始于冬至，冬至到小寒四十五天，分三候：初候为公卦中孚，次候为辟卦复，末候为侯卦屯内（侯卦又分内外），此为一年节气变化的开始。到次年十一月节气大寒的末候颐卦，为一年节气变化的终结。

孟喜的"卦气说"的天文历法部分主要来源于《礼记·月令》、《吕氏春秋·十二纪》、《淮南子》的《天文训》和《时则训》中有关天文历法的记载。

京房的"卦气说" 是在孟喜"卦气说"的基础上加以发

展而成的。他以阴阳二气解释孟喜之说，认为阳气左行始于十一月冬至，阴气右行始于五月夏至。京房与孟喜不同之处在于：第一，他将坎、离、震、兑四正卦纳入一年日数之中，方法是将六十四卦的三百八十四爻配一年的日数（$365\frac{1}{4}$日），四正卦的初爻各主$\frac{73}{80}$日，颐、晋、升、大畜四卦分居四正卦之前，各主$5\frac{14}{80}$日，其余五十六卦皆主$6\frac{7}{80}$日；第二，他以四正卦加巽、艮为六子卦，主二十四节气。方法是每卦主两个节气，从立春坎卦开始，依次为巽、震、兑、艮、离，到立夏又从坎卦开始依次循环。六子卦搭配时，有的取初爻，为下卦之始；有的取第四爻，为上卦之始。同一卦取爻不同，表示节气不同。

《易纬》的"卦气说"载于《稽览图》，以四正卦为四象（指青龙七宿、白虎七宿、朱雀七宿、玄武七宿，共二十八宿），主四时，在称谓上和孟氏不同。

"卦气说"的影响　孟、京的"卦气说"对汉代易学和哲学都产生了深刻影响，东汉以来的经学家在解释《周易》经传时，都不同程度地吸取了孟、京的"卦气说"。如东汉经师马融解乾卦初九爻辞说：

物莫大于龙，故借龙以喻天之阳气也。初九，建子之月,阳气始动于黄泉,既未萌芽,犹是潜伏,故曰潜龙。

建子之月即冬至所在之月。冬至后,暖气(阳气)动,但万物未萌,故说潜伏。此说本于京房《易传》乾卦"建子起潜龙"一语,这说明了卦气说在汉易系统中的重要影响。

从哲学史上看,"卦气说"的主要贡献有二。

其一,"卦气说"建立了一个以阴阳五行为世界图式的哲学体系。京房将八卦和六十四卦看成是世界模式,《周易》的符号体系即是自然界和人类社会的缩影。世界变易的基本法则是阴阳二气的运行和五行之气的生克,这个原则体现在《周易》的数字和符号系统中。这样,他将西汉的自然科学思想更加系统化了。这个世界图式,对后来哲学家们探讨世界的普遍联系,具有很大的启发意义。

其二,"卦气说"以阴阳二气来解释《周易》的原理,借助于当时的天文历法知识和理论,阐明经传中关于事物变化的学说,这对先秦易学是一大发展,对以后的哲学、思想、文化、天文历法都有很大影响。如汉代以后,许多历书都引"卦气说"来解说历法,东汉的《乾象历》、北魏的《正光历》、唐代僧一行的《大衍历》等都是如此,即所谓"易可以衍历"(王夫之语)。

京房所建立的卦气体系,后来发展为占候之术,其末流大肆宣扬阴阳灾变和天人感应的迷信。从根源上讲，这是对《周易》卜筮迷信的发展；从流变上看，又为后来的各种占筮提供了理论根据。这是"卦气说"的糟粕所在，应予否定。但瑕不掩瑜，"卦气说"的世界图式和其阴阳二气说，都对中国古典哲学和学术的发展做出了重要贡献。

象数易的其他学说

汉代象数易学的学说颇多，蔚为大观，兹举其主要者略作说解。

"八宫卦说" 京氏《易传》将八卦的重卦称为"八宫卦"或"八纯卦"，其排列顺序为乾、震、坎、艮、坤、巽、离、兑。前四卦为阳卦，后四卦为阴卦，每一宫卦统领七卦，八宫卦共统领其余五十六卦。八宫卦为上世，其余卦根据爻变分作一世、二世、三世、四世、五世、游魂、归魂。一至五世皆由宫卦的初到五爻变组成。如乾宫一世卦为姤☰，二世卦为遁☰……五世卦为剥☰。游魂卦由五世卦的第四爻阴变阳或阳变阴组成，乾宫的游魂卦晋☰，即剥卦六四爻阴变阳而得。归魂卦的上卦即相应的游魂卦的上卦，下卦取本宫卦的下卦。如乾宫归魂卦大有☰，上卦离即游魂卦晋的上卦，下卦乾即本宫卦的下卦。

"八宫卦说"用于占术有世应法、飞伏法和游归法。这些方法，反映了阴阳消长、物极必反、循环往复的易学思想，另辟了一条解易的新路子，但又有为筮占服务的性质。

"纳甲说" 由京房创立，东汉魏伯阳、三国虞翻加以发挥。京房将八宫卦各配以十天干，甲为天干之首，故名"纳甲"。各爻又配以十二地支，子为地支之首，故名"纳子"。乾配甲壬，坤配乙癸（下卦配甲、乙，上卦配壬、癸），震巽配庚辛，坎离配戊己，艮兑配丙丁。除此而外，他还把二十八宿配各卦六爻之位。后来又配以五行、四方、月象盈亏等。

"纳甲说"的主要来源是《周易·说卦》的乾坤父母六子说和《月令》《吕氏春秋·十二纪》等汉以前的律历学说。后世的卜筮家多以其为宗，它对中国的术数文化产生了很大影响。

"五行说" 京房易学还以五行学说解释卦爻象、卦爻辞，即以土、金、水、木、火五星的顺序配八宫卦的卦序，土星配乾始，木星配归妹终。以五星配卦，源于当时的占星术，以天人感应来说明人事吉凶。

《易纬》的象数学说 《易纬》形成于西汉末年，是对《周易》经传文所作的神秘主义的解释。它是汉易中的一个重要流派，影响很大。其解易的学说主要有：

其一，认为《周易》有简易、变易、不易三义。前二者是对《系辞》的发挥；"不易"之说，则为《易纬·乾凿度》的发明，其实质是说明封建秩序的不可变易性。

其二，"太易说"，这是一种宇宙生成论。它认为宇宙的形成经过了太易、太初、太始、太素四个阶段。太易是元气未产生的阶段，后三者是具备气质的阶段，统称"太极"。太易变出阳气之数一、七、九，清轻而上升为天，成为乾卦卦象；变出阴气之数二、六、八，浊重而下降为地，成为坤卦卦象。"太易说"的目的在于说明卦画的起源，它是受西汉以来的"元气说"和京房的"卦气说"的影响而产生的。它把阴阳奇偶之数与阴阳二气的变化结合在一起，使奇偶之数具有了表达气的运动变化的功能。筮数不仅可以说明节气的变化，而且可说明宇宙生成的变化过程，这为象数学提供了理论基础。

其三，"八卦方位说"，主要内容是：易始于太极，以奇偶二数、阴阳二气为天地或两仪，以四时为四象，以天地雷风水火山泽为八卦，以八卦配十二月的节气，以坎、离、震、兑为四正卦，以乾、坤、巽、艮为四维卦，各据自己的方位，主持四时的阴阳消长过程。卦气周行一遍为一年三百六十日，故每卦主四十五日。又进一步以金、木、水、火、土"五行"和仁、义、礼、智、信"五常"配八卦。由此可知，"八卦方位说"是对京房"卦气说"的直接发展，其特点在于又进一步认为四时的变化体现了天地之道和人伦之道,使卦气说更加神秘化。

其四,"九宫说",这实际上是"八卦方位说"的另一种形式。汉代天文学称北极星为太一,于是在纬说中太一变为北极星神,主四季的变化。太一按九宫数字运行于九宫,除中宫不配卦外(为五),太一始于坎宫一,依次入于坤宫二,震宫三,巽宫四,中宫五,乾宫六,兑宫七,艮宫八,离宫九。显然,"九宫说"也是"卦气说"的发展。它把四季的变化与阴阳之数的变化结合在一起,太一成了四季变化的主宰,九宫算术被赋予神秘的功能。

上述九宫八卦说的直接影响,是使官方易学的"卦气说"进一步复杂神秘化,同时长期影响了象数学派,特别是影响了宋代易学的图书派。九宫数图或被视作河图(宋刘牧说),或被视为洛书(蔡元定说),对术数文化领域影响更大,如九宫栻占、兵家的九宫八卦阵等等。

其五,"爻辰说"。有《易纬》"爻辰说"和郑玄"爻辰说"两种。前者按六十四卦的顺序,每对立两卦的六爻配以十二辰,代表十二月,为一年。三十二对卦象,代表三十二年。循环往复。此说重点是用两卦的十二爻来表示一年四季十二月节气的变化,是"卦气说"的又一种形式,其理论基础是"天道(用乾等阳卦表示)左旋,地道(用坤等阴卦表示）右迁"，及阴阳二气的消长和循环。如：乾卦初爻为十一月子，二爻为正月寅，三爻为三月辰，四爻为五月午，五爻为七月申，上爻为九月戌，皆左行。坤卦初爻以六月末为贞（正），二爻当八月，三爻当十月，以此类推，皆右行。

"爻辰说"扩大了取象范围，适应了当时解经的需要，郑玄就是以"爻辰说"解易的代表。他的"爻辰说"又把十二律、十二次、二十八宿等配以阴阳六爻。这种学说在解《易经》时注重辞与卦象之间的联系，但最后发展为烦琐而牵强的神秘解经方法，成为汉易的一大流弊。

荀爽的阴阳升降说 荀爽是东汉著名经学大师，其解易以阴阳二气的"升降"交通为特点。他认为，乾坤二卦是代表天地生成万物的根源，乃基本卦。这两卦的爻位互易升降后，可变作它卦。如乾卦九二升于坤卦六五爻位则成坎，坤卦六五降于乾卦九二爻位则成离，坎和离为上经之终。而坎离二卦相配合，又成为既济（离下坎上）和未济（坎下离上），为下经之终。因此乾坤二卦中阴阳爻位的升降，构成了八卦和六十四卦的基础。

荀爽把"阴阳升降说"作为一种释易体例。如他解泰卦《象》中之"天地交泰"说："坤气上升以成天道，乾气下降以成地道。天地二气，若时不交则为闭塞，今既相交乃通泰。"意即泰卦阳气在下，阴气上升，只有二气相交才能通达为泰。"阴阳升降说"直接影响了汉末虞翻的"卦变说"。不少人认为，荀爽是最早讲卦变的人。

虞翻的卦变说 虞翻生活于汉魏之交，五世家传孟喜《易》，著《周易注》，是汉易学中以象数解易的代表人物，对后世易学产生了深远的影响。

"卦变说"的主要内容有二：

其一，乾坤父母卦变为六子卦。即乾卦二、五阳爻变坤卦二、五阴爻可生离卦，坤卦二、五阴爻变乾卦二、五阳爻可生坎卦。离卦二、三、四爻互体可生巽卦，三、四、五爻互体可生兑卦。坎卦二、三、四爻互体可生震卦，三、四、五爻互体可生艮卦。如图一。

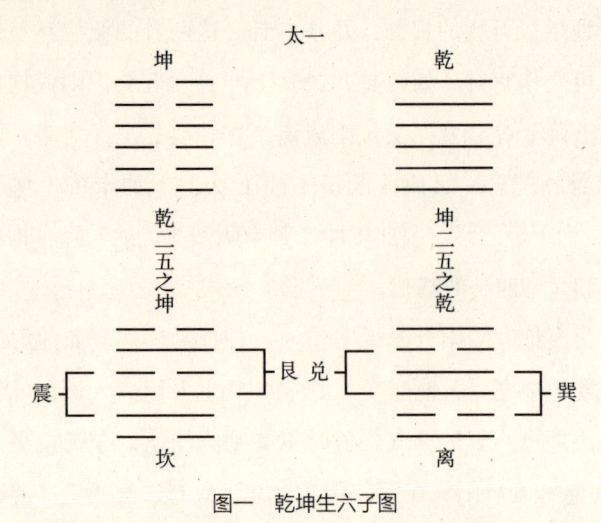

图一　乾坤生六子图

乾坤生六子是"卦变说"的基础，其中含有互体等卦变方法，对后世影响甚大。

其二，十二辟卦（亦称"十二消息卦"）可变生出其他四十八个杂卦（乾、坤、中孚、小过四卦除外）。其卦变体例，皆以阴阳两爻互移，主变动者止于一爻。十二消息卦中，复、姤为一阳一阴之卦，临、遁为二阳二阴之卦，泰、否为三阳三阴之卦，大壮、观为四阳四阴之卦，若将其他杂卦按阴阳爻的多少分别纳入以上各类中，则每一类中的其他卦均是该消息卦爻象互易的结果。

"卦变说"旨在指出卦与卦之间的形象联系，使《周易》的符号更进一步系统化、哲理化。后人据此说画出了各种卦变图，如《周易本义》所载李之才的《卦变图》，共列一百二十四卦，每卦皆重复出现，实为六十二卦，都是由十二消息卦卦变而来，加上乾坤二卦，总为六十四卦。

虞翻根据"卦变说"对《周易》的经传做出了许多新的解释，其特点在于把某一卦生出的另一卦合在一起，扩大了释象解辞的范围。这种解易方法，形成了一种新的体例。

与"卦变说"相联系的释易方法还有"旁通说"（六爻皆相反对立的卦为旁通）、"互体说"（用某卦二三四、三四五爻重新组合成的卦为互体卦）、取象说（虞氏的八卦取象已达三百余种）、半象说（取卦象的一半为说，如震☳之半象为

"⚋"和"⚌")等等，限于篇幅，不一一介绍了。

另外虞翻还进一步发展了孟、京的"纳甲说"，以月亮的晦朔盈亏以象八卦，再纳以天干，以显示八卦的消息。

"卦变说""纳甲说"实质上都是对"卦气说"的继承与发展，这是一个理论上的进步，但以象数解易，烦琐、牵强、附会之处比比皆是，有的近于游戏，这是需要认真分析、具体对待的。

总之，两汉的象数易学，以"卦气说"为中心，提出了一个宏伟广大的宇宙生成图式，视八卦为宇宙的缩影，自然界的变化和人类社会的变化都可以用八卦中阴阳二气的变化来体现。掌握了八卦的变化规律，就可以上判国家治乱，下决个人祸福。这种以"卦气说"为中心的哲学体系的形成，在易学史上占有重要地位，对中国的学术史、思想史、哲学史、术数史、宗教史等传统文化都产生了广泛而深远的影响。

但是，以"卦气说"为中心的象数学体系，从本质上讲，是对《周易》筮占迷信部分的发展，而且又穿凿附会了许多《周易》本身并不具有的东西。它所依据的五行观、阴阳家学说、原始同一观、古代的星占术等理论，大多是以讲天人感应、灾变灾异为主的，缺乏科学价值。用这些观念来解释《易经》，从根本上背离了《易传》的精神，《周易》成了纯粹的卜筮之书。

两汉象数学适应当时统治者宣传迷信、麻痹人民的政治需要，易学越讲越繁，越发展附会的迷信观念越多。它到后来，大讲吉凶祸福，大力宣传阴阳灾变和天人感应，烦琐而零碎，本失而流兴，终于使自己走进了死胡同。魏晋以后，王弼义理易学脱颖而出，它结合老庄学说，创造了玄学易，将易学研究拉回正常发展的轨道，从而开始了一个新的易学发展时期。

三玄之冠：魏晋的玄学易

玄学是魏晋南北朝时期以崇尚虚无为标志的哲学思想。玄学家把老庄的道家思想和儒家思想结合起来，建立起了他们虚无、空灵、无为的宇宙观和方法论。他们以老庄的理论来解释《周易》，又汲取了《周易》的哲学来充实自己的理论。因此，他们奉《周易》《老子》《庄子》为"三玄"（见《颜氏家训·勉学》），后来《周易》又被奉为"三玄之冠"。

魏晋隋唐易学概说

这一时期易学的突出特征，是一反汉易的烦琐学风和象数之学，将《周易》同魏晋玄学结合起来，开创了以老庄思想解易的新方法，建立了玄学易的基本理论框架。在易学史上，这一阶段起着承前启后的作用。

这一时期，经历了魏晋南北朝的大乱和隋唐时期的大治，反映在学术上，儒家大一统的局面被打破了，各种思潮和文化相互融合的趋势大大加强了。就易学而言，其学术倾向主要有四种表现：

其一，随着两汉经学向魏晋玄学的转变，象数派的烦琐易学失去统治地位，玄学的易理派抛弃了象数之学，开创了玄学易说。此派解易，不讲卦气爻辰，不讲纳甲卦变，更不谈阴阳灾变，而重在对《周易》中蕴含的哲学思想的阐释。这种阐释往往以"贵无""天地万物皆以无为本"的玄学思想为指导，用来体现玄学易的本体论、认识论和方法论。此派的主要人物有王肃、王弼、韩伯康等，唐代的孔颖达也推崇义理派。此派对后来的宋明理学家的易学产生了较大影响。

其二，继承汉易象数派的各种理论，仍以象数解易。其特点有二，一是不满玄学易的解易倾向，他们承继汉易传统，与玄学易派极力论争，但并未提出新的象数体系，只可看作是汉易之余波。二是继承汉代的术数理论和方法，将易理加以术数化、模式化。在实践中，他们不搞章句训释，而专门推衍阴阳术数，注重天文、历谱、五行、形法、风角、卜筮、命相、堪舆、占候之类的术数研究。其代表人物是三国的管辂，东晋的郭璞、干宝等，唐代李鼎祚的《周易集解》也倾向于象数派，至宋代的邵雍则集其大成。

其三，易学与佛教的学说相糅合。佛教自东汉传入中国后，其名相只能通过汉学才能为人了解和普及。于是，佛学家便援引玄学的理论来解释佛教经义，进而以玄学易来解释佛教的教义，出现了易、佛结合的新倾向。如梁武帝萧衍就是此派的代表人物，他既是著名的佛教徒，又通晓儒家经典，著《周易大义》等解易著作多部。他既谈佛理，又谈易理，使二者结合的倾向相当明显。又如密宗的《原人论》以汉易的理论来解释佛教理论，李通玄以《周易》来解释华严宗的教义，等等。佛教讲易，不拘于象数、义理的派别之争，凡能解说佛理者都在援引之列。其讲易重在概念上的对引和诠释，因而并未形成佛易派别。

其四，易学与道教结合。在两汉时期，汉易已和黄老学说结合，产生了严君平的易说和扬雄的《太玄经》，东汉时魏伯阳又著《周易参同契》，把易学引入炼丹术。东汉以后，道教形成，它广泛地借助了《周易》的卦象和汉易中的阴阳五行说、元气说等理论，创制出自己的一套世界图式，作为道教世界观的基本理论。唐代道教非常借重《周易参同契》，用它大讲丹术，易学也在炼丹过程中起到重要作用。如阴阳二气法被用以解释丹药的形成、火候、功用，成为炼丹的理论基础。及至宋初，陈抟道士以《周易参同契》为理论指导，以炼内丹为宗旨，在易学史上创立了"龙图易"，形成了道家易学。

以上四种易学倾向，反映了魏晋隋唐时期易学发展的大致面貌。但这四种倾向，有主有次。总的来看，玄学义理派的易学是主流，在易学史和文化史上影响十分深远；与之相对立的象数派易学也从未中断过，在这一时期也非常活跃。两派的长期争斗与互相借鉴和融合，是这一时期易学发展的主要线索。而佛教与道教的解易系统，基本上没有提出新的治易体例和理论体系，大抵是借助易学以阐发自己的教义，只是易学发展中的支流。因此本章以介绍玄学易为主，象数易为辅，佛、道的易说留待下章来讲。

王弼的玄学易说

王弼（226—249年），字辅嗣，魏山阳人，魏晋玄学的代表性人物，也是玄学易说的开创人。

王弼"幼而察慧，年十余，好老氏，通辨能言"。他生活上倜傥不羁，乐游宴，解音律，好投壶，取老庄虚无主义的生活态度。二十四岁时他暴病而死，后人无不为之惋惜，并惊叹其才华横溢。

王弼的玄学易，是曹魏时期古文经学发展和老庄玄学兴起相结合的产物，从此使易学的发展走向了玄学化的道路。

玄学易是易学史上一个重要的承前启后阶段,它排斥汉易的象数派,创建了义理学派;它在哲学上又把《周易》纳入玄学领域,成为其重要的组成部分。

王弼的玄学易,是通过对《周易》体例的阐发来显示其易学特色的,概括起来有下列几点:

其一,取义说。此说是对先秦取义说的继承和发挥(上章已述,不赘述)。王弼采"取义说",是有意识地排斥象数派烦琐的"取象说"。

其二,一爻为主说。王弼认为,某卦全卦的意义是由六爻中的一爻决定的。此说最早见于《彖》,京房概括为:"定吉凶,只取一爻之象。"王弼则进一步做了理论上的阐述,他说:"一卦之体,必由一爻为主。则指明一爻之美,以统一卦之义。"为什么必由一爻为主呢?这是因为要"约以存博,简以济众",既追求一卦的整体概念,又认为每一卦皆有一个中心思想。这个中心思想,就是简约,并由此作为"一爻为主说"的理论根据。

其三,爻变说。此说认为爻象没有一成不变的形式,爻的性质和实质在于变通。这是对《系辞》"神无方而易无体"思想的发挥。王弼说:"一阴一阳而无穷,非天下之至变,其孰能与于此哉!是故卦以存时,爻以示变。"一阴一阳指阴阳二爻,由于刚柔爻位的变化复杂多端,以至无穷,所以,《周易》的法则能范围天地万物的变化而无遗。卦爻的变化,即是人事或事物的变化,人的行动应以爻变为指南,此即"爻以示变"。

其四,适时说。此说认为时机不同,卦爻所显示的吉凶之义也不同。爻义变动不居,适时而变。"适时说"本于《彖》《象》,东汉荀爽解易也讲趋时说。王弼在《周易略例》中进一步发挥了这个观点:

> 夫卦者,时也;爻者,适时之变者也。夫时有泰否,故用有行藏。……一时之制,可反而用也;一时之吉,可反而凶也。故卦以反对,而爻亦皆变。是故用无常道,事无轨度,动静屈伸,唯变所适。

这是说,爻的变化总是和所处的时位连在一起的。卦辞因时而异,爻辞也因时而变。如泰否两卦,泰☷☰,上坤下乾,必交,故为大通之时;否☰☷,上乾下坤,稳定而欠变化,故为不通之时。所以泰卦辞是吉,否卦辞是"不利君子贞"。泰时可行于道,施展才华,否时要敛藏,不能锋芒毕露。"一时之制"(制为体制)即某爻因时不同,爻意可"反而用"。如泰卦之体为吉,但其上六爻辞说:"城复于隍。""隍"是城下沟壑,"复"即倾覆,是说吉达到了上六的极点,要走向反面而成为凶，此即"一时之吉，可反而凶"。爻辞的吉凶，因时位不同，可与卦辞相反。所以，卦因时推移，用无常道，爻也随时而异，处事并无定轨，动静屈伸，总是唯变所适。

"适时说"主张因时而变，不固守某种固定格式，是一种辩证思维。同时王弼将适时之变同贵贱之位结合起来，认为时位不能分开，所处分位不同，所遇的时机也不相同，这大概是对等级社会现实的一种哲学反映。但这种观点以位来制约时变，贵贱之位是不能侵犯的，时变也只能在一定范围内进行，这又为巩固当时的士族制度提供了理论根据。

其五，初、上不论位说。初爻与上爻表示一卦的始终。对事物而言，其终始先后，不能固定为何者为阴，何者为阳，即有时阳为始，有时阴为始。所以尊卑之位虽有正常的秩序，阴阳的先后终始却没有不变的格式。初、上二爻不论其贵贱之位，这是一种辨位说，反映了理性的思维：事物的阴阳变化是无穷的，所以事物的终始也不能分阴与阳。

以上五说，是王弼论《周易》体例的基本观点。它以取义说和爻位说来解释卦爻辞，排斥了汉易象数派的烦琐之学和占候之术，把《周易》看成是讲政治哲学的书，开创了一种新风气。但这五说只是王弼易学对经学派解易学风的阐发，而其易说还有更重要的一面，即以老庄的观点来解释卦爻辞，并最终构成了玄学易的基本框架。其主要内容有：

自然无为　王弼将无为思想贯穿于他对卦爻辞的解释之中，如他注坤卦六二爻辞"直方大，不习，无不利"说："居中得正，极于地质。任其自然而物自生，不假修营而功自成，故不习焉而无不利。"这是说，六二爻居坤卦之中位又当位，极得坤地柔顺的美德和性质。任其自然，不用营建修缮，功业就能自生自成。他将"不习"解作"自然无为"，明显是将易玄学化了。因循自然，其实是一种宿命论，是当时门阀士族政治哲学在易学中的表现。

得意忘象　这是玄学易在哲学上的一个基本观点，王弼根据《系辞》所说"书不尽言，言不尽意"，以及"圣人立象以尽意，设卦以尽情伪，系辞焉以尽其言"等，探讨了言、象、意三者的关系。他在《周易略例·明象》中说：

> 夫象者出意者也，言者明象者也，尽意莫若象，尽象莫若言。言生于象，故可寻言以观象；象生于意，故可寻象以观意。意以象尽，象以言著。

对筮法而言，这段话的含义是：卦象是用来表示圣人心意的，卦爻辞则是用来说明卦象的。因此，欲知圣人心意和卦义，不如通过卦象；欲穷尽卦象的内涵，不如通过卦爻辞。"言生于象"，"象生于意"，言、象、意成了互相联系的三个哲学范畴。它们的关系是:"得象而忘言","得意而忘象"。也就是说,得到了卦象,便可忘掉卦爻辞了;得到了圣人的心意和卦义,便可把卦象也忘掉。如既得龙象,"潜龙勿用"之言可忘;既得乾卦"乾行健"之义,其龙象可舍。忘象或者忘言,都是说不要拘泥于卦象和卦爻辞,重点应放在掌握卦义和圣人之心意上。只有"忘象以求其义",才能"义斯见矣"。

从易学史上看,王弼第一次论述了言、象、意三者的关系,把原来的取义说发展了一大步,并把其引向了忘象求意的玄学道路。老子的哲学以无为本,向来鄙视有形有象的事物。"忘象求意"源于老庄,而不是《易传》本身的说法,"忘象说"构成了玄学易的一大特征。

从哲学史上看,"言"指名言概念,象指事物的现象,意指事物的本质。"忘象说"是在讨论事物的现象与本质之间的关系问题。王弼认为,本质隐于现象之后,现象只是本质的表现形式,拘泥于现象就不能认识本质。这在哲学上有其合理因素,也是很可贵的。但在认识事物本质时可以抛开物象,甚至认为只有"忘象"才能真正认识本质。这就把二者的差别过分夸大,使二者对立,结果又导致在物象以外去把握事物本质的结论。后来的唯物主义者所批评的"象外求道",即指王弼的这种唯心主义认识论。

和老庄相比,王弼在唯心主义认识论的道路上走得并不太远。老庄鄙视感觉经验和理性思维,认为作为世界本源的"道",要靠一种神秘的智慧去体验,"玄览""心斋""坐忘"都是这种体验的形式。这对气功易学和佛教禅学、道教的内丹都产生了很大的影响。而王弼则靠"尽其理""忘象"来达到认识的目的。"忘象说"尽管是唯心主义的,但其中含有辩证思维的合理因素,并对宋明哲学产生了深刻影响。程朱派的理学正是在批判继承王弼易学的基础上,抛弃了其中的老庄观点,从追求义理的思维路线中形成和发展起来的。

韩康伯的玄学易说

韩康伯(332—380年),名伯,字康伯,颍川人,著《系辞注》三卷,为玄学易大师。

韩氏继承和发展了王弼的学说,坚持从义理上来说明《周易》的原理。他认为"八卦备天下之理",六十四卦的三百八十四爻可以极天下之变。他不否象和数的存在,但却以理作为象与数的根本,认为蓍数和卦象只不过是用以显示义理的,易理才是超越象数的本质所在。

易理既然超越象数,人们如何去认识它?韩氏以为:"苟识其要,不在博求,一以贯之,不虑而尽矣。"也就是说,穷理要穷其根本。识其要领,不在繁多,以一贯之,无须思虑,可至尽头。他又认为"体神而明之,不假物象",要靠人自己去体会,不用通过物象。"神"在这里指精神,"穷理入神,其德崇也"。把易理与精神相结合,就可最终得到易理,从而具有崇高的德性。其所谓"神",既排斥感性认识,"不假物象";又排斥理智的分析,"不虑而尽",是一种神秘的直觉主义。

以上这些,是对王弼"忘象求意"的发展。韩康伯把"意"更加抽象为理,追求象数背后的东西,无形的理成了《周易》的根本,易之理不仅是形而上的,又是超经验的,从而将易学引向了思辨哲学的道路。这对宋明哲学中的理学派产生了深刻影响,将王弼、韩康伯玄学易中的老庄思想——"有必始于无"——加以扬弃,玄学易就变成宋明理学易了。

韩康伯的学说不止此一端,还有"非忘象无以制象""众之所归者一"等等,都是在王弼易学的影响下阐发的,其内容大同小异,这里不一一介绍了。

象数派易学

魏晋时期,象数易说仍很活跃,但多流于术数占算。如曹魏的管辂、东晋的郭璞和干宝等都是这一时期象数易派的代表人物。但他们多把《周易》视为占算时日、预测祸福的占术,既与汉易的章句训诂不同,又与魏晋义理派水火不容。他们讲易,主要是讲八卦爻象和术数,虽可勉强归之于象数派,但与正统的象数派有很大区别。如:他们很少从理论上阐释《周易》本身,甚至认为"善易者不论易","易安可注也"。其兴趣只在八卦爻象之术数,其注重者只是象、数、卦、爻中的神妙之算和幽冥之先。因此有人将之归于"术数易",清人称它是"经外别传"。

术数易的学术价值不大,但对中国古代的神秘文化产生了巨大影响,由此派生了许多以预测占问为目的的占卜术流派。其理论基础、表现形式及对传统文化的影响在本书末章介绍。

《周易》原理的哲理化:宋明理学易

宋代易学概说

宋代是中国思想史、哲学史、文化史、学术史发展的一个极为重要的时期,也是古代易学发展的鼎盛时期。当时的学术主流理学,与易学结下了不解之缘。著名理学家都精通易学。当时学术界掀起研易高潮,在"因经以明道,明道以知经"的思想指导下,建立了具有鲜明特色的理学易。

理学易的最基本特征,是以探求《易经》中所蕴含的哲理为目的,以阐明《易经》的义理为宗旨,把《周易》的原理高度哲理化。

理学易兴起的直接原因,是当时儒学与释、老之学对抗的需要。因为在儒家的传统经典中，只有《周易》才可能为理学家提供一个反映儒家思想学说特点的完整的哲学体系。

宋代易学繁荣，流派众多，名人荟萃，但仍可分为象数、义理两大派别。他们解易的侧重点不同，方法也不同，但都注重《周易》哲理的阐释。

在宋代首先发展起来的是象数派的图书易学。华山道士陈抟是此派开山之祖，经种放传给穆修和李溉。穆修再传给李之才，进而发展为周敦颐、邵雍的易学。李溉一支，一传许坚，再传范谔昌，发展为刘牧的易学。象数派以图形书象名于世，声称是陈抟得到了老子出关时秘传的图像，朱熹则认为这图像渊源于东汉魏伯阳。据记载，流传于世的有三种图像：先天八卦图、河图洛书、太极图。邵雍著《皇极经世》，即渊源于先天八卦；刘牧著《易数钩隐图》，即渊源于河图洛书；周敦颐著《太极图说》，也与道教的《无极图》有密切关系。邵雍、刘牧、周敦颐这三个支派，代表了北宋图书学派的发展状况。图书派以图式解易，来说明《周易》的原理，这是宋代易学象数派的突出特征。南宋时，朱震和蔡元定、蔡沉父子继承邵雍易学，但前者主张先有象后有数，后者主张先有数而后有象，分别形成唯物主义和唯心主义两种易学体系。

宋代的义理学是理学易发展的主流。李觏在反对象数图书派的过程中,首先把阴阳二气作为解说易理的核心,为后来气学一派的形成开了端绪。欧阳修的《易童子问》则对南宋功利学派产生了很深的影响。

义理派的首倡者是胡瑗,其著《周易口义》,重在解释卦爻辞文意,并以阴阳二气解释易理。他既反对象数之学,又反对玄学易以虚无观念解释太极。

程颢、程颐为义理派最重要的代表人物,同时又都是宋明理学的宗师。程颐所著的《伊川易传》,被视为义理派最有代表性和权威性的易说著作。二程以"天理"作为其哲学的最高范畴,理论来源正是王弼等人玄学易中的易理。但不同的是,玄学的易理神秘莫测,令人难以知其所以然;"天理"则强调吉凶变化之理的客观规律性、规范性和可知性,它不仅排斥了象数占算,也把《周易》从占卜之术中解放出来。"天理"既代替了玄学易的"无",又代替了象数易的"数",从而建立了理学解易的体系,形成了宋明的理学易。

与二程同时的张载,是理学易的又一重要代表人物。张载以气解易,以阴阳二气变易法则作为易学的最高范畴,创立了气学派。他反对佛、老,抛弃河洛之学,形成了气学派唯物主义的易学哲学。他的学说被认为是自汉唐以来以元气或阴阳二气解释《周易》的批判总结,在易学史上具有划时代意义。其易学著作主要有《横渠易说》等,也是理学易的奠基之作。

南宋时，随着理学派的分化，理学易也分化为以朱熹为代表的一派和以陆九渊为代表的另一派。

朱熹以程颐的易学为主，兼收博取，不株守一家之言，集周敦颐、邵雍、张载等易学家之大成，独立发挥，形成了自己的易学体系。他还吸收欧阳修易说的某些观点，提出"《易》本卜筮之书"之说；他阐发程颐的"假象显义说"，提出"易只是个空底事物"，三百八十四爻为三百八十四个公式，可代入一切有关事物；他吸收了图书派的"五行说"和朱震的"大衍之数说"，认为卦爻符号为太极之数自身的展开，从而丰富发展了"体用一源说"，将《周易》的内容更加抽象化、逻辑化；他还吸取了张载的"阴阳二气说"，并用来解释物质世界变化的规律，以体用一源说的观点解释了周敦颐的太极图说，将汉唐以来易学哲学中的宇宙生成论转化为本体论的体系。朱熹的本体论不只是涉及自然，还贯彻到认识论、人性论和道德修养等领域。总之，朱熹的易学是有宋一代的集大成之作，对后世的理学和易学都产生了广泛而深刻的影响。

陆九渊继承二程易学，又有重大发展。他认为理学易的"天理"即是心，他以心来构成万物的本源，断言"宇宙便是吾心，吾心便是宇宙"。所以他对易的解说，也以心为主，即以人们的精神和道德意识来解释宇宙的原理，从而成为宋代理学易心学派的主要代表人物。其弟子杨简用心学派的观点，全面解释了六十四卦的卦爻象和卦爻辞，以及《彖》《象》《文言》等《易传》，建立了以自我意识为核心的本体论和心学一派的易学体系。这一派由明代的王守仁（阳明）继承和发展，世称"陆王学派"。

南宋除朱、陆两家易学外，还有以叶适为代表的反映功利学派观点的易学体系。他们反对《周易》起源的"人更三圣说"，认为伏羲未画卦，《周易》非文王作，十翼中除《彖》《象》外皆非孔子作。他们提出"乾坤不并言""独阳无阴"说，推崇阳刚之德，目的在于提倡刚毅精神，以抗击金兵，反对苟且偷安，萎靡不振。他们对《周易》的研究，以八卦和五行来解释世界，以阴阳二气为八卦的根源，认为天地阴阳以外的世界，实难测验，这是功利学派注重实用，反对空谈义理的学风在易学研究中的表现。当然，其学说也不免有狭隘经验主义和功利主义的偏见。

总之，宋代易学的基本特征是和宋代理学相结合，以探求《周易》所蕴含的哲理为主要目的，因而义理派易学是这一时期易学的主流。象数派易学虽以图书象数研究为主，但也十分注重阐发《易经》和八卦符号系统中的哲理和逻辑。因此，理学易的形成与发展，把《周易》的基本原理高度哲学化、理论化、系统化,这在易学发展史和中国学术思想史上,都具有划时代意义。理学易对于中华民族思维模式、伦理观念、价值观念的形成都产生了深刻的影响。

宋代象数派易学

图书学派 图书易学是宋代象数派易学的主要组成部分,其特征是以各种图式解说《周易》。

陈抟是此派的创始人。陈抟,字图南,自号扶摇子,宋太宗赐号希夷先生。五代到宋初人(约871—989年)。后唐长兴年中(930—933年),举进士不第,遂隐居武当修道,后居华山四十年,俗又称其为华山道士。《宋史》载:"抟好读《易》,手不释卷。……著《指玄篇》八十一章,言导养及还丹之事。"

陈抟所传图式有三种:一是先天太极图(又称"天地自然之图");二是龙图,其有三变,第三变的形式即河图、洛书;三是无极图。这三种图所表示的最初含义,都是道教方士炼内丹的过程,即是讲道士修炼之术的。其图式的形成大多是受了魏伯阳《周易参同契》的影响,是对《参同契》炼丹术抽象化、图式化的表达。图中概念大多使用的是《周易》的范畴,如"天地自然之图"中的乾上坤下离东坎西的先天八卦方位,图中阴中有阳(白点)、阳中有阴(黑点)的阴阳互补、阴阳消长概念,"无极图"中的坎离水火概念等。这说明陈抟是用《周易》的基本理论来说明道教内丹修炼过程的,这对后来的道教易学和理学易都产生了直接而深刻的影响。

"天地自然之图"传于邵雍,邵雍发挥改造后,利用太极图的先天八卦方位,创立了他的先天易学(下节详介)。

无极图和先天太极图又传于周敦颐,他是宋初著名的象数派易学家和宋代理学的奠基者。周敦颐把讲长生秘诀、修炼内丹的先天太极图和无极图改造成为论述天地万物生成的太极图原图。他著《太极图说》,首次将道家的无极观念引入儒家的解易系统。他认为:

> 无极而太极。太极动而生阳,动极而静,静而生阴,静极而复动。一动一静,互为其根,分阴分阳,两仪立焉。阳变阴合,而生水火木金土,五气顺布,四时行焉。五行一阴阳也,阳阳一太极也,太极本无极也。

从这段话可以看出,无极是最高的哲学范畴,是宇宙万物的本源。他所提供的万物生成变化的模式是无极→太极→阴阳二气→五行之气→万物和人类。以阴阳动静来解说《系辞》中太极生两仪的关系是周氏的创见,这一说法富有辩证法色彩;但他的宇宙生成论还是讲有生于无,不免又陷入了唯心论和形而上学。周氏的太极说，对后世易学的发展产生了很大影响，关于无极太极的辩论，成了宋易中的一个重要内容。

河图洛书经种放传于刘牧，刘牧是北宋中期的著名易学家，其治易以讲图书而闻名。他的图书易学与陈抟相比，关键区别在于不讲修炼丹术，而是以图式阐释《周易》的原理。他提出河图为九（即九宫数），洛书为十（天地之数）。他以河图中的四象（坎、离、震、兑四正卦）来解释形而上学的"道"，认为道不是虚无的概念，而是尚未成器的象和数，这样就否定了玄学派的道体虚无说。他关于太极的看法，就筮法而言，奇偶两数未分时为太极；就世界观而言，阴阳二气混而为一为太极。刘牧认为卦象和世界的形成，即是太极自身分化的过程，并以五行生成说解释了这一过程。他对王弼太极虚无说的批评，成为从汉唐易学向宋易转化的标志之一。刘牧又主张天地之数、大衍之数与五行生成之数，都表现在河图洛书中。从河图洛书数目的排列组合，便可得出四象八卦，数的变化决定卦象的形式。因此他认为，河洛图式不仅包括阴阳二气的变化法则，也包括五行的生成法则。天地万物的变化皆备于河洛图式中，这两个图式成了世界形成和变化的模式。

邵雍的易学　邵雍（1011—1077年），字尧夫，自号安乐，谥康节。因他曾隐居于苏门百源（今河南辉县百泉）之上，故人称百源先生，其学派则被称为百源学派。他以毕生的精力研究《周易》，虽多次被推荐为官，均坚辞不受，是北宋最著名的易学家和理学家。

邵氏易学又称先天易学。先天者，即传说的伏羲之易；后天者，即周文王之易，也就是现今所见的《周易》。在此以前，无所谓先天易和后天易，倒是神仙家们把先天、后天附会于修炼之术，演成图式，借《周易》以说炼内丹，遂有先后天易之概念。陈抟所传的先天太极图即属此一类，邵雍的先天八卦方位正源于陈抟。

邵雍的易学，在汉易象数派的基础上，把陈抟等人的道教思想与易理相结合，为宋代理学的诸多命题做论证，使易学成为理学的一部分。理学易的出现，是易学发展的一个重要阶段，邵雍也成为宋代理学的重要人物。

邵雍易学的基本原则之一，是以乾、坤、坎、离为四正卦，因是伏羲所画，故称为先天图，其学也称为先天学。他认为，先天学有卦无文，却尽备天地万物之理。为此，他对八卦和六十四卦的形成都重新做了图文说明，方法是一分为二法，或称加一倍法。他说："太极既分，两仪立矣。阳下交于阴，阴上交于阳，四象生矣。阳交于阴，阴交于阳，而生天之四象；刚交于柔，柔交于刚，而生地之四象。于是八卦成矣。八卦相错，然后生万物焉。是故一分为二，二分为四，四分为八，八分为十六，十六分为三十二，三十二分为六十四。"（《观物外篇》）用数学法则，生出八卦和六十四卦的说法，前所未见，是邵雍的发明。它不同于虞翻的卦变说，也不同于韩康伯的有生于无说和孔颖达的元气说、五行说，成了宋以后数百年象数派的基本原理之一，建立了以数学观点解易的新流派。德国数学家莱布尼兹在六百年后见到了邵雍的六十四卦次序图后，认为这与他的二进位制是一致的。

六十四卦和八卦的方位图（圆图）是表示空间方位的，邵雍又利用孟喜、京房的卦气说，排出了六十四卦方图，结合历法知识说明一年之中的季节变化和阴阳消长。把方、圆图结合为一，即形成了宇宙的时间和空间的间架结构及宏大模式，表示天地万物和人类均处于这个时空模式中。根据这个框架，邵雍制成了一个宇宙历史年表，用来推算人类历史和宇宙历史的进程，这又是他的一大发明。他依据卦气说和阴阳消长规律，得出了"天地终始"学说，主张天地有毁灭和继数，并以元、会、运、世四个单位来计算天地历史，将历史分为皇、帝、王、霸四个时期。照邵雍父子所画的图式看，从第一会月子，到第三会月寅，即自复卦一阳生到泰卦三阳时期，是"天开于子，地辟于丑，人生于寅"的时期。再进至第六会月巳，乾卦用事，阳极盛，此为尧舜时代，乃人类社会极盛之世。由此至第七会，姤卦用事，一阴生，社会开始走下坡路，一代不如一代。至第十七会，剥卦五阴增长，于是"物闭"，万物灭绝。至坤而阴极盛，世界于是消灭。此为一元，一元后是何情景？邵伯温解释说："《皇极经世》但著一元之数，使人引而伸之，可至于终而复始也。"这样一来，一元成了一个宇宙周期，一元终了，又开始第二个周期，循环往复，以至无穷。

邵雍对人类和宇宙历史的这个推测，在一个周期内有伏有起，有盛有衰，盛极而衰，衰极而生，是包含一定的辩证思想的。他肯定世界是在不断运动变化中，也是有积极意义的。但这个宇宙年谱，用数学机械简单地排列出来，不但没有什么科学根据，相反还具有浓厚的命定论色彩。

在这个宇宙构造图式中，其宇宙本原是太极而非无极，这比周敦颐进了一大步。他认为太极是不动的，太极显发才有变化的功能，于是生出数、象和器。"太极不动，性也。发则神，神则数，数则象，象则器，器则变，复归于神也。"太极是什么？邵雍认为，"道为太极""心为太极"。他说："先天之学，心法也。故图皆自中起，万化万事，生乎心也。"所谓"道"，即自然之理；所谓"心"，就是循自然之理的"道心"。"心法"成为邵雍推理奇偶二数变化的根源。邵雍将易学的法则视为人心的产物，这样，他的先天图以及宇宙构造模式和解释，都是先验的和主观唯心主义的。

对邵雍易学的看法，后人褒贬不一，但其对后世的影响是巨大的。特别是在民间，人们奉其为"康节神数"，其学说后来发展为算命学，社会上卜卦算命的，均奉邵雍为祖师。

宋代义理派易学

程颐的理学易　程颐（1033—1107年），字正叔，亦称伊川先生，谥正公，是北宋著名的哲学家、易学家，理学的创立者之一。他著《伊川易传》，倾注了一生的主要精力。另著有《遗书》《文集》《经说》等。

程颐治易的基本方法是因象明理，以理解易。他说："至微者理也，至著者象也，体用一源，显微无间。"他认为理和象的关系是体和用、显和微的关系，"有理而后有象"，易理是象的本体；"有象而后有数，易因象以明理，由象而知数"。易象能生数和万物，是易理之用，理是至微难见的，象是显著的，可感知的，所以要观象以明理。程氏的这种认识，贯穿于他对六十四卦的解释之中。这样程颐在探明卦象的基础上，阐发了理学许多精微的道理，并最终成为宋代理学的开创者之一。

程颐通过对卦爻辞的解释，提出了卦变说、当位说、相应说、随时取义说等，使卦象与卦爻辞之间的联系显明化和哲理化，使取义说的传统解易方法得到充分发挥。他将变易放在第一位，提出"随时变易以从道"，以易变之道来统率象、数、时、位的变化。他提出以理或天理来解释变化之道，以是否合乎天理或顺天理，作为判断卦爻辞吉凶的根据，从而强调了吉凶变易之理的客观规律性、规范性和可知性，排斥和批判了玄学易的易理不可知性和汉易象数派以象数占算阴阳灾变的说法。

程颐又引史入易解易，把历史人物的活动看成是吉凶之理消长的体现者，并进而探求人们如何修身养性和如何认识社会治乱兴亡之理。这种引史证经的做法，开了援史解易之先河，南宋杨万里、明代王夫之都深受其影响。

程颐的易学哲学体系，是以理本论为特征的客观唯心主义。他认为，万物皆有理，但从根本上讲，万物之理只有一个"理"，所谓"天下之物皆能穷，只是一理"（《遗书》）。这个统一的理，就是客观物质世界的所以然，也就是道。他说："一阴一阳之谓道，道非阴阳也。""阴阳，气也。气是形而下者，道是形而上者。"（《遗书》）显然，这个理或道，是脱离物质世界独立存在的精神实体。这实际上是把事物的观念看成了世界的本体，是客观唯心主义的思想体系。但理本论否定了玄学易的贵无说，将义理派推向了一个新的发展阶段，是有积极意义的。

程颐还用理的概念解说周敦颐的太极说，认为阴阳动静，无始无终，肯定了事物变化的永恒性。

程颐还阐发了《易传》中的辩证思想。他在注贲卦时说："理必有对待，生生之本也。有上则有下，有此则有彼，有质则有文，一不独立，二则为文。非知道者，孰能识之。"对待的观点，亦即两点论的观点，具有辩证认识论的因素。

总之，程颐易学继承了王弼玄学易，以理解易，将易的原理更加哲理化、伦理化，将义理派的易学推向了一个崭新的发展阶段，在易学史上有划时代意义。程颐为宋代理学奠定了理论基础，对后世的理学哲学和伦理文化都产生了广泛而深刻的影响。

张载的气学派易学　张载（1020—1077年），字子厚，世称横渠先生。他是著名的易学家，理学的创始人之一，其学派被称为"关学"。他博览群书，于儒、释、道之学皆有涉猎，但以《易》为宗，以《中庸》为体，以孔孟为法。著有《横渠易说》《正蒙》《张子语类》《文集》等。

张载的易学，重在以阴阳二气阐释《周易》的原理，把二气变易法则作为易学的最高范畴，建立了以气为核心的唯物主义易学体系，开创了宋易义理派中的气学一派。在易学史上，关学与程颐的理学派易同样具有重要的地位。

张载把《周易》看作是讲哲学、讲社会思想的著作："易即天道……圣人与人撰出一法律之书,使人知所向避,易之义也。"张载并不否认易的决断吉凶功能,但他认为这种功能不在于由占筮所得的某种吉凶预言,而在于卦爻象所讲的变易法则和卦爻辞所讲的变易之理。周易之所以能教人预测未来之事,不是因为它可以沟通人神,而是因为其中储存着关于人事变化的一般性规律和道理。"行善事者,易有祥应之理",吉凶不在于占,而在于占者本身的德性是否符合易所提供的规律和道理。张载抛弃了神秘主义的解易方法,主张以理性主义的观点对待《周易》,这较汉易是进了一大步。

对《周易》体例的理解,张载不取汉易的互体、纳甲和五行说,而是吸收了王弼提出的一爻为主说、中位说、当位说和应位说。同时,他还以乾坤卦变说来解释卦爻辞,解说时,有时取象,有时取义,主张观象以求义,这又与王弼的排斥卦象有一定区别。

张载的易学哲学思想,提出了宇宙本体为"气"的本体论观点。他认为:有形有象可见的万物以及看来空虚无物的太虚都是由气所构成的。他说:"凡象(现象、物象)皆气也。""太虚无形,气之本体;其聚其散,变化之客形尔。"(《正蒙》)气聚则有形,为物象现象;气散则无形,而为太虚。太虚是气的本体,象是气的客体。"气之聚散于太虚,如冰凝释于水,知虚空即气,则无无。""无无"即没有玄学易所讲的"无"。这些说法，表明在张载眼中，世界是由物质构成的，不管有形或无形，看到看不到，气都是客观存在，不是什么神秘的精神本体。张载用这种唯物主义的宇宙观，阐明了易学上的一系列重要问题，批判了汉易的天人感应、玄学的有生于无等观点，形成了与程颐不同的易学哲学体系，这对以后王夫之等人的学说都产生了重大影响。

张载以气一元论阐明了气、象、意三者的关系。他认为没有气，便没有象，没有象则没有意，这不仅驳斥了王弼的"得意而忘象"，而且也打击了程颐的理本论。

他对形与象的概念也做了区别，认为象和形是不同的，形指大小方圆等形状或形体，象指刚柔动静等性能。有象不一定有形，有形则必有象。"凡可状，皆有也。凡有，皆象也。"凡可名状的都是存在，凡存在的都有其象。这种观点包含了对世界统一于物质的认识。

张载进一步论述了阴阳二气变化运行、生化万物的过程和法则。一切变化的根源，在于阴阳二气的运行流转和相互作用，"造化所成，无一物相肖者，以是知万物虽多，其实一物，无无阴阳者。是以知天地变化，二端而已"。他把阴阳的对立与转化，看作是变化的根本原因，阴阳的对立存在于一个统一体中，这就是张载"一物两体"的理论。"一"即太虚之气，或为太极；"两"即阴阳之气，或即两仪。这是说太极是一个统一体，里面又含有矛盾的双方阴阳两仪。矛盾双方在这个统一体中，既互相对立，又互相依存；同时还互相转化，以至于生生不息，互相交感而生化万物。

张载的"一物两体说"有着重要的意义。他在肯定物质为世界本源的基础上，说明了世界运动变化的根源问题，即把太极之气所包含的阴阳二气的对立统一、交互作用归结为物质世界变化的动因。

从一物两体论出发，张载说明了从乾坤两卦互相作用从而形成六十四卦的过程，这比程颐的卦变根源说，显然是前进了一大步。后来这种理论又被王夫之发展为乾坤并建说。

总之，张载对汉唐以来以元气和阴阳二气解释易理的各种易学理论做了一次批判性总结。在此基础上建立了以"气"为核心的易学理论体系，开创了宋易义理派中气学一派的易学。张载的易学哲学，表现了较多的唯物论倾向和辩证观念，这对宋代理学易向高度哲理化方向发展起了重要作用，在易学史上具有划时代的意义。

朱熹的理学易　朱熹（1130—1200 年），字元晦，号晦庵，别号考亭、紫阳。死后谥文，世称朱文公。一生为官九年，授学四十余年，著作甚丰。他精于易学，是南宋著名的易学家、哲学家、理学家和教育家。

朱熹集宋代理学之大成，并使理学具备了学派的规模和体系，影响中国达六七百年。就易学史而言，他站在义理派的立场上，以程氏易学为宗法，批判地吸收融会各家之长，提取北宋易学的精华，形成了自己的易学体系。

朱熹对《周易》有深刻的认识，强调经与传之间的区别。从起源上讲，他认为"《易》本为卜筮之书"，其性质是占卜。从经、传区别上讲，他认为孔子所作的"十翼"才说到义理，十翼的性质是阐述《易经》中阴阳相推、刚柔消长的道理。用今天的话说，传的性质是讲哲理。这种对《周易》一书性质的卓越认识，几乎也与现代学者的认识相吻合。

朱熹对《周易》易理认识的最深切之处，在于他认为《周易》是个空架子，世界上所有的事物都可以装进去。他认为易这个空架子之所以能包容万事万物，做甚事"皆撞着他"，是因为卦爻象、卦爻辞中早就预先存储着许多易理。这些易理都具有抽象的意义，也即是某一类事物的普遍义理。三百八十四爻就好像三百八十四个抽象的公式，通过易变原则，还可再生出许多公式，这样一切事物的问题都可以套入这些公式，从中得到问题的答案或受到指导和启发。因此，"天下万事无不可该"，《周易》的功用也没有穷尽。

这一观点在易学史上具有十分重要的意义。一是对易的卜筮作用从理学的角度给予了较合理的解释；二是将《周易》的内容更加抽象化、公式化了。"易只是个空底事物"的说法是对义理派解易方法的高度概括，它指示人们从《周易》所蕴含的抽象道理中来发挥各自关于自然界和人类社会规律的认识。虽因时变境迁，道理非一，但《周易》这个空架子都会给你提供讲坛。

朱熹还认为易有"变易"和"交易"二义，"易有两义：一是变易，便是流行底；二是交易，便是对待底"。所谓流行变易，是指阴阳转化；所谓对待交易，是指阴阳对立。朱熹变易说是对其师程颐的继承，而交易说则兼收了邵雍的说法。朱熹的"易有两义"说，是对象数、义理两派关于阴阳变易法则理论的一个总的概括和总结，反映了他治易兼收各家之长的特点。

朱熹在程颐易学的理一元论基础上，吸收了周敦颐、邵雍、张载等人的观点，建立了一个理本论的客观唯心主义哲学体系。

朱熹认为"理"是万事万物和天地的本源，提出"理在事先"的观点。他说："未有天地之先，毕竟也只是理。有此理，便有此天地。若无此理，便也无天地。"在这里，理是离开事物而独立存在的，理是在天地之前就有的，理可以生天地，是天地存在的前提。这是彻头彻尾的客观唯心主义。

朱熹认为，易中的太极即是理，"所谓太极亦曰理而已矣"。就筮法来讲，太极是卦画的根源，太极之理"包含阴阳、刚柔、奇偶，无所不有"，太极之理的展开即可生二仪、四象、八卦……就宇宙讲，太极也是宇宙的本源。

可见，朱熹将理或太极视为天地万物的本源和总则，认为它不依赖于任何事物而独立存在，理在物先、事先、天地之先。它无始无终，永恒存在。而卦爻象、阴阳、五行和万物化生都是理或太极的自然展开，都是理的显现。也就是说，理不是从客观世界抽象出来的规律或法则，而是理产生了物质世界。这里，朱熹把整个世界弄颠倒了。

理学易在元、明的发展

元、明易学发展线索 元代易学是对宋代易学的继承，其内容和方法基本不出宋人的范围。元代易学家大多"以程、朱为宗"，并以此自我标榜，实际上多是义理、象数兼而言之，这与朱熹易学本具各家所长的特点大有关系。

元代象数派易学家影响最大的是吴澄。吴澄是朱熹的再传弟子，著有《易纂言》《易纂言外翼》等著作，极力倡导象数之学。史书称他"尽破传注之穿凿"，故言易者多以为师。其训解经文，多依宋学为据；解释经义，则词简理明，融贯旧闻，颇完备协和，非元、明诸儒空谈妙语者可比。

象数派中出现了一批专门讲易图的著作，如张理的《大易象数钩深图》《易象图说》、钱义方的《周易图说》等，大抵沿陈抟、邵雍之余绪，但对洛书成易、伏羲画卦等说法已有所持疑。

元代对道教易学进行总结的主要是俞琰，曾著《周易参同契发挥》《黄帝阴符经注》《玄牝之门赋》《读易举要》《易外别传》等书。其学兼具理学易和道教易双重特点，主要继承了魏伯阳和邵雍的思想观点。

明代易学是对宋代理学易的发展。明初有影响的是胡广等人的《周易大全》，其说颇为严谨完备。明中期有蔡清的《易经蒙引》，明晚期有来知德的《周易集注》，均主张理、气、象、数四者的统一，认为不能舍象言理；他们又从纵、横、内、外四个方面把六十四卦组成一个不可分割的网络结构，以象数来解释义理，揭示了象数内部的联系及和义理的联系。用网络结构把《周易》严密地系统化，这在易学史上具有重要意义。

明代易学著作很多，但大多内容空疏，缺乏新意，表现出对宋人易学仅继承而少有发展的时代特征。但到明代末期，政治鼎革，易学又一次出现繁荣局面，其主要代表是王夫之和李光地。

王夫之的易学 王夫之（1619—1692年），字而农，号姜斋，世称船山先生。其主要易学著作有《周易外传》《周易内传》《周易稗疏》《周易考异》《周易大象解》《张子正蒙注》等。

王夫之自述其治易思想是:"以乾坤并建为宗,错综合一为象。彖爻一致,四圣同揆为释。占学一理,得失吉凶一道为义。占义不占利,劝戒君子,不渎告小人为用。畏文(王)、周(公)、孔子之正训,辟京房、陈抟、日者、黄冠之图说为防。"其中"宗"是其易学的核心,象、释、义、用、防是其易学的主要方面,六者为一个整体,构成其易学的方法论。

乾坤并建统宗全《易》,是船山易学的出发点和归宿点。王夫之认为,阴与阳,阴阳二气的统一体(即"太和絪缊之实体")之于万物,都是同生共有的关系,其间并无先后生成之序。这种哲学观用"乾坤并建"理论来表示,即是说,乾与坤、乾坤与其余六十二卦也都是同生共有、并立浑成的关系,所谓"天地不先,万物不后"。其基本含义有三:

其一,乾坤二卦"时无先后,权无主辅",阳者不多,阴者不寡,相并俱生,互依为体。这种共生并建关系所表达的乾坤,其实就是太极,"太极者乾坤之合撰"。太极又和"絪缊太和"的内涵是一致的,"阴阳之体,絪缊相得,和同而化,充塞于两间,此所谓太极也,张子谓之太和"。王夫之还把太极的性质归结为:

太极者混沦皆备,不可析也,不可聚也。以其成天下之聚，不可析也；以其入天下之析，不可聚也。

这是对《易传》"太极说"所做的最合理的唯物主义解释，既是对前人的总结，又是对前人的超越。在这里，太极被看作一个阴阳混沌未分而又至足皆备的物质实体，其中有聚而成器的内有内素，因而不可割裂对待。割裂太极与具体形器的联系，就会导致程颐那样的客观唯心主义。但这个形器，又不可看作已经形器化的实物，它只是一种潜在的矛盾状态，一切有待展开的矛盾因素都蕴藏在其中。因此，太极本身又包含了一切差异和多样性的因素，又不可聚，不可不析也。因此，太极的展开可以生出两仪、四象、八卦等等，即将太极分作两种形态。太极成了对事物统一体的描述，两仪成了对此事物的一分为二两个对待的描述。这就非常富有对立统一规律的哲学色彩。

其二，乾坤并建说认为六十四卦和三百八十四爻中，每卦每爻皆有乾坤，皆有"太极"。王夫之说："一爻之中，有阴有阳。"无论爻象以何种形式出现，其自身永远是矛盾的统一体，不能"判然一分而遂不相有"，这就是"乾坤之互为质性，不爽不和也"。

其三，就是太极有易，易卦的全体乃是并建的乾坤的自身展开。乾坤并建为太极，为本体，其他六十二卦，皆本体展开的结果,是本体之用。体用的关系是"体以致用,用以备体"。

"乾坤并建说"深刻反映了王夫之唯物主义易学哲学本体论的体系结构和基本框架,它在中国古代哲学史、学术史、易学史上都有重大意义。

王夫之并不否认象数,他认为:"夫象数者,天地也,与道为体,道之成而可见者也。"如果舍弃《周易》的象数,《周易》的易理——道就不可能被认识。道即理,也就是反映天地万物变化的规律。王夫之以《象》中刚柔、上下、升降、往来的易变法则为依据,解释了《周易》的卦爻辞和卦义,目的在于穷理尽性,揭示天地万物千变万化的规律。

质朴笃实:清代的朴学易

清代易学概说

清代是自宋理学易鼎盛以来的又一次易学发展高峰,其主要标志是以对汉魏易学文献整理考证为特征的朴学易的出现。朴学易是清代易学的主流,它滥觞于清初,浩荡于乾嘉,延续至清末。朴学易的易学哲学虽未超出宋易,但对易的符号系统、文字系统的考据研究,则前无古人而功昭后世。

朴学易的形成是当时政治专制背景和考据训诂学术思潮

兴起的产物。清人入关以后，为巩固专制统治，加紧了对士大夫的思想控制。顺康雍乾四朝，文字狱迭兴，通海案、科场案、《明史》案、《南山集》案等株连极广，为祸惨烈。士人心胆俱寒，变得小心翼翼，不敢议论朝政，不敢研究现实，学风由经世致用一变而为通经实证，薄今好古。正是在这种社会和学术条件下，朴学易打着批判宋学、崇尚汉学的旗号诞生了。

清代易学的学术特点表现为：由宋易占主导地位，到汉易的开始复兴；由宋易与汉易对立，到汉易的大占上风，诸家争鸣，相互融合。

清代易学发达，人才辈出，著作众多，出现较多集历代易学成果之大成的巨著。主要代表人物有黄宗羲、傅恒、惠栋、张惠言、焦循、毛奇龄、胡渭等。

明清之际思想活跃，汉易虽受到重视，宋易仍占统治地位。李光地奉敕编纂《周易折中》，将此前的诸家之说几乎包揽无余，达二百二十多家，使"二千年易道渊源皆可览见"，宏伟雄阔，集历代易学之大成。但他仍是以朱熹的《周易本义》为主而进行折中，凡是足以发明经义者，则兼收并采，而一切支离幻渺之说，尽皆不录。

乾隆年间，傅恒等撰《周易述义》，融会群言，于汉易、宋易酌取其平，综合诸说而取其粹。有人认为，《折中》标志汉易复兴之始，《述义》标志宋易独踞之终。

雍正年间，是由宋易向汉易转变的时期，学者们慑于文字狱，埋头于唐以前易类古籍的考据、训诂、辑录，汉易始占上风。惠栋的《易汉学》，采集汉至三国诸家易说，加以考证，既有存古之功，又巩固了当时朴学易派的阵地。张惠言也对两汉魏晋的各家易说进行大规模辑录整理，以收集虞翻之易最为详备可观。他著《周易虞氏义》《周易荀氏九家义》《周易郑荀义》等易书十余种，专攻虞氏易，求其条贯，明其通例，释其疑滞，申其亡阙，表其大旨，被誉为虞氏易专家。

另外，焦循的《易章句》《周易补疏》，吴翊寅的《易汉学考》，李道平的《周易集解纂疏》，方申的《诸家易学别录》，戴棠的《郑氏爻辰补》，俞樾的《周易互体征》等均对汉易著作做了详细的辑录、考证、注释，对恢复汉易的真实面貌和促进清代朴学易的繁荣，均起到了很大作用。

清人对宋易的河图洛书、先天八卦等，也出于批评理学易的需要进行了全面的诠释和考证。这方面的成果有：黄宗羲的《易学象数论》，毛奇龄的《河图洛书原舛编》，黄宗炎的《图书辩惑》，胡渭的《易图明辨》，王崧《河图洛书考》等。

清代易学中，还有一批值得注意的成果，如毛奇龄的《仲氏易》，万弹峰的《易拇》，纪大奎的《易问》及《观易外编》，王心敬的《丰川易说》，蕅益和尚的《周易禅解》，道盛和尚的《金刚大易衍义》,刘沅的《周易恒解》,薛悟邨的《易经精华》,陈梦雷的《周易浅述》,沈绍勋的《周易示儿录》等,对易学研究都各有心得和创见,显示了清代易学的繁荣兴旺。

总之,清代易学是以汉易为主的朴学易时代。这时期的易学研究,主要用文献学和考据学的方法。它崇尚汉易,但排斥了汉易中的阴阳灾变说和天人感应说,述而不作,目的是恢复历史之真面目。它弃虚崇实,讲求实际,虽在理论上建树不多,但大量的考证成果和资料汇集,则为后代易学的发展提供了坚实的基础。

从黄宗羲、毛奇龄、胡渭到惠栋:朴学易的确立

黄宗羲对象数的总结、批判 黄宗羲不是朴学易家,但他对象数的整理批判,却成了朴学易的开端。

《易学象数论》是黄宗羲的易学代表作。他在书中对象数做了大量考证、订讹、辨伪和计算工作,并对河图洛书、先天卦位等做出了批判。黄氏认为,图书概念在先秦虽见于记载,但与《周易》无涉。河图是古地图,洛书是古代户籍册,宋以前没有人把天地之数和九宫之数看作河图洛书。直到宋代这些说法才出于华山道士陈抟之手,并非儒家正统。具体讲,自一至十之数和据其奇偶分属天地,是《易》所固有的,但自一至十的先天八卦方位及五行生与成之数，根本不是《周易》的内容。这就从根本上揭露了图书的伪作和荒谬，是对宋易图书派的致命一击。打击先殃及邵雍，后又殃及朱熹，进而摧毁了整个宋易的基础，于是作为宋易对立面的朴学易就由此产生。

毛奇龄对宋易的批判　毛奇龄的易学以破为特征。钱穆在《中国近三百年学术史》中评论说，毛的批判"使汉以后人俱不得免，而其所最切齿者为宋人，宋人之中最切齿者为朱子"。毛奇龄著《河图洛书原舛编》《太极图说遗议》等书，考证分析，口诛笔伐，给宋学以致命打击。这标志着朴学易的形成。

毛氏治易的另一方面是提倡朴学，发明荀（爽）、虞（翻）、干（宝）、侯（果）诸家，旁及卦变和卦综之法。

毛奇龄认为，河图并不是古籍记载的河图，而是对易大衍之数的附会，当名大衍图。所谓洛书，也非洪范九畴，而为太乙行九宫之法。

对于太极图，黄宗羲已指出其源于先天太极图。毛氏则进一步认为，先天太极图源于道教典籍《无极尊经》，由陈抟传出，至周敦颐"遂篡道教于儒书之间"，由此证明南宋朱震上呈皇帝的太极图确属周敦颐所作。这样，使以周敦颐为代表的理学家们都逃脱不了"以道学变作宋学"的指责，使他们的儒家正统地位也受到空前的怀疑。

胡渭对朴学易的贡献　胡渭的易学代表作是《易图明辨》，该书成为清初以来易图辨伪的集大成之作。

宋人多认为河图是天地之数，胡渭认为天地之数五十五仅仅与筮法有联系，"于五行五方何与焉？于天地生成何与焉？于河图洛书又何与焉？"他认为，河图是陈抟据汉代郑玄大衍之注的说法而创造的。郑玄大衍之注来源于《汉书·五行志》，《汉书》又源于刘向父子的《洪范五行传》，郑玄最先以"九篇（洪范九畴）为河图"。胡渭之说就澄清了河图的真正源流。

胡渭认为洛书源于汉代的明堂九宫图，九宫之数不出于陈抟的所谓洛书，相反，陈抟的洛书之数出自九宫，和《书经》讲的洛书完全是两回事。陈抟以后，洛书之数才被蔡元定译作"洛书"。这样，胡渭从文献考据学出发，揭露了宋人在图、书上的作伪，析清了图、书各自的源流，对易学史做出了很大贡献。

对于邵雍的先天八卦次序图，胡渭认为它不符合易理，根据有二。一是揲蓍之序与画卦之序不能混为一谈。按邵氏的说法，八卦是由一分为二，二分为四，四分为八得来的。但事实上，一画之卦和二画之卦都是不存在的。由太极生两仪，两仪生四象，是筮占时揲蓍草的次序，四象生八卦才是画卦之序。二是不符合乾坤与六子卦的关系。乾坤是父母，其他六卦是六子，由乾坤而生。但先天八卦次序图却将"六子之卦成之坤前"，荒诞不经。

先天八卦方位图出自《说卦》"天地定位"一章，胡氏认为此章与八卦方位无涉。邵雍推之以方位，以自震至乾为顺，自巽至坤为逆，并喻之以天地的左旋右行，其说出于《周易参同契》，并非《周易》所固有，"非孔子之义"。

惠栋汉易：朴学易与宋易分庭抗礼　乾隆以前，宋易虽被批得声名狼藉，但仍有一定影响，惠栋继胡渭等人之后，专攻汉学，于汉易尤精。他锐意于贬宋复汉，搜集考据，不遗余力，使亡佚已久的汉代易学内容展现在人们面前，被学者称誉汉学"至是而灿然复章矣"。他终于在前人破宋学的基础上，又立了汉学易，构筑了朴学易的巩固阵地，形成与宋易分庭抗礼的局面。

惠栋治易，以汉易为主，汉易中尤以虞翻之说为宗，而参以郑玄、荀爽、京房、干宝诸家之说，融会兼取。他著《易汉学》《周易述》等书，自为注而自疏之。他考究汉时人之传以发明易之本例，共九十类。其注深窈古经之义，每字每句，俱有渊源。他对经文的考证，也是广征博采，信而有据，备极详赅。

惠栋虽有存古之功，在易理上却缺乏创新，尤其对汉易中消极的纬学易、道家的《参同契》过于重视，又援道入易，公然鼓吹以《参同契》解易，说这是"继微言，承绝学"。他又杂引《阴符经》《抱朴子》《灵宝经》等以讲易，这对易学的发展是有害的。他作为清代朴学易的主要代表人物，将易学引入了一个狭窄的领域。

成一家之言的焦循朴学易

清代朴学易诸家，大多长于述古而短于创新，能够卓然自成一家的，唯有焦循。

《易学三书》是焦循的代表作，即《易通释》《易章句》和《易图略》。

焦循用数学原理及音韵训诂来整理《易经》。他认为，《易经》卦爻辞所指全在象数，与义理无关。所以，他主张解易的首要方法是"实测"，就是要从卦象中实测易理，要"按辞以知卦"，不能"泥辞以求义理"。

他引用数学家李冶的代数方程"天元术"来说明卦爻的运动。"天元术"要求按题目给定的条件列出两个方程式，焦循认为这对《易》来说，就要把两卦组成一卦，从两卦的关系说明它们的运动。"天元术"的方程中正负要相消，焦循称为"齐同"，说："数之齐同如是，《易》之齐同亦如是。""天元术"要求所列的两个多项式数值相等，焦循称为"比例"，说:"《易》之比例也如是。"将之运用于卦中就是：A、B两卦由卦爻的交换得E卦，C、D两卦由卦爻的交换也得E卦，那么AB与CD就互为比例，这两个卦组就有了联系，其变化可以互相说明。

焦循注经，大量运用六书中的假借和转注去理解经文，此法为钱大昕、王鸣盛等推重。但焦氏运用通假，往往不顾客观标准，有滥用之嫌。结果人为地在卦和辞上制造联系，成为其勉强求通的工具。

从上述方法出发，焦循发明了三条易例：一旁通，二相错，三时行。他认为三百八十四爻的变化，都可依此去推求。

焦循根据他的方法和三条易例，对《周易》的卦象和卦爻辞做了全面的解释。时人阮元、王引之等著名学者对此都给予了很高的评价，谓之"石破天惊""凿破混沌"。其实他的方法和易例也存在着不少偏颇之处。如他为追求卦爻之间的联系和运动，随意打破爻辞的句子和段落，把本来意义明确、句子完整的爻辞搞得支离破碎，虽符合了他的易例，但违背了《周易》的原义。故后人评论说："初观其法似密，实按其义皆非。"

焦循易学的价值不在其《易学三书》所发明的易例，而在于他对汉易中的卦变、纳甲、纳音、卦气、爻辰等理论的批判。这在当时诸儒崇尚汉学唯恐不及的学术空气下，是难能可贵的。

《四库全书总目》的易学史总结

《四库全书》是我国古代最大一次古籍整理运动的产物。《总目》是在纂修过程中产生的一部目录著作,它由数十人分头撰写,再经著名学者纪昀、陆锡熊等人考核增删,反复修改而成。

《总目·易类》对易学史是这样说的:

"圣人觉世牖民,大抵因事以寓教。《诗》寓于风谣,《礼》寓于节文,《尚书》《春秋》寓于史,而《易》则寓于卜筮。"这是说《易》源于卜筮,和现代多数学者的看法一致,特别是为考古发现的商周筮数卦所证实。

"故《易》之为书,推天道以明人事者也。"这是说《周易》的性质是探求自然和人事发展变化的规律,又是一本讲哲理的书。

"《左传》所记诸占,盖犹太卜之遗法。"《左传》最早记载了《周易》的实占例子,共十九条。这些占例,是探明《周易》占筮体例的最原始、最可靠的资料,因为它是周太卜的遗法。

"汉儒言象数,去古未远也。"这是说汉易以象数为主。大致反映了《周易》的本旨,但又有所差异。这是《总目·易类》编纂者扬汉抑宋朴学易思想的反映。其实汉易以卦气、纳甲、爻辰等说为主,于易理差之甚远。

"一变而为京(房)、焦(延寿),入于禨祥。再变而为陈(抟)、邵(雍),务穷造化,《易》遂不切于民用。王弼尽黜象数,说以老、庄。一变而胡瑗、程子,始阐明儒理。再变而李光、杨万里,又参证史事,《易》遂日启其论端。此两派六宗,已互相攻驳。""两派"指义理派和象数派。"六宗"指象数宗、禨祥宗、造化宗(此三宗属象数派)、老庄宗、儒理宗、史事宗(后三宗属义理派)。"两派六宗"的说法,基本上概括了易学发展的实际情况,把握了易学流变的历史脉络,用极简要的语言概括了各宗派的实质。

"又《易》道广大,无所不包。旁及天文、地理、乐律、兵法、韵学、算术,以逮方外之炉火,皆可援《易》以为说。而好异者又援以入《易》,故《易》说愈繁。"《周易》卦象符号和卦爻辞及《易传》中所含的道理非常广泛,无所遗缺,什么都能包容。古代的科技、学术、军事等等都与《易》结下了不解之缘,连佛、道等方外炉火也可援引易理以为论说。同时好异者又把本不是《易》中的东西,塞进了《周易》。所以,《周易》像个雪球一样,越滚越大,有关《易》说越来越繁。

"夫六十四卦《大象》皆有'君子以'字,其爻象则多戒占者。圣人之情,见乎辞矣。其余皆《易》之一端,非其本也。"这种以义理为《易》之根本、象数为《易》之末的观点是对《周易》性质及其发展规律的高度概括。

《周易》对中国传统文化的价值,在于易中蕴含着深刻的哲理、世界观、人生观、方法论、认识论等,而不在于其筮占迷信、天人感应、阴阳五行、灾异学说等。《总目》中的易学史观点是基本正确的。

道光以后,朴学易开始衰落,这是由于其学术路子过窄而致。朴学易以标榜汉易象数为主,虽取得了丰硕的考据成果,但汉易本身的机祥化、灾变和天人感应等弱点,都给朴学易的发展以限制。当汉易的整理在乾嘉时期臻于完成之后,它给自己提出的历史使命也基本上宣告完成,就再难以出现像惠栋、胡渭、焦循那样的大家了。从客观上讲,当时的封建社会已走到了尽头,整个旧学已不适应社会发展的需要,国人的注意力也逐渐投向了正在崛起的新学。虽然乾嘉以后仍有不少整理《易》的学者、著作出现,但《易》在整个学术文化和国人精神方面的地位则一落千丈,遂失去昔日的光辉。

综观易学发展的历史,肇始于先秦的《易传》,经历了汉代的象数易,魏晋唐的玄学易,宋代的理学易,明清的朴学易等阶段而进入现代。易学发展的主流是哲学化、伦理化。它像一棵智慧之树,根深叶茂,古代的各种学术、科学、文化无不在这棵智慧之树的庇荫下而成长、壮大。但毋庸讳言，易学的发展中也有支流末节，这就是以占卜吉凶为主的各种筮占原理和方法，它同样对中国人的文化行为和思想产生了较大影响。总的来看是瑕不掩瑜，高度哲理化的易学不仅是古人留下的一笔巨大的精神财富，而且永远是中国文化宝库中的一颗明珠。

《周易》与中国思想文化

《周易》奠定了中国人传统的思维方式

中国传统思维方式与《周易》

关于《周易》,学术界几乎公认它是对中国传统文化影响最为深远的一部典籍。也许人们会问,为什么唯独《周易》有如此巨大的影响?它的影响主要表现在哪些方面?要回答这些问题,就会很自然地涉及中国传统的思维方式。因为传统的思维方式,不仅是传统文化的组成部分,而且是它的最高凝聚和内核。换句话说,思维方式是一切文化的主体设计者和承担者。传统思维从某种意义上来讲,决定了传统文化的主要方面。《周易》之所以能对中国传统文化产生巨大的影响，也正在于它对中国传统思维方式的形成与发展起到了关键的主导性作用。

什么是传统的思维方式？首先它不是像"先天图"那样是先验的或自来如此的。恰恰相反，它是在一定的社会历史条件和文化背景下形成的。当一定的思维方式经过原始选择正式形成并被普遍接受之后，它就具有相对的稳定性，成为一种稳定的思维结构模式，或者是一种长久而普遍起作用的思维方法、思维习惯，并由此决定着人们对待事物的审视趋向、看待问题的方式方法，决定着人们的社会实践和一切文化活动。这种相对稳定不变的思维结构模式或程式，就是传统思维方式。

中国传统的思维方式也会随着时代的变迁，慢慢演变或同时具有若干种不同的思维方法。如果根据其普遍性、持久性和稳定性的程度，可将思维方式分为若干个高低不同的层次。那些高层次的思维方式，有更为宽阔的覆盖面和更为顽强的保守性以及深刻的影响性；低层次的思维方式，如一些被相对普遍接受的观点、观念，在一定时代和文化环境下，具有传统思维方式的特征，但它们容易随着社会和文化环境的变革而发生改变。《周易》的影响历二千余年而不衰，墨家的"兼爱""非攻"过秦汉而不显，与他们的思维方式层次有很大联系。

思维方式有极强的渗透性。它体现在哲学、法律、科学、伦理道德、宗教、艺术等各种不同的精神文化领域中。作为一种观念，它贯穿于政治、经济、军事及人们日常生产、生活的各种实践活动中，并对它们的形态和特质产生重要的影响。

思维方式有极强的继承性和稳定性。它汇融于一个民族的历史长河中，会被一代人一代人地继承下来，使用下去，而不会被重大的社会或时代变革所轻易改变，从而稳定地对公众的价值取向、文化行为及世界观产生重大影响。

《周易》被公认为中国传统文化的源头活水，是中国的大道之源，是构成中华民族性格的民族之魂，是中国古代科技发生、发展的理论动力和源泉。但是，《周易》只是一部书，一部不过数万言的典籍，其内容所及有限，而且只是个"空底事物"（朱熹语），为何会有如此巨大的影响和几乎是无所不有、无处不在、无所不能的巨大功能？有人说这是因为《周易》中所蕴藏的哲理所致，虽然有一定道理，但并不精确。哲学对人们文化行为的影响固然是深刻的、广泛的，但它偏重于理论的演绎，其影响是通过人们对哲理掌握后自觉发挥的。而思维方式的影响是依赖于其极强的渗透性，深入人们心中，由自觉的思维活动变成不自觉的习惯性思维，由自觉的意识变成不自觉的无意识或潜意识，这就是所谓的深层次的心理结构影响。它既包括自觉的理性认识,又包括非自觉认识。思维方式不等于哲学,二者都各自有特殊的对象和内容。

《周易》之所以能对中国传统文化产生如此巨大的影响,正在于它所蕴藏的整体思维方式、大一统思维方式、辩证思维方式、唯象思维方式,构成了中国传统文化最高的凝聚点和内核。这种文化内核(有人称为"文化基因"或"文化元")自《易经》发端,由《易传》发展,最后形成了集中国古代高层次思维于一身的易学体系。这种高层次思维,既存在于自觉的意识之中,又存在于人们的潜意识之中,不管自觉或不自觉,都会对人们的文化行为发挥巨大影响。这就是《周易》作为一部不过数万言的典籍,却能够对中国传统文化各个方面发挥如此深刻而广泛影响的原因所在。

中国传统思维方式的基本特征

要了解《周易》与中国传统思维方式的关系及其影响,就必须了解数千年来凝聚于中国人脑海深层的传统思维方式到底是什么,有哪些特征?

对此现代学者从历史、文化、中西对比等不同角度进行了抽象概括,归纳起来,中国传统思维方式有下列基本特征:

整体系统化思维

辩证思维

直觉思维

唯象思维

历史唯圣型思维

主体意向型思维

均衡和谐型思维

大一统思维

重效验、讲实用的思维特征

老庄的逆反式思维

循环往复、终而复始的思维特征

佛教的顿悟、内向性思维

以上所列，大致勾画出了中国传统思维方式的轮廓。其核心是以经验性为特征的整体思维和辩证思维，以及以意向性为特征的直觉思维、唯象思维和主体意向思维。它们的结合，就构成了传统思维方式最基本的特征，其他特征都是在这一基本特征的基础上派生的。

中国的这种以意向和经验为特征的传统思维方式，和西方的理性分析思维是相对立的。它重视感性经验，习惯于在感性经验的基础上做抽象的整体把握和直接超越，但对经验事实很少做概念分析，这就使那些基本概念往往具有浓厚的模糊性和不定性；它的直接超越，又使事实与其结论之间缺乏必要的中介和中间环节。意向性的直觉思维，是思维中断时的顿悟和整体把握。它靠的是灵感，而不靠概念分析和逻辑推理。它是用直觉思维和顿悟作为认识事物本质的主要方式。直觉思维的作用是不能忽视的，它是一种创造性思维，是逻辑思维所不能替代的。这一点已受到现代思维科学的重视。

对传统思维方式的利与弊，好与坏，目前还不能做出全面而深刻的评价。但它对中国传统文化的导向性影响是显而易见的，《周易》中的整体观、辩证观、唯象思维等正是传统思维方式形成的源泉。《周易》正是通过它蕴含的这些思维精华，对中国传统的思维方式乃至整个传统文化发挥了巨大影响。

太极式的整体系统化思维

整体系统化思维是中国传统思维方式的一个基本特征。它认为世界、天地和人都是一个整体，是一个自组织的有机系统。构成整体系统的是许多小系统，每个系统又由不同的部分所构成，各部分之间有着密切的联系，整个宇宙自然界都是由这样的部分构成的系统化整体。要了解各部分，就必须了解整体。了解了整体，就能把握全局。

中国古代，不论道家和儒家，都强调整体观念。从目前的文献和考古资料看,整体观念首先发源于《易经》。《易经》的筮法、符号系统和文字系统,都有这种整体论的初步构思。筮法产生最早,至少商代中期以前就有了。筮法把天地万物都归结为数,天地之数和大衍之数代表了宇宙的整体,世界上事物的一切变化都可以用奇偶数(阴阳数)和生数、成数来表达。"一生二,二生三,三生万物。"一就是世界的本体,由一可化生万物。由数所筮占出来的《易经》的符号系统,更明确提出了整体论的初步图式,它在《左传》中被称为《易象》。这种符号系统,把一切自然现象和人事吉凶,全部归入由阴阳爻组成的六十四卦卦象系统,六十四卦即一个整体,每卦即是它的分系统,一卦中的六爻即是子系统,爻和卦分别代表各种不同的物象及事物的变化,具有初步的时空态和自我调节作用。但此时卦象与占筮等宗教迷信尚未分开。到了《易传》时,则进一步提出了"易有太极,是生两仪,两仪生四象,四象生八卦"的较明确的整体观模式,把空间方位、四时运动联系起来,以"生生之谓易""天地之大德曰生"的有机论作为其核心,形成了一个有机的整体系统化的思维模式。它成为中国传统文化的内核之一,为整个传统思维方式的形成奠定了基础。

与儒家的《易传》几乎同时,道家也提出了"道生一,一生二,二生三,三生万物"的整体观(《老子·四十二章》)。道家以数的形式来表示天地万物，显然是受了《易经》筮法的影响。不同的是，老子把混混沌沌的道解释为宇宙的起源，"道"不同于易的太极。"道之为物，惟恍惟惚，惚兮恍兮，其中有象；恍兮惚兮，其中有物；窈兮冥兮，其中有精。其精甚真，其中有信。"（《老子·二十一章》）这种无形无象、恍惚幽深的东西，以任何概念都难以表达，"吾不知其名，字之曰'道'，强为之名曰'大'"。混沌恍惚就是世界原始未分的整体，混沌的破坏，便会出现世界和万物，开始从无序走向有序。

后来，八卦和混沌的思维被太极和阴阳五行思维所代替，这标志着有机整体思维模式的正式完成。

太极式整体思维对中国传统文化产生了巨大影响。在哲学的本体论上，汉以后的各种思想流派，都是在此基础上发挥和形成的。从两汉的经验论、魏晋玄学的本体论、佛学的本体论、道教的虚无论，一直到宋明理学哲学体系的完成，这一核心的思维方式不但没有改变，反而更加趋于完善。

再如，太极式的整体思维对中国医学的形成和发展产生了直接的影响。中医学认为，天地是一个整体，人存在于天地之间，与天地息息相通。人的身体，也是一个整体。身体的各器官之间存在着不可分的密切联系。诊断时，必须先把握整体，阴阳施治。如眼病不光要治眼的表疾，更要调节肾脏功能，因为从整体有机联系看，肾主眼，肾不好，眼疾则不能治愈。整体思维的根本特点是"天人合一"，人的体质是自然，是自然有机体的一个组成部分，人和自然界是一理相通、一气相通的。《易传》的"三才之道"是这个特点的早期表现，至汉代的卦气说，构成了以太极和阴阳五行为框架的天人感应论，提出了更加系统、更加完备的整体模式。中医的基础理论形成于汉代，正是这种"天人合一"整体思维模式的反映。它之所以能作为医疗科学的基础理论，正在于整体论强调了物体内各部分之间的互相依赖、互为因果、互相依存的有机联系。天人合一的整体思维，强调的也是人与天互相依存的统一关系，而对整体（天）和局部（人）的对立关系则很少涉及，这反映在中医学上，就是辨证施治、阴阳调和的基本思维形式。

总之，《周易》的太极式整体系统化思维，对我国古代的哲学、医学、天文学、数学、伦理学、政治学等自然和人文科学都产生了深刻而广泛的影响，被人们视作"大道之源"。

"一阴一阳之谓道"的辩证思维

《周易》对中国传统文化最大的贡献之一，是提出了"一阴一阳之谓道"的辩证观。阴阳二爻、乾坤二卦以及其他各卦，都是一阴一阳，对峙而立。离开阴阳对立，就没有六十四卦，就没有《周易》卦爻变化说。老阴、老阳互变，一卦的爻象互变而为另一卦，本卦变为之卦，是一阴一阳；在一卦之中，刚柔上下往来，亦是一阴一阳。总之，离开阴阳变易，也就没有《周易》的变易法则。《周易》进一步将所有事物的性质及其变化法则都概括为一阴一阳。如天为阳，地为阴；日为阳，月为阴；暑为阳，寒为阴；昼为阳，夜为阴……总之，从自然现象到人类社会生活，都存在着对立面。其对立的两面，如卦爻一样，互相变通，日月有推移，寒暑有往来，处境有穷通，君子小人相互消长。

变化的根源是对立面双方"相摩"、"相荡"、相互推移。宋代的张载，根据《周易》，做了进一步的发挥，提出"两"与"一"的概念，两即对立，一即统一。他在《正蒙》中说："两不立则一不可见，一不可见则两之用息。两体者，虚实也，动静也，聚散也，清浊也。其究一而正。"又说："感而后通，不有两则无一。故圣人以刚柔立本，乾坤毁则无以见易。"张载强调了对立与统一，这是一个非常深刻的思想，它源于《周易》的一阴一阳，是对古代辩证观的高度概括。这种观念又被归结为"无独必有对""物极必反""相辅相成"等，从而成为中国人认识和对待事物、处理各种问题时的一种基本法则，一种思维方式。辩证观是中国传统思维方式的基本特征之一，它对中国传统文化的各个方面都产生了广远而深刻的影响。如"物极必反""相辅相成""无独有偶"已成为人们日常生活中的惯用成语,每时每刻都在发挥着辩证思维的功用。

但传统的辩证思维,一方面说明了整体系统的有序性,另一方面又是一个封闭的循环系统,事物的变化都是"复归其根",《易传》说是"复归其天地之心"。传统的辩证观,把自然和社会的发展,都看成是无限的往复循环。邵雍的《经世天地始终之数图》,就把宇宙的变化看成是一个消长变化的过程,这个过程是无限又终而复始的循环。因此,在思想方法上,这种辩证观则表现为循环论证、阴阳互补、天地互为根、一两互为因果等等。

传统的辩证观还有一个重要的倾向,也直接影响了中国传统文化的发展趋向,那就是一切对立都以统一、和解为最终结果。它缺乏对立的冲突和批判否定精神,表现为传统思维求稳防变的保守倾向。《易传》说:"乾道变化,各正性命,保合太和,乃利贞。"《中庸》也讲"致中和,天地位焉,万物育焉"。张载《正蒙·太和》更把"和"与太极等同:"太和,和之至也……未有形器之先,本无不和;即有形器之后,其和不失,故曰太和。""太和"与"中和"实际上是表达了整体动态平衡的观点。在变化迁流的宇宙中,万物各有其性质和规律,这些性质不同的事物只有处在相对平衡的状态中,才是互相有利的,所谓"以和为贵"即指此。因此,传统的辩证观更加追求整体或统一体的自身平衡、稳定和常态,以矛盾双方的调和、和谐、和解为最终目的,而对双方的竞争、斗争则描述和思考得很少。这种倾向,长期地影响了中国人的文化行为,对传统文化各方面的发展,具有较大的导向作用。从历史角度看,中国封建社会长期延续的原因之一,就是这种辩证观倡导和谐、平衡,不提倡竞争与斗争的思维方式在起着重要的作用。

但另一方面,辩证思维方法在很大程度上也反映了事物发展运动的辩证规律。古代具有理性精神的政治家、思想家、军事家、发明家、文学家等,都不把《周易》作为占卜的工具,而是运用《周易》的辩证法思想来解决理论的和现实的问题。如春秋时史墨用《周易》辩证法解释人事就是一个突出的例子。《左传》昭公三十二年:"赵简子问于史墨曰:'季氏出其君,而民服焉,诸侯与之,君死于外,而莫之或罪也。'对曰:'……社稷无常奉,君臣无常位,自古以然。故《诗》曰:高岸为谷,深谷为陵。三后之姓,于今为庶,主所知也。在易卦雷乘乾曰大壮,天之道也。'"当时鲁国贵族季平子把鲁昭公赶出国,自己掌握了政权,史墨用大壮卦解释这一大逆不道的行为。大壮☱,乾下震上,乾为天为君,震为雷为臣。雷在天上是一种自然现象,是"天之道";那么君在臣下，臣在君上，也符合自然之理，不足为怪。这自然之理表现为人事之理即是"社稷无常奉，君臣无常位"。这显然是在用《周易》卦象的辩证因素来解释当时认为是僭逆的不道行为。

易变原则含有丰富的辩证思维，在它的指导下，中国古代在军事学、医学、数学、天文学等方面都取得了很高的成就。

"钩深索隐"的意象思维

意象思维是传统思维方式的又一基本特征，它是一种从具体形象符号中把握抽象意义的思维活动。这里的"象"，除了具象之外，还包括具有象征意义的卦象、卦德和物象。把象的意义或象征含义解释出来就是"言"，所谓"意"，就是物象所代表的抽象意义。

语言是思维的工具，意象是思维的内容。在传统哲学看来，语言产生于物象，又是表达物象的工具，物象则表现了无形无象的本体意义。语言并不能直接表达本体意义，只有通过象的中介方可，这就是所谓"言不尽意""意在言外""意出言表"。古人非常重视"钩深索隐"，就是要通过"象"来探究事物发展的规律——"言外之意"，所以古人对"象"似乎特别垂青。一部《周易》，可以说绝大部分篇幅是讲"象",甚至传统文化最神圣的"六经",亦皆是讲"象"。王夫之曾经说过:"盈天下而皆象矣。《诗》之比兴,《书》之政事,《春秋》之名分,《礼》之仪,《乐》之律,莫非象也,而《周易》统会其理。"这就是说,六经皆是象,都是因象明义的,而《周易》则是集中讲意象思维方法的。

在西方,亚里士多德的形式逻辑成为两千多年来训练西方人的思维工具。中国没有这样的形式逻辑,靠什么来训练中国人的思维呢?靠《周易》,靠《周易》的象数思维逻辑。这也是《周易》能够成为"六经之首"而"统会其理",成为"三玄之冠"的根本原因之一。

《周易》的象是由阴阳、四象、八卦、六十四卦和三百八十四爻组成的卦象。它既是一个整体结构系统,又是一个象数符号系统。后来易学象数学的发展使这个符号系统越来越复杂,越来越庞大,什么八卦先天图、后天图、八宫卦图、河图、洛书、太极图、六十四卦方位图、卦变图、方图、圆图等等,它们的共同特征,都是用数学符号或卦爻符号组成的图表来表达思维的。这些符号被认为是信息的载体,具有本体论和认识论的意义。也就是说,它是一种把感性形象与抽象意义结合起来的符号性思维,这种思维,既不是感性的知觉表象,又不同于理性的抽象概念,它是通过具体形象来表现抽象意义的意象思维。

意象思维的目的在于由象而"得意"。如何达到得意目的呢？这要靠"得意忘言""得意忘象"，最形象的比喻是"得鱼忘筌"。"筌"是用来捕鱼的工具，得到了鱼，目的达到了，就把筌忘掉了。得到了意，就可以把那些"言不尽意"的言辞给忘掉，也应当把表达意的象给忘掉。在这里，语言和符号（象）都是表达意义的工具，只起桥梁作用。得意靠的是直觉顿悟，故不能执着于语言符号，如果纠缠于具体的语言和象数，就不可能真正得意。顿悟之前需要借助语言和符号，顿悟之后，这些统统都被扔掉了。于是，这时就可以臻于新的境界，忘得越彻底，进入的境界就越高。

因此，意象思维实质上也是一种直觉思维。它的基本特点是整体性、直接性、非逻辑性、非时间性和自发性。它是在思维中断时的突然领悟和全体把握。它重直觉，靠的是灵感和顿悟，而轻论证，不重视推理和逻辑分析。这些是传统思维的重要特点。

《周易》的意象思维，为中国传统文化奠定了基本的思维模式。到了汉代以后，阴阳、五行、音律都被认为是易中之义。玄学易"以无为本""得意忘象""得意忘言"的精辟论题，是对《周易》思维的进一步发挥。宋明理学易以理为本的"格物致知""即物穷理"等是对《周易》思维的高度概括，是古代意象思维发展的集大成。这样，《周易》就成了意象思维的源头，成了最有权威的"统会其理"的意象思维系统。

《周易》的意象思维对训练中国人的思维方式起到了重要的指导作用。在传统文化中，凡是运用意象思维较普遍的领域，往往直接引入《周易》的象数系统，或在理论上力图向《周易》靠拢。如中国美学中的意境说和哲学中的境界说，都运用了这种思维方式，即借助形象符号，达到超越的本体境界。对于文学艺术中的构思审美趋向等影响更大。但受《周易》意象思维直接影响并构成其基础理论的则是中医学和道教的内外丹术。

中医学理论与方法上的一个重要特点，就是充分运用象数思维。历代的医学名家都把学习、掌握、领悟《周易》的方法作为名医的条件。明代名医张介宾在《类经附翼·医易义》中说：

> 宾尝闻之孙真人（孙思邈）曰："不知《易》，不足以言太医。"每窃疑焉。以谓《易》之为书，在开物成务，知来藏往。而医之为道，则调元赞化，起死回生。其义似殊，其用似异。而医有《内经》，何借于《易》？舍近求远，奚必其然？而今也年逾不惑，学列知羞，方克渐悟。……《易》者，易也，具阴阳动静之妙；医者，

意也，合阴阳消长之机。虽阴阳已备于《内经》，而变化莫大乎《周易》。故曰：天人一理者，一此阴阳也；医《易》同源者，同此变化也。此岂非医《易》相通，理无二致，可以医而不知《易》乎？故《易》具医之理，医得《易》之用。

医《易》相通，很有见地。中医与《易》的关系是具体科学与哲学的关系，是实践与方法论的关系。中医的唯象思维萌芽于春秋，当时有以"六气"论病的观念。到汉代辑成的《黄帝内经》，更鲜明地表现了以阴阳五行之象诊病的特色。中医以五脏应五行之象，但其所讲的肺、肝、肾、心、脾五脏与解剖学上并不一致，只能是与脏器功能及外在表现相关的五类"脏象"。它是用五行之象来概括脏象等机体的内在联系，也用阴阳五行来描摹人的机体与环境之间的具体关系，并最终诊断出生命活动的平衡与否。

医学的唯象思维，远不及《周易》那样系统、成熟。在汉以后，随着阴阳五行说被纳入《易》系统，中医也在理论上并入《周易》系统。因此，医圣孙思邈等名家提倡读《易》，实际上是从哲学世界观、方法论的角度，把握《易》的意象思维方法，用以体悟中医实践中的唯象思维。

道教的道术，在很大程度上渊源于古代气功术。气功修炼时，将"气"拟想成沿身体各部位运行的具体物象，来以神领气。因此，气功本质上是一种唯象思维。道教继承气功术，进行内外丹的修炼，当然也继承了这种思维方式。

魏伯阳著《周易参同契》，他把《周易》的卦象物象系统引入道家的炉火之中。他说："乾坤者，《易》之门户，众卦之父母。坎离匡廓，运毂正轴。牝牡四卦，以为橐籥。覆冒阴阳之道，犹工御者，执衔辔，正规矩，随轨辙，处中以制外，数在律历纪。"

这段话，讲的是内外丹术的基本理论和方法。用乾、坤、坎、离等卦象所标志的日月往来、阴阳消息的模式，来模拟"丹"合成变化时的思维模式。在内外丹家看来，以八卦卦象为骨干的思维模型，已能直观地概括、模拟、重现宇宙间变化运行的"法象"，也规范了内外丹术的基本过程和变化机制。道教采用了唯象思维的方法，目的在于把炼丹时目不可见的微观运动模拟成具体的"形象"。这种建立在八卦基础上的拟想的模式，不仅可以克服感官的局限，而且成了内外丹家把握体内精气流行与炉鼎中化学反应的模型。在变化过程中，丹家们透过这种模拟的形象或图形来领悟"丹"运动变化的本质。显然，整个思维过程是唯象的。

《参同契》后来成了"丹经之祖""丹中王"。这说明《周易》的意象思维方法，对道教的影响是深刻而持久的。内丹家有的练功有成，也证明这种思维方式在内丹术这一精微的气功术中，是有效的、合理的。

总之，《周易》的意象思维模式，对传统文化的影响是广泛的、深刻的、长久的。

《周易》思维方式的利与弊

《周易》问世之后，跟着就形成了一个巨大的文化传统。这个传统的突出特点，是具有浓厚的历史意识。

它很重视回顾自己的历史，善于从历史中，甚至是传说中引出所遵循的原则。反映在思维方式上，传统思维方式表现了缺乏超越性和批判性的历史思维特征。

在以《周易》为主体的传统思维方式的形成与发展中，一直具有浓厚的历史崇拜意识，缺乏必要的怀疑、否定和批判精神。易学史上，并不乏思维敏锐之人，如魏王弼，宋张载、程颐、朱熹，明王船山等，但缺乏创新之作。"述而不作"，成了人们对待经典的思想原则。他们的经注和解释，虽然在原有的基础上有所发展，但都畏于批判，不敢否定，只能是引申、补充和完善。因此中国古代的传统思维方式，基本上是在以《周易》为首的群经诸子的固有思维模式中发展的。本来，《周易》中的辩证观是以易变为原则的，本身是批判的，意象思维和直觉思维也是创造性的，但在历史的发展中并没有充分发挥其应有的作用。辩证观被用来服从于整体系统稳定、和谐的需要，意象和直觉思维被主体（本体论）思维定向为人生意义和价值的创造。这样就出现了思维方式上的二律背反现象：一方面是理想主义的追求和自我超越，另一方面是对历史的崇信和缺乏超越。

思维模式是在历史中形成与发展的，同时又应是能超越历史的工具。它一方面不断地怀疑、批判和否定；另一方面适用于理性、想象和科学信念，不断地假设、创新。这是历史的需要，也是思维所固有的功能。但传统思维却滞留在已有的历史结论和固有模式中，对圣人崇拜，对经典崇拜，以权威的结论为不变的信条，因而很难有真正的创造与发展。这种唯圣观、一统观、矛盾的中和观本质上都是保守的、消极的。

但传统思维除了保守的一面，也有积极的一面。如《易》中的整体思维，虽然缺乏分析和必要的逻辑概念，却同当代的系统论整体思维有某些相似，在人体生命科学和中医学中具有很强的生命力。再如意象思维，它在伦理学、美学、文学和艺术领域都有其任意驰骋的余地，蕴藏着丰富的想象力和极大的创造力。同时它与当代的符号学有某种联系，是科学思维不可缺少的基本条件。《周易》中的辩证思维，在矛盾的对立中把握辩证的统一，从一个方面反映了事物发展变化的客观规律。即使在当代,"物极必反""相辅相成"等命题对人们还有深刻的指导意义。

以《周易》为主体的传统思维模式,作为中国传统文化的聚焦和内核,曾对中国文化产生了深刻的影响,并决定了中国文化大异于西方文化的特质和风貌。《周易》之所以被称为"六经之首""源头活水""民族之魂",根本原因即在于此。

《周易》与宗教文化

宗教是一种意识形态,是一种世界观。它相信在现实世界之外还存在着超自然、超人间的神秘境界和力量,主宰着自然和社会,因之对其敬畏和崇拜。

宗教有自己的基本信仰、神灵体系、崇拜仪式、伦理观念等,这些因素的总和,即是宗教文化。

宗教起源于原始人的自发信仰。随着社会和历史的发展,由原始"万物有灵"的自然崇拜发展为精灵崇拜、图腾崇拜、祖先崇拜、神灵崇拜等,由多神崇拜发展到驾驭众神的至上神崇拜以至一神崇拜,部落神演化为民族神。

中国的宗教文化是中国传统文化的一个重要组成部分。作为一种世界观,它强烈地影响着中国传统文化的发展,在哲学、政治、艺术、经济、思想、学术等领域都打上了宗教文化的烙印。

对古代中国影响最大的是道教和佛教。道教是土生土长的宗教，佛教则是外来的宗教，无论是土生的还是外来的，都和《周易》结下了不解之缘。它们或是以《易》理解佛理，或是以《易》理解"道"，随着易学的发展，《易》中也融会了不少佛道的思想。但总的来看，易学作为儒家（有人称作"儒教"）的主要经典，一直在社会思潮中占有主导地位，而佛、道则处于从属地位，易学对佛、道的影响是主要的。唐代易学家李鼎祚在《周易集解·序》中称："（《周易》）原夫权舆三教，铃键九流，实开国承家修身之正术也。"

"三教"指儒、释、道，"权舆"是草木萌芽状态，引申为起始。这就是说，《周易》中的圣人之道是三教的始基。李氏这一观点是适应唐代儒家和释、道的斗争需要而提出的，难免有门户之见。但道教无论从形式到内容都直接采用了《周易》的理论和卦符则是客观事实；佛教虽源于印度，不以易理为始基，但其在中国生根的过程中，在佛教中国化的过程中，大量地利用《易》的概念和思维方法来阐明佛理，明显地接受了《易》的影响也是事实。

中国古经有《诗》《书》《礼》《乐》《春秋》《易》，为什么唯独《易》会对中国的宗教文化产生如此巨大的影响呢？

原因之一，《易》是中国传统思维方式的集中体现，任何一种世界观和方法论，都会自觉不自觉地接受其影响。

原因之二，《易》本卜筮之书，本身就具有"神道设教"（《易·观·彖》）的宗教因素。所以当汉代道教形成的时候，与《易》一拍即合，顺理成章。

原因之三，《易》本是个"空底事物"，这个空架子既可往里装任何东西，又可从中引出更多的东西。佛教东渐，欲要中国人接受它，莫过于援《易》以为说。《易经》和佛理的结合，为佛教扎根于中土立下了汗马之劳。

原因之四，宗教是一种神秘文化，其敬神崇神，须有许多神秘仪式或方术。在《易》的筮法中、占卦中包含有许多神秘的因素，虽然未发展成一套神学系统而成为宗教，但这些神秘因素与神学本质上是一致的、相通的。因此，《周易参同契》能把阴阳八卦系统整个地搬进道教的炉火仙丹之中；宋代周敦颐的《太极图说》也能把道教修炼内外丹的《先天太极图》《无极图》再搬回易学中来。《易》本身具有的神秘因素决定了它与宗教神学千丝万缕的联系。

但《周易》和后来的易学毕竟不是宗教，占卜一项，不过是《易》的末流。所以《易》对道、释的影响，主要还是侧重于义理、世界观、本体论及伦理道德方面的影响。从这种影响中，我们可再次看到《易》作为中国传统文化的凝聚点和内核，作为六经之首在中国思想文化史上所发挥的巨大作用。

《周易》与道教

道教源于原始宗教的巫术和战国秦汉以来的神仙方术。大约在东汉末年，道教作为一种宗教正式出现。最早的道教组织是于吉、张角创立的"太平道"和张陵（道教徒称为张道陵或张天师）创立的"五斗米道"（又称"天师道"）。

以太平道和天师道为代表的初期道教，还只是一种民间宗教。初期道教活动的内容，还仅限于古代长期在民间流行的"阴阳五行""巫觋杂语""符水咒说"鬼神崇拜等迷信活动的杂凑。随着张角黄巾军的被镇压，张陵传人张鲁被招降，初期道教的历史就此告终。晋以后，道教被统治者改造利用，创建了比较完整的宗教理论和教义教规。唐和宋时，道教获得很大发展，明万历以后衰退。

道教在形成和发展中，主要接受了道家、儒家和佛教的思想影响。《周易》作为儒家的主要经典，从内容到形式，都为道教所吸收，它渗透到道教的基本教义、神仙体系、方术仪式、道德伦理等各个方面。

历来的道教方士皆崇《易》《老》，在解《易》的基础上，形成了道教易派——丹道易。同时，又以《易》《老》解道，形成了道教的"无""玄""太极""无极"的本体论以及贵柔、清净无为、坐忘的宗教思想体系，建立了修炼内外丹、服食辟谷、祈禳符箓、占卜、禁咒、行蹻房中、吐纳引导、存思养性、服气胎息、仙药服药、按摩接命、守庚甲等繁多的道术。

以《易》解道，是道教得以理论化、哲学化并获得重大发展的源泉之一。历代道士解《易》或以《易》解道的著作很多，如魏伯阳的《周易参同契》，范长生的《易注》，陶弘景的《卜筮要略》《周易林》《易林体》《易髓》，王远知的《易总》，李含光的《周易义略》，陈抟的《无极图》《先天图》《易龙图》，郝大通的《太易图》，张国祥的《古易考原校梓》。这众多的著名道士注《易》、解《易》、用《易》，反映了道教对《周易》的高度重视，说明了《易》和道教的密切关系。

"太极"的神化——道教的本体论　道教以"玄""道""一""无"作为世界构成的本源，但同时，也把《易》的太极、乾坤概念纳入其本源说。南朝梁代道士陶弘景在《真诰》中说：

> 道者混然，是生元气。元气成，然后有太极。太极则天地之父母，道之奥也。

这里把"道"作为最高范畴,但道的玄妙奥幽则在于太极和乾坤父母二卦。用易、老结合来说明世界本体起源及万物化生是道教本体论的一大特征。再如葛洪的《抱朴子》说:"道者,涵乾括坤";"凡言道者,上至二仪,下逮万物,莫不由之"。乾坤二仪是道的内容,道中包含着乾坤。

《道德真经解》又把老子的"一生二,二生三,三生万物"和《易》的"三才"说糅合到一块,作为其生化理论的基础。它说:

> 道生一,《易》变而为一。……一者,形变之始也,天地有形之最大也,故曰一生二。天地定位,人居乎中,而三才成也,故曰二生三。

"三才"的说法源于《说卦》:"立天之道曰阴与阳,立地之道曰柔与刚,立人之道曰仁与义,兼三才而两之,故《易》六画而成卦。"老子的一即《易》的太极,二即天地两仪,三即天、地、人为三才。《易》与《老子》完全融会,道教系统和《易》系统便没有多大差别了。

但是,道教是神教,不把"道"的"无"与"太极"的"有"神化,就无法解释其编造出来的"太上老君""原始天尊""太上丈人""天皇真人""五方天帝""诸洞仙官"等众神灵的存在。这个神化工作在全真道所推崇的邓锜《道德真经三解》中表现得最为突出。他说："道者，太极一圈出入动静也。"又说："太极圈中有一神物，可重一斤十六两零三百八十四铢，五千四十年又五千四十日而后结成，形如鸡卵，色似丹砂，明如皎日，味胜甘露，先天地而生，后天地而成，天地得之而生万物，圣人得之而生万民，虽寂寥独立而不改其变，虽周圆启行而不危其化，可以为天下民物之母。神乎！神乎！故圣人字之曰道，强名曰大。"这段话，可说是个大杂烩，有三国徐整的开天辟地"鸡卵"说，有汉刘向、刘歆父子的"三统"说，有《周易》的太极和三百八十四爻概念及"生生之谓易"的化生说，最后归结到老子的"道"。这个道显然不是虚无恍惚的道家之"道"，而是离开物质世界而独立存在的"神"。这个神，寓于太极之中，具有开天辟地，生化万物，又变化无穷的功能。这个太极，也不是《易》中反映天地未分时原始统一体的太极观念，它成了"神"或"道"的依托之体，与神道已浑然一体，不可分开。太极与道一样，也成了主宰世界、主宰一切的至高无上的神灵。

显然，道教的本体论是纯粹唯心主义的。它对世界构成的回答，完全借用了《易》和先秦道家的"太极""道"的概念而加以任意发挥，变为自己的"神"与"道"，并以此神道来设教。但它所创造的诸神，从形式上看，也并未脱出《易》

和《老子》的理论框架，只是简单地附会再加以神化而已。

《易》对道教神仙体系的影响　道教的神仙体系，是道教设置的彼岸世界，它对于道教来讲，至关重要。因为道教的根本教义是追求长生不死，肉身成仙；如果不证明神仙的存在，其教义将不能蒙骗任何人，道教本身也将化为乌有。

道教的神仙系统与它的理论系统一样，都反映出博杂、兼收并取和任意妄说的特点。神话中的盘古、传说中的英雄、历史上的圣人、现实中的创教祖师等众多人物，只要能想象出来的，都在道教的神坛上占有一席之地。它的博杂与庞大、臆说与无知的程度，是我们今天很难想象出来的。大体说，道教的神仙有玉清元始天尊、上清灵宝天尊、句陈上宫天皇大帝、扶桑大帝、九皇、八卦神、太清道德天尊、昊天金阙至尊玉皇大帝、中极紫微北极大帝、三皇五帝、太上老君、三十六洞七十二府诸神诸仙等等。这些神仙的名称和内涵相当一部分与《周易》有关，试举几例：

（一）道德天尊，亦即太上老君，是道教尊崇的三清之一的"太清"。《太上老君开天经》说："伏羲之时，老君下为师，号曰无化子，一名郁花子。教示伏羲推旧法，演阴阳，正八方，定八卦，作《元阳经》以教伏羲。"道教欲神其学，所有的学派宗派都在被贬之列。《易传》说伏羲画八卦，那么谁教伏羲的呢？是太上老君。这老君要剽窃伏羲的成果，显然是因为他要盗用八卦的理论和知识。盗用了哪些呢？下面他不打自招地说：

> 周初时，老君下为师，号曰燮邑子，作《赤精经》。老君曰：秘化之初，吾体虚无，经历无穷，千变万化，先下为师。三皇以前，为神化之本；吾后化三皇五帝，为师并及三王，皆劝令修善。天一、地二、人三、时四、音五、律六、星七、风八、州九，合有四十五。子午卯酉，中央各有九算。戴九履一，左三右七，二四为肩，六八为足，中有五龟，体成八卦。

这里是用易学的九宫八卦河图说来安排老君的"神化"。老君先教化三皇以前的世界，后教化三皇和五帝，进入了夏商周三代时，又为三代之王的老师。其神化的主体是"劝令修善"，内容则包括三才的生成、天文的星、历算的时、音乐的律、气候的风、地理的九州，而这一切变化都统一于九宫八卦。从道德天尊的名字看，似乎与老子《道德经》有关系，但从他的功能本领看，无疑是受了《周易》的深刻影响。

（二）八卦神。《太上老君中经》说："八卦天神，下游于人间，宿卫太一。为八方使者，主八节日上计较定吉凶。乾神,字仲尼,号曰伏羲;坎神,字大曾子;艮神,字照光玉;震神,字小曾子;巽神,字大夏侯;离神,字文昌;坤神,字扬翟王,号曰女娲;兑神,字一世。常以八节之日存念之,其神皆在脐中,令人延年。"《易经》的八卦在这里与神话传说人物和历史人物相比附,具有了神的意志和功能。"八节",即二分二至和立春、立夏、立秋、立冬八个节气;"八方"指四正四维八个方向。八卦与八方、八节相配,始于汉代易学的卦气说。把八卦附会为八神,也源于《说卦》的"帝出于震"。"帝",孔颖达释作"天帝",天帝出于八卦的变化之中,并主宰万事万物。《说卦》孔疏的这种说法,很自然地被道教进一步发挥,把八卦本身也变成了神。而《周易》本身所蕴含的神秘性,很容易被道教神学用来作为造神的基础。

《易》对道教修炼方法的影响　道教把长生不老、肉体成仙作为终极的追求目标和基本教义。为达此目的,它创造了一整套内修外炼的修炼方法,有诵念经书、佩符念咒、服饵辟谷、内丹外丹、房中合气、养生导引等。与此相适应,还有一套授箓、斋醮祈祷、礼忏、作法等宗教仪式。其中,符咒符箓和炼内丹外丹是最主要的两种。

符咒符箓 "咒"是禁咒,"符"是符图,"箓"指墨箓。咒是用口念的,符箓是用笔写的,这一念一写,据称可以呼风唤雨,遣神役鬼,镇压邪魔,消灾却病,从而达到长生的目的。

符箓的内容和形式也和《易》的八卦有密切关系。《三箓篇·上·〈周易内文〉三甲处》说:"《周易内文》具八极圣祖名上字妙行符。昔伏羲传与神农,神农传由(许由),知五谷之播种,辨别百药之良,得济生民。后箓图得之为颛师,周公得之以明易道……"

符箓本质上是一种巫术,道教把符箓的产生归于伏羲时代,也无不可。但周公得符箓以明易道却未能据信,应当说道教符箓派得易道八卦,以明符箓方是事实。《道藏》中保存了相当多的以卦命名的符箓图形,如《八卦内吉凶应箓》将乾卦辞"元亨利贞"书于箓中,认为元亨利贞四德有镇鬼驱邪的作用。还有"东方艮符""东方巽符""东方离符""东方震符""西北乾符""西南坤符""西北兑符"等等,有的还书简单小诗,以示其神。如"东方震符"下谓:"其神青衣,头戴青冠,如女子之形,若有疑问,告人吉凶。"

炼丹术　炼丹术是道教企图达到长生不死、肉体成仙目的的主要手段,分内外丹两种。外丹以丹砂等物放置炉火中烧炼而成。《抱朴子·金丹篇》说:"夫金丹之为物,烧之愈久,变化愈妙。黄金入火,百炼不消;埋之,毕天不朽。服此二物,炼人身体,故能令人不老不死。"按此说法,金丹的入火不消、入土不朽导致人服食之后也会像金丹一样不消不朽,从而长生不老。这是传统思维方式中的象征性唯象思维的认识结果。方士的长期烧炼活动,并未找到一粒不死之药,他们也一个跟着一个"仙"去了。但腐朽中也有精华,这种活动对我国古代化学、药物学、物理学等科学的发展却做出了有积极意义的贡献。

内丹指修炼龙虎、铅汞、胎息、吐纳之术。"龙"指心液之元神,"虎"指肾间之动气,"铅"指肾中的真气,"汞"指心液之中的元气。道教将人看成一个似炉鼎的整体,体内的龙虎、铅汞为药液和药物,人的精神为运用,经过筑基、炼精化气、炼气化神、填离取坎等修炼阶段,达到炼神还虚、复归无极的肉体成仙境界。其中,精、气、神在体内凝固不散的融合物,就称"内丹"。

炼丹术亦称神仙黄白之术,其起源于战国至西汉,《史记》《汉书》中都有所记载。汉末魏伯阳著《周易参同契》,对前人的炼丹术加以总结,使之理论化、系统化。道教形成后，就全盘接受了魏伯阳的炼丹理论和形式，并把《周易参同契》当成"丹经之祖"和"丹中王"。

魏伯阳的《周易参同契》直接把《周易》的卦象、易变奉为炼丹术的基础理论，宋代道教典籍《云笈七签·神仙传》说："魏伯阳作《参同契》，似解释《周易》，其实假借爻象，以论作丹之意。而儒者不知神仙之事，多作阴阳注之，失其奥旨矣。"可见，《参同契》的奥旨就是借《周易》的卦爻象以解释炼丹术，使炼丹术理论化、系统化。

《周易参同契》一开头就说："乾坤者，《易》之门户，众卦之父母。坎离匡廓，运毂正轴。牝牡四卦，以为橐籥。覆冒阴阳之道，犹工御者，执衔辔，正规矩，随轨辙，处中以制外，数在律历纪。"

这段话，是对整个内外丹术原理和方法的概括。魏氏认为，乾坤坎离四卦是基本卦，以乾坤象征炉鼎，以坎离象征药物。震兑巽艮为牝牡四卦，象征鼓气用的皮橐，表明炼丹时的火候与方位。所以，乾坤是炼内外丹时的场所，为炼丹时的入门之户。离为火为日，坎为水为月，水火为夫妻而生造化，日月有往来而循环无穷，故用车轴上的贯毂上下轮转来比喻坎离的运转，借以形象说明药物升降于炉鼎之中而产生反应变化的状况。这个过程的核心在于体验阴阳之道（即炼丹的规律），就好像车夫执辔驾车，身处车的核心部位，以驾驭车能顺着轨辙和正道行驰。其时机则在于律历之纪,也就是《参同契》所借用的京房十二辟卦所显示的一年一月一日之中的阴阳往来变化的关键时刻,把握好这个时刻才能炼好内外丹。

可以看出,魏伯阳的炼丹理论直接出于《周易》,它是以八卦卦象为骨干的思维模型。无论炼内丹外丹,那些无形的不可见的微观运动都是难以捉摸的,魏伯阳把它诉诸卦象,也就克服了感官的局限。以后的道教,把整个炼丹过程的拟想,都用八卦卦象和易变原理,使它形象化、图式化,如先后出现了"坎离匡廓图"(亦称"水火匡廓图",载于彭晓旧本《参同契》,见图二)、"天地自然之图"(亦称"先天太极图",宋陈抟作,载清胡渭《易图明辨》,见图三)、"无极图"(宋陈抟作,见图四)等。炼丹图式的出现使玄奥的炼丹过程形象化,于是,这种拟象或图式就成了内外丹家把握体内精气的流行与炉鼎中化学反应的模式。也就是说,炼丹家透过这种模拟的形象或图像去直观体内(或炉内)精微运动的存在,并领悟这种运动的本质。

图二 水火匡廓图

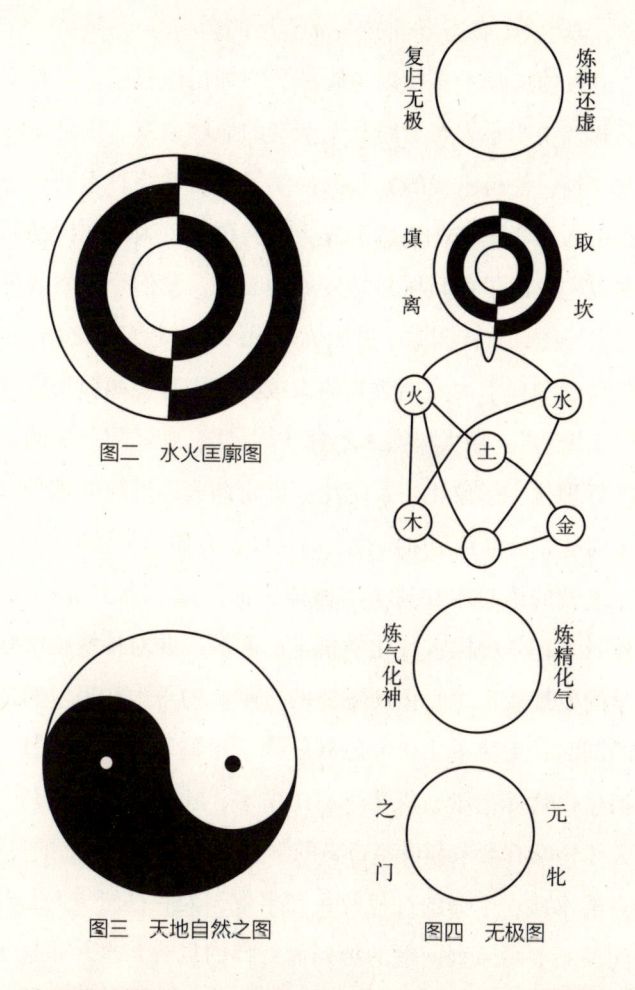

图三 天地自然之图

炼神还虚　复归无极

取坎　填离

火　水
土
木　金

炼精化气　炼气化神

元牝　之门

图四 无极图

需要指出的是，上述整个思维过程，都是唯象的，《周易》的意象思维在这里得到了充分的体现。它对于后来的气

《周易》与中国思想文化 | 181

功学、养生学、医学等都产生了直接的影响。

道教的炼丹术直接以《周易》的理论做根据，以卦爻象为图式，说明了它与《周易》亲密的血缘关系。正是这种关系的存在，使得宋代的象数派易学又把道教炼丹术的思想和图式引入易学领域，创造了先天八卦图说、太极图说和河图洛书说，形成了象数派易学发展的高峰。我们今天所常见的阴阳太极图，直接渊源于道教炼丹用的"天地自然之图"；而宋代易学和理学大家周敦颐的太极图，则直接渊源于炼丹术的"无极图"。用太极图来解释《周易》，使《周易》的易理高度哲理化、形象化、系统化。毋庸讳言，道教的炼丹术对于《周易》哲学乃至中国哲学的发展，也做出了重要贡献。

道教的炼丹术在追求"肉体成仙"这一点上毫不足取，但外丹术却是中国古代化学科学的起源，并对传统化学和医药学的发展做出了直接而重要的贡献。内丹术在追求肉体成仙的同时，更注重于研究怎样使人延年益寿，开发智慧，因而衍生出像养生学、气功学、房中术、吐纳术等一整套对现代人体科学有参考和借鉴意义的学说。内丹术对生命的奥秘、生命的本质、生命的过程及人和宇宙、人和自然、人和环境之间关系等一系列问题的独到而奇特的见解，也并非毫无价值。如果去伪存真、去粗求精的话，必将会给现代人体科学、气功学、医学等学科提供十分有益的启示。

《系辞下》曰:"天下同归而殊途,一致而百虑。"从《周易》与道教文化的关系中,我们再次看到它作为中国传统文化的源头活水,对中国宗教文化的深刻影响。《周易》不愧为中华第一经,它不仅仅是儒家的经典,还是道教的基础理论之书。道教的三洞经书,处处留下脱胎于《周易》的痕迹。陶弘景在叙述道教早期经书时说:"梵书分破二道,坏真从《易》,配别本支,乃为六十四种之书也。遂播于三十六天、十方上下也,各各取其篇类异而用之。"(《真诰》卷一)"三十六天""十方上下"之书乃从《易》配别本而成,当是真实写照,也说明《易》对道教的深刻影响。

《周易》与佛教

佛教源于印度,与基督教、伊斯兰教并称为世界三大宗教。

相传公元前6世纪古印度迦毗罗卫国王子乔达摩·悉达多(即释迦牟尼)创立了佛教。其基本教义是:把现实人生断定为"苦""无常""无我","苦"的根源不在超现实的梵天,也不在现实的社会,而是由每个人自身的"惑""业"所致。"惑"指贪、嗔、痴等烦恼,"业"指身、口、意等活动。惑、业为因,生死不息为果,根据善恶行为,轮回报应。要摆脱痛苦,唯有依经、律、论三藏,修持戒、定、慧三学,彻底转变自己的世俗欲望和认识,超出生死轮回范围。达到这种转变的最高目标,叫作"涅槃"或"解脱"。

佛教形成后,从公元前3世纪开始向古印度境外传播,发展成世界性的宗教。传入中国、日本、朝鲜、越南者,以大乘佛教为主,称北传佛教,经典主要属汉文系统。传入中国西藏、蒙古草原、中亚者为北传佛教中的藏传佛教,俗称喇嘛教,经典属藏文系统。传入斯里兰卡、泰国、老挝等东南亚国家的,以小乘佛教为主,称为南传佛教,经典属巴利文系统。

西汉哀帝元寿元年(公元前2年),佛教始传入中国。经魏、晋、南北朝的发展,隋唐达到鼎盛,形成天台宗、律宗、净土宗、法相宗、华严宗、禅宗、密宗以及三阶教等中国佛教宗派。两宋以后,佛教趋于衰微。

佛教传入中国后,在扎根发展的过程中,和儒家、道家、玄学、理学等中国固有的文化逐渐接触,相互借鉴和吸收,逐渐中国化。中国化的佛教构成了中国传统文化的一个重要组成部分。

《周易》对佛教的影响是在佛教中国化的过程中实现的,但这种影响远比它对道教的影响小。其原因固然与佛教是外来宗教有关,但更与佛教自身具有严密的佛教哲学、逻辑学(因明学)和伦理学有关。所以《易》对佛教的影响表现为对个别宗派、个别理论的有限度的影响。总体来看，佛教中国化以后，虽然附属于整个中国传统文化，但并不附属于某个具体学派。它既用老庄、玄学思想来解释佛理，也用儒家伦理和《易》来解释佛理。

南北朝时，佛教徒和佛学家就开始用《易》来解说佛教教义，产生了佛教与易学相糅合的倾向。如南朝梁武帝萧衍，既通晓佛典，又精于儒籍，他著有多种解易著作，就反映出糅合佛、易的倾向。唐代佛教兴盛，佛学家继续以易学理论来解说其教义。如密宗的《原人论》，以汉易的理论来解释佛教的理论；华严宗大师李通玄以《周易》来解释华严宗的教义。而法藏在《起信论义记》中，则巧妙地利用了太极生两仪、两仪生四象等《周易》原理，阐明了生灭门是与阿赖耶识相一致的佛学关键问题，从而使"真如无处不在"的说法更加接近中国传统的自然无为思想。

直接用易理卦象说明佛理的是禅宗五叶之一的曹洞宗。唐中期的著名禅师希迁受《周易参同契》的影响也著《参同契》，以坎离二卦卦象来讲解佛教的"明暗"之禅理。其再传之徒昙晟则作《宝镜三昧歌》，继续挖掘坎离二卦卦象与佛教禅理的内在联系，并最终形成了曹洞宗的五位禅学理论。

宋代以降，佛学禅师讨论人生伦理，动辄融易理以为说。如临济宗黄龙派创始人黄龙慧南谈及"人情"时说："人情者，为世之福田，盖理道所由生也。故时之否泰、事之损益，必因人情。……故上下交则泰，不交则否，自损者人益，自益者人损，情之得失，岂容易乎？"这是以《易》否泰二卦卦象说解佛教的人情得失、与废相乘之理。再如水庵一和尚也用《易》"君子思患而预防之"的思想，反对当时佛教徒"竞习浮华、计较毫末"之弊。

明代时，禅、易糅合融会达到了高潮。禅师智旭采各家之长，掺以己说，著《周易禅解》《灵峰宗论》等书，提出"易即真如之性""太极者，心为万法本原之谓"等一系列命题，把易和太极等同于佛教的万法本原。智旭的思想是对千余年来禅、易沟通糅合学说的综合性总结。

易入曹洞——《宝镜三昧歌》的真谛　昙晟（782—841年），是唐代一位学识渊博而又隐逸修炼的得道禅师。他是希迁的再传弟子，继承其师"即事而真"的禅学思想，提出了"宝镜三昧"的新法门。他认为人观察万事万物应当像面对宝镜一样，镜中是影，影外是形，如此形影相睹，你的形虽不是影，但镜中的影子正是你，从而说明了"由个别的（事）上能够显现出全体（理）"的境界。他又继承希迁运用坎、离二卦的思路，创作著名的《宝镜三昧歌》，其中的"十六字偈"是这样的：

如（一作"重"）离六爻，偏正回互；叠而为三，变尽成五。

此偈语直接取自《周易》离卦，目的在于利用离卦卦爻象的变化和寓意来为其"宝镜三昧"说的佛学新法门服务。偈语含蓄不露，寓意深刻，是典型的唯象思维模式。同时又晦涩难懂，给后世留下了难解之谜。自昙晟弟子洞山良价起，中经曹洞宗创始人曹山本寂、宋代的慧洪觉范、元代的云外云岫、明末的元贤等历代禅师，都在此十六字偈上用了不少脑筋。有以互体法解者，有以世应法解者，有以变卦法解者，虽都有所发明，但终未全窥其真谛。至清代的截流行策，集前人之成，独具慧眼，才基本释开了此偈的易变原则及禅学含义。

行策作"三叠分卦图"（图五）和"五变成位图"（图六）来阐明此偈含义：

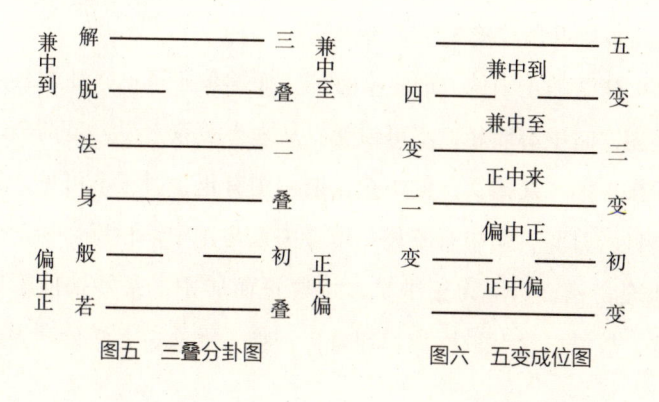

图五　三叠分卦图　　图六　五变成位图

行策先将离卦六爻分为"三叠",象征般若、法身、解脱三德。这源于爻位的三才说,但其爻位内容已不是天、地、人,而变为用以达到佛家"涅槃"境界而必须修炼的三德。能照、能现的是正智(即般若,非一般性的智慧),所照、所现的是法身,般若和法身相互交涉所得的结果是解脱,亦即"涅槃"。图中正中偏……兼中到是从京房卦气说中的"五行六位"说发展而来的曹洞宗的"偏正五位说",它以事理关系在离卦六爻中的时位变化来说明禅修的境界。曹洞宗主张要从个别(事)显现出全体(理),并利用卦象把这个抽象的理论诉诸图像,原则是"因贵回护"(如图六初爻上,正中偏,君视臣。二爻上,偏中正,臣向君。三爻上,正中来,君位。四爻上,兼中至,臣位。五爻上,兼中到,君臣合)。初爻、二爻顺象为正中偏,互象偏中正。五爻、六爻顺象兼中至,互象兼中到。三爻、四爻,纯阳无阴,但第四爻是阳居阴位,是正偏妙叶,故象为正中来。

初爻的正中偏,即正中有偏,而偏象不可见,如朔日的月亮,暗中有明相,不可说无。从理事关系上说,是谓全理即事。第二爻阴爻,偏中正,谓偏中有正,但正不可见,如望日的月亮,明中有暗相。理事关系与正中偏相反,为全事即理。三、四爻为正中来,位尊贵而居中,又妙挟前后四位,故需两爻互取而成。理事为一如。五爻、上爻分别为兼至、兼到,其相为纯白、纯黑。纯白表示理事双双彰显,纯黑表示理事双双泯蒙。理事双双泯而不见,为禅修之最高境界——"真空妙有"。对这个境界明代普明的描述是:"人牛不见杳无踪,明月光寒万象空。若问其中端的意,野花芳草自丛丛。"

佛教僧侣研习《易经》,不受"先以王注为宗,后以孔疏为理"的框框束缚,只要有利于佛经的解说、佛理的阐发、佛教的传播,他们不管是义理还是象数,不管是道家易还是儒家易,都兼取并收,以为己用。易入曹洞之佛宗是曹洞佛史的大事,同时也影响到整个佛学思想的发展方向。宋以后,禅、易糅合沟通的趋势更明显了。

中国佛教诸论与《周易》的关系 佛教中国化以后,吸收了不少《周易》的思想,结合佛教本身的说法,形成了一些具有中国佛教特色的理论。主要有:

其一,"积善余庆,积恶余殃"。《周易·文言》说:"积善之家,必有余庆;积不善之家,必有余殃。"这种说法,反映了儒家"福善祸淫"的观念,在佛教传入中国前就产生了广泛的影响。佛教传入中国后,发现这一观念与它的轮回说有相通之处,很快吸收了这一观念,形成了中国佛教的"因果报应"理论。它最早出现在《牟子理惑论》中:

> 所谓无一日之善，而问终身之誉者也。有道虽死，神归福堂；为恶既死，神当其殃。

这就是说，生前的善或恶将决定死后的灵魂轮回转生于福堂（天堂）或受灾殃。早期的佛教经典《阿含正行经》已把"福善祸淫"的观念引入佛教理论中：

> 施行恶者，死入泥犁、饿鬼、畜生、鬼神中；施行善者，亦有三相追逐，或生天上，或生人中。

在这里，不仅有佛教的天堂、人间和地狱的轮回场所，而且中国的善或恶成了报应的唯一决定因素，形成了具有中国佛教特色的因果报应理论。东晋佛教大师慧远在此基础上进一步提出"三报论"，他说：

> 经说业有三报：一曰现报，二曰生报，三曰后报。现报者，善恶始于此身，即此身受。生报者，来生便受。后报者，或经二生、三生、百生、千生，然后乃受。（《三报论》）

慧远根据轮回说，把因果报应说得更加丝毫不爽。只要办了好事或坏事,今生不报来生报,来生不报百生千世报,反正逃脱不了。这种说法,对佛教理论在现实世界实践中的失败进行了开脱和狡辩,给信仰者画了一个饼,虽不能充饥,但可获得精神安慰,使得中国式的因果报应理论更加精巧和圆滑。但它毕竟是劝人为善,具有一定的伦理学价值。"恶有恶报,善有善报,不是不报,时候不到",成了以后中国人价值取向上的一个坚定信念,影响深刻而广泛。

其二,"开物成务"。"开物成务"是《周易》的一个重要概念。《系辞上》说:"夫《易》开物成务,冒天下之道,如此而已者也。"这是《易传》作者对《周易》宗旨的总结。象数派认为,这是从八卦推演万物之数(开物)以及从卦象推知器物制作的方法(成务)。义理派认为,是圣人探研阴阳之理,创造筮法,用以开启人们理解万物的智力,然后成就事物。冒,覆也。冒天下之道,指《周易》中包含了天下事物的道理。

"开物成务"概念被东晋道安引申而成为佛教命题,即"无形不因,故能开物";"无事不适,故能成务"。"形",指人;"因",就,即协调一致的意思;"开物"指开通众生的智慧。第一句的意思是:只有无所执着,才能和各种人协调一致(目的是拯救他们),以开通他们的智慧。道安认为,修炼佛教的数息观(即安般)应由低向高发展,损去贪欲杂念,达到无为。没有执着，方能开通众生智慧，达到忘我忘人、人我一致的境界。如果没有贪欲，就能跟一切人或物相适合，从而成就一切事物。成就了一切事物之后，就能与万有打成一片，泯灭人我的区别。显然，"开物成务"成了佛教修炼安般境界时的一对重要概念。它和八卦筮法已无任何联系，"开物"演变为"开发智慧"，"成务"演变为达到泯灭人我区别的安般境界。

其三，"易即真如之性"。明代智旭倡导三教合一，以易解佛理。这个命题出自其《灵峰宗论》卷三："当知易即真如之性，具有随缘不变、不变随缘之义。""真如"在佛学中指事物的真实相状和真实性质，佛教各派别往往用"性空""实相""法界""佛性"来表述它。现代佛学者一般把"真如"解释为宇宙万物绝对不变的本体。智旭认为，"易有太极"，是说易理在太极之先，因而，易就与"真如"没有区别，同样是反映"本源佛性""真如之性"的宇宙万物绝对不变的本体。对这个本源佛性，"顺之则生死始，逆之则轮回息"。

智旭在同卷中又说："太极者，心为万法本原之谓。"佛教认为，心是万法本原。智旭以此与易中的"太极"概念画了等号，认为作为万法本原的心即是太极。这个心非无非有，非静非动，但又能动能静。这样，把"太极"又赋予了佛教的诸多思想功能。

总之，智旭的上述佛教命题，反映了千余年来易、佛糅合沟通的趋势，是他对这个趋势的概括和总结。但易理和佛理毕竟不是一码事，其间也有不少牵强附会之处。尽管如此，还是反映了《周易》对佛教教义的诸多影响。

《周易》与中国君主政治

《周易》虽为卜筮之书，但却是周初政治生活的产物。《易》中的阴阳变化理论，说到底还是要服务于当时的政治。因为，卦爻象和卦爻辞大部分是为决定当时的军国大事而在占筮实践中产生的，它的定型，无疑也是为这一经纶治国的实用目的服务的。过去有人认为易学为经世之学，不能说没有道理。按照六十四卦的范式，乾坤为天地之始，其后紧接着的屯卦，即创世之始。《屯·象传》说："云雷，屯。君子以经纶。"是说世界洪荒初创，君子治世如治丝，要从杂乱中理出头绪，建立正常有序的社会秩序。"经纶治国"显然是作《易》的根本目的之一。

"卑高以陈，贵贱位矣"的等级思想

《周易》用天地自然的有序来证明社会政治的秩序。《系辞上》说：

> 天尊地卑，乾坤定矣。卑高以陈，贵贱位矣。

天在上，地在下，有上下之分。社会中君主和王在上以临，臣和民在下以陈，必有贵贱位次。这就是《周易》由自然秩序所规定的社会秩序。"天不变，道也不变"，这种自然秩序不变，社会的政治秩序也不会变化，贵贱等级之分，是天经地义的。"变易"是《周易》的基本原则，但唯独在社会贵贱等级的问题上，它采取的是"不易"的方式，从这里可以看出维护当时实际存在的社会政治秩序，是作《易》的目的之一。

这个"不易"的方式是用爻位说来表达的。爻位说是由《象传》提出来的，一卦六爻，自初而上，从低到高，都有"贵贱位矣"的意义。在下位贱，在上位贵，但最贵的不是上位，而是五位。因为《周易》以中为贵，上位虽高，但不居中，二位虽居内卦之中，但位不高，只有五位，既处上卦之中，又在高位，故五位最贵，代表君主。《系辞下》对爻位的功能说得很明白："二与四同功而异位，其善不同。二多誉，四多惧，近也……三与五同功而异位，三多凶，五多功，贵贱之等也。"二和四同是偶数，三和五同是奇数，前者都属阴，后者均属阳，故曰"同功"。五是君位，二距五远，大得内卦之中，故居二位可以得到不少荣誉，亦即天高皇帝远，虽是臣属，但得自专。四虽与二同功，但距五近，近于君则必有戒惧,所谓"伴君如伴虎","臣不密则失身,几事不密则害成,是以君子慎密而不出也"(《系辞上》)。五为君,三为臣,贵贱不同,虽同功而位异,所以三位多凶,五位多功。在《周易》六十四卦的爻辞中大致反映了以贵贱等级为核心的这种二多誉、三多凶、四多惧、五多功的爻位规律。如乾卦九五爻辞:"飞龙在天,利见大人。"多数人认为是天子之占,吉祥之极,后来就把帝王称作"九五"之尊。一卦中的六爻,可据筮数阴阳刚柔的性质,变化无穷,引申出新的卦象。但一卦中的六个爻位的尊卑阴阳性质则是不变的,爻的变位是在爻位规定的范围内进行的,这样就体现了自然界阴阳天地秩序和人世间政治贵贱等级秩序的不变性。因此,《周易》的政治意识,首先是君主主义的等级意识。

"损上益下,民说无疆"的民本思想

周初的统治者,接受了商纣王亡国的教训,在维护等级贵贱制度的前提下,提出了"民本"思想。如被后世奉为圣人的周公旦首先提出"人无于水监,当于民监"(《尚书·酒诰》)的思想,意思是君王不要光用水鉴来照自己,要把群众当成一面镜子来对照自己。春秋早期,进步思想家们又把民作为神之主,"夫民,神之主也,是以圣王先成民而后致力于神"(《左传》桓公六年)。他们已经意识到,对于政治统治、

国家政权来讲，人民比神要重要；进而认为"民者，君之本也"(《穀梁传》桓公十四年)，明确提出了"民本"思想。

《周易》的民本主义思想与上述言论是一致的，但表达的方式不同。总的讲，它是以劝君王居安思危，劝君王必须要振民、保民、德民、教民、容民的形式出现的。

《周易》满纸充满了忧患意识，这大概和周公、武王接受商纣王"虐民"而亡国的历史教训有关。他们一再告诫后代，这个教训要永志不忘，这是周人的伟大和高明之处。这一精神财富在《周易》中记录和流传，广泛深切地影响了中华民族，激励了人们永远自强不息的精神。《系辞下》说：

> 危者，安其位者也；亡者，保其存者也；乱者，有其治者也。是故君子安而不忘危，存而不忘亡，治而不忘乱，是以身安而国家可保也。《易》曰："其亡其亡，系于苞桑。"

要把居安思危的忧患意识落实到实际政治生活当中，就必须要容民、保民、德民。这种意识，实际上成了其以民为本的动力和出发点。有危险存在，它将危及王位，它源于"失臣"和"失民"，那么还有什么理由不重民呢？所以在《周易》的卦爻辞传中间，充满了德民、容民的思想。如：

《师·象传》："地中有水，师（☷☵）。君子以容民畜众。"师卦言讨伐出征，卦象是水积蓄于地中。民为兵之本，只有平时善待民众似储蓄之水，战时才有用之不竭的兵源。

《临·象传》："泽上有地，临（☷☱）。君子以教思无穷，容保民无疆。"临卦上坤下兑，兑为泽水，坤为地，泽水之上有陆地，此为大泽，其容量无限。君子观此象而效法之，应当使自己像泽水与陆地那样和民众相临无间。教化民众没有尽头，像大泽容量无限一样，容纳和保护民众也没有止境。再就变卦和爻位而言，两阳爻屈居四阴之下，体现了如君王能亲临于下，下必敬于上，上位者就大有发展前途。于是由临一变而为泰（☷☰），再变而为大壮（☳☰），三变而成夬（☱☰），四变而成乾（☰☰）。所以又说："临，刚浸而长"（《临·象传》），"临者，大也"（《序卦》）。这一卦说明，统治者如能屈尊就下而亲临于民，体恤和保护下民，其发展前途才会远大。

《兑·象传》："兑，说也。刚中而柔外，说以利贞。是以顺乎天而应乎人。说以先民，民忘其劳。说以犯难，民忘其死。说之大，民劝矣哉！"说同悦，卦名之义为喜悦。以喜悦之事引导民众，他们会忘其劳苦；以喜悦之事勉励奖励他们犯难赴死，他们会忘其死。可见使民众高兴所起作用之大——能让他们奋勉而勇敢。此卦提出了一个很重要的政治原则，即以"民悦"为治理民众的目标，要想顺乎天道（社会发展规律），必须应乎民众之心，人心所向，是政治的根本。民众一旦安居乐业而喜悦，什么事情都可以办成。那么，如何达到民悦呢?《益·象传》对此做了回答：

> 益，损上益下，民说无疆。自上下下，其道大光。

要达到民众喜悦，就得损上益下，即损有余而补不足，从而达到适中的均衡状态。这可以理解为财产的均衡，或理解为法律、政治和权力的均衡，无论是哪一种，其最终效果都是要达到民悦。作为统治者，如果能从高高的地位上走下来，就会赢得民心，赢得社会的安定，从而也会给其政权或统治带来光明。由此可见，《周易》的民本主义思想表达得是相当深刻、细致而且条理化。这种民本主义思想，在以后历代的帝王统治中，影响极大。可以说，凡是有作为的封建帝王，都在这一思想指导下实行各种宽民政策，从而赢得了一朝一代之繁荣。如汉代"文景之治"和唐初的"贞观之治"，都是这一政治思想的实践。唐初帝王受其影响最大，所谓"民能载舟，也能覆舟""以人为镜"等思想正是西周以来民本思想的升华，并在政治实践中取得了良好的效果。

民本主义思想是《周易》乃至先秦儒家学派始终如一的观点，是他们政治思想中比较光彩的部分，是当时时代精神的精华。当时的天子和众诸侯大多以此为标榜,而真正付诸实践的却难找到一人。孔子为此周游列国,到处寻觅,栖栖遑遑,却没能说服一个国君。孟子把《周易》的民本主义思想发展到极致,他说:"民为贵,社稷次之,君为轻。是故得乎丘民而为天子。"孟子说的是至理名言,但其游说列国的结果并不比孔子更好,因为当时武力兼并是历史发展趋势,非人力所能改变。随后法家反儒道而行之,走向民本主义的反面。在秦始皇统一中国的过程中,法家理论的历史合理性得到证明,但这种理论的致命弱点也被人看得清清楚楚。君主专制主义曾经是合理的,进步的,但它否定民权,否定除君主之外的一切政治权力,必然会被历史所淘汰。

"顺乎天而应乎人"的政治变革思想

《周易》中有着丰富而深刻的改革思想。

革卦卦辞说:"革,巳日乃孚,元亨,利贞,悔亡。"

《革·象传》解释说:"革,水火相息。二女同居,其志不相得,曰革。巳日乃孚,革而信之。文明以说,大亨以正,革而当,其悔乃亡。天地革而四时成。汤武革命,顺乎天而应乎人,革之时大矣哉!"

现代汉语中"革命"这个词,最早即出自《周易》这段话。革卦的卦象和卦爻辞是专讲革命或社会变革的原因、动力、策略及其伟大意义的。

《周易》首先通过革卦的卦象讲了变革的原因和必然性。革卦卦象为"☱☲",上卦兑为泽,下卦离为火。水在火上,二者必不相容,不是水浇灭了火,就是火烧干了水,其结果必然是水火相息,改变原有状况而产生新的事物。因此《杂卦传》又解释说:"革,去故也。"即去掉旧事物,产生新事物,这就意味着改革或革命。二女同居也是同样的道理,二女共居一室,同事一夫,则必然争宠相妒,同性相斥,其结果也是要改变同居一室的现状,这也象征着革命或改革。虽然这种唯象思维的比喻、象征显得有点粗俗、直观,但毕竟还是把改革的原因和必然性讲清楚了。

《周易》进一步认为,改革的成功与否,在于"革而当,其悔乃亡"。变革对社会政治生活来讲,是一项非常行动,把握不好,就会出大乱子。因此它强调"巳日乃革"。《说文·巳》说:"巳,已也,四月阳气已出,阴气已藏,万物见成文章,故巳为蛇形。""巳日"就是一种改革的适当时机,此时代表正气的阳气已经萌发,代表恶气的阴气已经敛藏,故可为改革提供更多的成功机会,这是讲变革的环境或客观条件。同时《周易》更讲变革的内在条件,即变革要孚、信、说(悦)、正。孚和信同义,都是讲真实、真诚、信义的,也就是说要实事求是,取信于民,要"革而信之"。说通悦,就说改革者本身是文明的,是喜悦的,而不是占山为王的草莽举动。正即正道,坚贞的德性,有了这种正气,就可以"大亨",即无限顺利通达。这样,既善于把握改革的外在时机,本身又一身正气,诚信文明,就具备了改革"大亨"的条件。

"顺乎天而应乎人"是对社会政治变革必要性和规律性的高度概括。"天地革而四时成",天地的变化,如日月往来,寒暑消长,演成了春、夏、秋、冬四个季节,这是一种自然规律。但古人相信天和人是相感应的,因此自然规律也被体现于社会规律之中,这就是"汤武革命,顺乎天而应乎人"。也就是说商汤革夏命、周武王革商命,是符合天道规律的,并把这种规律应用到社会发展上,天道要变化,世道也应随之而变化。因此,社会革命和社会变革,都被认为是必要的政治行动,因为它符合天道和世道必然发生变化的规律。变革或革命,是社会发展的动力,是社会前进的杠杆,《周易》举"汤武革命"为例,最后说:"革之时大矣哉!"强调了社会革命对于人类进步、社会政治进步的巨大意义。

《周易》革卦的变革思想是以大人君子为革命主体的,大人革心;小人只能革面,跟着大人君子革命。如革卦爻辞说:

九五爻:"大人虎变,未占有孚。"
上六爻:"君子豹变,小人革面,征凶,居贞吉。"

《象传》:"小人革面,顺以从君也。"

"虎变",像虎纹那样明显可见,比喻大人领导的变革顺天应人,事理显著,诚信而公正。所以不用占筮,他的诚信就被人看得清清楚楚。"君子豹变"与大人虎变只是程度上的不同,有人解释"虎变"为文王、武王的革命创制,"豹变"指成王、康王继体守成,润色鸿业,犹如豹的文理细密。小人处在被统治的地位,不掌握文化,在变革中,往往是"革面"不革心,虽然"顺以从君"而革命,但内心未必有认识。革命和变革初步成功以后,最宜居安守正,不要妄发战争。如果一味地采取激烈行动,必定有凶。

君子、大人是变革的主体和领导者,但他们的变革思想却充满着矛盾。一方面主张变革,另一方面他们又对变革十分胆怯,往往造成各式各样折中的变革主张,这对后世的许多改良主义者都有深刻影响。如北宋的程颐曾这样评论"革"之义:"天下之事,革之不得其道,则反致弊害,故革有悔之道。唯革之至当,则新旧之悔皆亡也。""革之至当"就是要把握平衡,照顾新旧各方势力的利益,不能过分,这样才能使新法和旧制的矛盾不致激化,而归于和谐。《周易》君子、大人的变革思想,还强调自上而下,以不损害统治阶级整体利益为基本框框,不允许自下而上的改革运动。因此,所谓改革者，"必有其位，有其才，审虑而慎动"。一句话，只有上层统治阶级才有资格变革，并充当改革的领导。因此，受《周易》变革思想影响的封建时代的种种改革，往往把社会变革的根本意义颠倒过来，变成了有名无实的空谈。

《周易》的政治思想是极其深刻而丰富的，以上我们仅就其主要的部分，如君主主义、民本主义与革命和改革的思想等做了一点介绍和分析，并对其在以后帝王统治中的影响做了简单的说明。其实，《周易》作为经世之学，作为传统思维模式的聚核，对中国两千余年封建政治的各个方面，都有着深刻的影响。如它所提倡的"尚贤""养贤"思想、"为政以德"思想、"多难兴邦"思想、"得道多助"思想、"因时制宜"思想、"不伤财，不害民"思想、"以制数度议德行"思想、"节以制度"思想、"为政廉洁"思想、"思不出位""立不易方"的决策思想、"不结朋党"思想、为政"自治用明，治民用晦"思想等，都是我国古代经世之学的精辟论题，对我国古代政治制度、政治理论、政治思想的形成和发展，都起到了很大作用。

《周易》的教育神圣思想

中国自古以来非常重视教育，尤其是《周易》及其儒家学说系统，强调创造、追求文明，倡导具有"四德"的君子和大智大慧的圣人这种理想人格，然后又指示人们反身修己，恐惧自省，来达到人生的理想目标。因此，这个学说系统特别重视教育，肯定教育的意义，并在实践中把教育启蒙、培养正道视为"圣功"，视为神圣的事业。

在《周易》形成时代，教育思想是同当时的哲学思想、政治思想、伦理思想，甚至是文学、宗教思想混杂在一起的。这一点无论在《周易》或是孔子的《论语》里面，都看得很清楚。有些命题，如"修身""省己""教化"等，既可看成是伦理的、哲学的，又可看成是教育的思想。这时教育还没有作为一门独立的学科，从整个社会科学中分离出来。尽管如此，我们还是可以从《周易》对教育方面的一些曲折表达中，整理出其基本的教育思想和教育主张。

教育问题包括教育者和受教育者两方面。教育者的教育方法与受教育者的接受方法以及他们共同的如何进行自我教育，是当时教育思想的三个重点问题。从某种意义上来说，自我教育是当时的教育核心思想。它强调自我修养、自觉学习，而不是灌输式或强迫式的学习，这一点发展到今天就是教育的自觉性原则。自觉性原则是成功教育的必由之路。

"反身修德"的品德教育思想

品德教育是古代教育的核心之一，也是《周易》中谈得较多的一方面。它的主要论点是：

要"闲邪存其诚"，"德博而化"。(《乾·文言》)"闲邪"即"无邪"，劝人要摈弃邪念而存诚信之心，积德广博时自然而化，要以忠信进德修业。

要谨言慎行，慎密而不出。(《系辞上》)

认为善恶皆由积成，要能防微杜渐、改过迁善以及见机而作。(《坤·文言》《系辞下》《益·象》)

认为人贵有恒心，"立心勿恒，则凶"。(《系辞下》)

要"恐惧修省"(《震·大象》)，"反身修德"(《蹇·大象》)。

除了以上诸条，《周易》中还有许多修德、修身的言论，不再赘述。值得指出的是，这种品德教育思想和当时的道德伦理思想是一回事。从伦理方面看，它要人自我修养，而不是修养别人，即反身修己，遇事自责自省，自慎自密。从教育的角度看，它是强调"德"是自修而得的，是自我反省、自我教育的结果，非强制灌输所能养成。

"智崇礼卑"的智力教育思想

《系辞上》说："夫《易》，圣人所以崇德而广业也。知(智)崇礼卑，崇效天，卑法地。"知，即智力。《易传》把提高智力看得比等级制度的礼还重要，足见其对智育培养的重视。

怎样提高智力呢?《乾·文言传》讲:"君子学以聚之,问以辩之。"就是说,智力的提高要靠学习,要靠学习的不断积累;要多问,多请教;请教之后,还要辩之,要经过思考而消化成自己的东西。"学以聚之,问以辩之"道出了学习循序渐进、勤于思考的规律,是一个了不起的发现,这和孔子《论语》的概括是一致的。《论语》中说,"学而时习之"(《学而》),"学而不思则罔,思而不学则殆"(《为政》)。

《周易》的这种智力教育思想,对我国的古代教育影响很大,它成了历代教育家和受教育者的座右铭。

"神道设教"的教化思想

"神道设教"是以宗教鬼神的观念来教化普通老百姓。教化不是学校的知识教育,古代虽有庠序,但仅仅限制在统治阶级成员内部,劳动群众是绝对没有份的。所谓"民可使由之,不可使知之"(《论语·泰伯》),指的就是百姓与知识、学校无缘。那么,广大百姓的教育如何解决呢?《周易》主张采用"神道设教""观民设教"的教化方式。

神道设教的教化面非常宽,包括老百姓,也包括贵族的大部分。其本质内容是让人们树立虔诚的宗教意识和鬼神观念,相信有一种神秘的力量决定着他们的命运和能够为他们解决疑难。通过这种教化,把百姓纳入礼义的轨道。教化的形式多种多样，概括起来，主要是祭祀、卜筮和各种地方性的宗教崇拜活动。祭祀对古人来说，是无所不在的活动，先是祭天地，后是祭各种神鬼，再后主要是祭祖先神灵。这些"神道"的妙用大得很，它能使人们变得虔诚、敦厚、老实，安分守己而不越轨。

观卦集中体现了神道设教的观点。它说："盥而不荐，有孚颙若。"

《彖传》解释说："观，盥而不荐，有孚颙若，下观而化也。观天之神道，而四时不忒。圣人以神道设教，而天下服矣。""盥"是祭祀前要用专门的"盘""匜"等铜礼器洗手，以免亵渎了神灵。"荐"是用干净的手献上祭品。"有孚"即有诚信。"颙"，观仰。意思是，对待祭祀要保持盥而未荐时的诚敬庄严、始终不懈。而君主非常诚信肃敬，为臣民做出了榜样。臣民在君上的感化下，也必尽其诚敬，颙然观仰，自然地学着君上的榜样做。因此，这样可收到《彖传》所说的"下观而化"的效果。

观卦卦象是"䷓"，上卦为巽为风，下卦为坤为地，象征着风吹大地，吹拂万物以行教化。后世的所谓"风化"一词即源于此卦象。故《观·象传》说："风行地上，观。先王以省方观民设教。"而《彖传》则从爻位说来解释神道设教："大观在上，顺而巽，中正以观天下。"即下卦坤的性质是

《周易》与中国思想文化 | 207

顺,上卦巽的性质是从,四个阴爻相连,象征柔顺地服从观仰。九五阳爻得阳位而又居上卦之中,象征着当时最高的德行"中正",象征着最高统治者以中正之德展示天下。而在下者看到盛德,遂被感而化。因此,圣人观天之神道,能掌握四时的变化不出差错("不忒");以神道来设教,能使民众和万物咸服、感化。

神道设教显然是运用国家力量所施行的一种教育方式。其实质是,以神道来愚弄百姓,而使之纳于礼、仁、义、智的纲常之道。"神"在《周易》中并非虚无缥缈的超自然力量,而是"阴阳不测之谓神"。《周易》认为,天地是自然的,但其变化又是神秘莫测的。因此,它心目中的神不过是自然界看不到摸不着又变化无穷的神圣而难知的东西。对《周易》而言,它的神道设教,显然是为了教化百姓,巩固统治者的社会秩序。

"神道设教"的教育方法,可能比任何说教都更有感召力。在上者要求大家做到的,首先自己要做到;要百姓重视祭祀,首先自己要重视祭祀;要百姓诚敬而归于礼义,首先自己要诚敬而归于礼义。它是以榜样的力量,以感召的方式,来达到教育目的的。所谓"身教"重于"言教"的教育方法,以及"身教"潜移默化的教育功能,在《周易》的教育思想中得到了最初而深刻的体现。因此"神道设教"对中国封建社会教育的影响十分深远,可以说,中国先秦以后任何朝代的封建统治,在很大程度上都是靠神道设教来维系的。在神道设教的教育思想中,既有以神鬼来愚弄百姓的迷信因素,又有"身教""感化""风化"等积极的教育科学因素。对这份传统文化遗产,去伪存真,去迷信而存科学,有分析地批判继承,是现代教育学的任务之一。

"童蒙求我,非我求童蒙"的发蒙教育

《周易》中的蒙卦是专门讲教育问题的。

蒙卦卦辞曰:"蒙,亨。匪我求童蒙,童蒙求我。初筮告,再三渎,渎则不告,利贞。"

《彖传》解释说:"蒙,山下有险,险而止,蒙。蒙亨,以亨行时中也。匪我求童蒙,童蒙求我,志应也。初筮告,以刚中也。再三渎,渎则不告,渎蒙也。蒙以养正,圣功也。"

蒙,是蒙昧、幼稚的意思,在这里引申为启蒙、发蒙、教育。因为蒙昧,所以才要启蒙、教育。"匪",同非。"童蒙"指幼稚蒙昧之人。"渎",本义是水的渠道,这里引申为冒犯、亵渎的意思。"养正",培养正道;"圣功"即神圣的事业。

蒙卦卦象为"䷃",下卦坎,为水为险;上卦艮,为山为止。故说"山下有险"(《彖传》),"山下出泉"(《象传》)。它象征山下有一股泉水冒出来,无现成的沟渠可循,必然行险

到处而流,显示了事物的一种暗昧不明状态。"止"意味着踌躇不前,内心恐慎,也象征幼稚蒙昧,故取卦名为蒙。

"童蒙求我,匪我求童蒙",体现了一条重要的教育原则,即在一般情况下,受教育者必须是自愿的,主动的。老师与学生之间的关系应当是"志应"(志同相应),而不是强制。强制不会收到预想的效果。

"初筮告,再三渎,渎则不告"是用卜筮的原则比喻教育方法的原则。卜筮一般只进行一次,如果不满意而再三占筮,则是对神灵的亵渎,神灵便不告诉你吉凶了。童蒙来求教,应当诚心诚意,问过一次,老师指导之后,就要深刻领会旨意,求得贯通。若自己懒得动脑筋,再三问老师,这样的学生,不用心学习也无能力学习,老师可以不再理睬他。其实,这里是在强调启发式教育,正如孔子在《论语》里讲的:"不愤不启,不悱不发。举一隅不以三隅反,则不复也。"(《述而》)学习的动力在于发愤,只有发愤才会主动求学。对那些举一不能反三、不动脑筋的学生,必须启发他自己想,而不是把结果再三地告诉他。

蒙卦的六爻爻辞还把受教育者分为多种类型,并讲明了对他们不同的教育方法。

初六爻辞:"发蒙,利用刑人,用说桎梏,以往吝。"《象传》:"利用刑人,以正法也。"初爻代表的可说是顽固不易教化的童蒙，也说明了在开始发蒙的阶段是不容易的。因此，可以像对待刑人那样，制定适当的法规或纪律，以约束受教育者，使他们有所戒惧，不敢懈怠。这和前面谈到的主动性原则是相辅相成的。

九二爻辞："包蒙吉，纳妇吉，子克家。""包"即包容；"克"，担负。九二爻居下卦之中，阳居阴位，性格中庸，故能包容。九二是阳，代表丈夫；六五是阴，而居阳位，代表性格刚强的妻子。这个家庭的吉祥，在于丈夫的包容，故曰"纳妇吉"。爻象反映的中心是包容，故曰"包蒙吉"。这一爻指大多数的群众，他们人数众多，资质各异，教育时不能强求统一，应当并含包容。这种包容教育思想，后来引申为"有教无类"。不管是什么人，只要童蒙求我，都一视同仁地教育他们。这种思想在等级森严的阶级社会中虽不可能实现，但实在是难能可贵的。以后的封建统治者，也多以"有教无类"的教育思想相标榜。特别是在私学中，确实有努力实践这种思想的倾向。

六三爻辞说："勿用取女，见金夫，不有躬，无攸利。"《象传》曰："勿用取女，行不顺也。""取"即娶；"金夫"，财势大的男子；"顺"，慎。这里用一个女人比喻一类蒙者。这个女人不专一，见到一个财大气粗的好男子就动了心，跟人家走了。她的这种蒙昧是由于主观上的修身不洁造成的，无可救药。对这一类人要"勿用取女",不用理睬他。

六四爻辞说:"困蒙,吝。"《象传》:"困蒙之吝,独远实也。"困顿蒙昧,令人懊悔。这是自我封闭、孤陋寡闻的一类,他们与现实世界相隔绝,远离现实,故曰"独远实也"。这类人很难接受教育,他们的蒙昧别人很难启发。

六五爻辞说:"童蒙,吉。"《象传》曰:"童蒙之吉,顺以巽也。""巽,入也"(《说卦传》),有接受的意思。童蒙是纯一未开化的蒙者,自有谦虚恭顺的本性,容易接受别人的启蒙而加以消化、吸收,所以吉祥。

上九爻辞说:"击蒙,不利为寇,利御寇。"《象传》说:"利用御寇,上下顺也。"上九在六爻中位置最高,颇具阳刚性质,象征着刚烈而不能行适中之教的严酷师长,与九二爻的大度包容的师长形成鲜明对照。他的治蒙方法是猛烈的,故曰"击蒙"。大概在这个师长门下者多是冥顽不化者,故需要在其头上猛击一掌,以期他们能幡然醒悟。这种教育方法的得失关键在于掌握分寸。分寸适中,目的正确,理由充足,猛击之后,利于"御寇",即利于他们幡然改过,不致为寇。倘若居心不正,击之过猛,则这师长本身也与寇一样了。

蒙卦所讲的教育原则主要是受教育者自愿、主动地接受启蒙,并能举一反三,善于动脑筋。老师的启蒙方法以启发式为主,并辅以强制式的约束。教师的自我修养被看作教育的至关重要的因素，他要善于包容，胸怀大度，品德优良，对学生一视同仁，有教无类。但是，教育不是万能的，对那些修身不洁、孤陋自封的人，其蒙难启，可猛击一掌，或许奏效。

《周易》与传统美学

美学，是研究人对现实的审美关系的一门科学。人对现实的审美关系主要表现在文学艺术当中，因而美学的研究对象是艺术。但美学并不研究艺术中的特殊问题，而是研究艺术中的哲学问题，所以美学又可称作艺术哲学。

中国具有数千年的文化传统，在文学、绘画、书法、音乐、雕塑、舞蹈、建筑等艺术领域内，蕴含着十分丰富的美学遗产，如举世瞩目的万里长城、秦兵马俑，北京故宫、龙门石窟、清明上河图等。中华民族是追求美和实践美的民族，她既有一大批精湛的美学作品，又自先秦起不断地研究着美的理论。产生于先秦的《周易》，就是我国艺术哲学和美学理论的奠基之作。

"观物取象"：现实主义的滥觞

现实主义是文艺发展史上的主要流派之一。它扎根于现实生活,强调写实。它所创造的艺术形象,往往是现实生活中客观存在或可能有的。《周易》提出的"观物取象"的思维模式,对文艺创作的现实主义倾向产生了深刻的影响,是现实主义的滥觞。

"观物取象"的思维方式离不开物象。它以物象为工具,通过类比、联想和象征,把具体的经验普通化、公式化,进而描写一切事物。关于这一点,《易传·系辞》说得很明白:"仰则观象于天,俯则观法于地,观鸟兽之文与地之宜,近取诸身,远取诸物,于是始作八卦,以通神明之德,以类万物之情。""观"与"取",乃是这一过程的两个阶段:所观之物,是大自然和人类社会生活中客观存在的具体事物;所取之象,是模拟这些具体事物,使之成为具有象征意义的"易象"。如乾卦以"龙"为象,"潜龙勿用"——"飞龙在天"——"亢龙有悔",讲述了乾卦变化的道理。这种"易象"已经不是大自然或社会生活中的具体事物,不是"依葫芦画瓢",而是经过作者加工、选择、概括和重新组织的产品。这时的事物不再是其自在事物的自身,而是融合一定理解和想象后的客观形象——"象"。这种相像,不是"影子式的摹仿",而是"创造性的摹仿"。

取象思维模式,为中国传统哲学与艺术的思维方式开了先河。独树于世界民族之林的中国书画艺术就沿着这条道路走了数千年之久。如中国的书画艺术家常说这样一段话："可以刚柔赅其情，动静括其态。象之刚者，如龙威虎振、松耸峰危是也。象之柔者，如鸟散萍开、柳舒花放是也。象之动者，如飘风忽起、惊鸟乍飞是也。象之静者，如叶里红花、云中白日是也。……掘绝俗念，凝神静思。刚柔之情，动静之态，得于心，应于手，发于毫，著于纸。"（李巍：《〈周易〉的思维方式在中国画发展中的特殊地位》，《周易研究》1993年4期）这段话中的"象"，具刚柔之情、动静之态，显然不是对外界事物的直接模拟，但也不是主观情绪的任意发挥，明显是《周易》取象思维方式的继承和发展。其本身具有很大的联想余地，但始终又是以客观存在的现实为注意中心。它偏重的不是生活理想，而是现实本身；它强调的不是写意，而是写实；它所创造的审美形象，不是寄托理想的造境，而是摹仿现实的写境。这一切，恰恰构成了现实主义的主要因素。

"立象尽意"：浪漫主义的滥觞

现实主义与浪漫主义是文艺创作的两大主要流派。二者的不同是：前者强调写实，后者强调写意；前者偏重现实，后者偏重理想；前者创作的审美形象往往是现实中的客观存在或其变体，后者所创作的审美形象多带有假想的特征，往往不是现实中实际存在的。

《易传·系辞上》说:"圣人立象以尽意。"王弼在《周易略例·明象》中说:"象生于意,故可寻象以观意。"所谓"尽意",是在人们观察了客观存在的天、地、物、身形成了深刻印象之后,再通过想象、幻想、假设,虚构某些形象,以表情达意。如泰卦的卦象"☷☰",地在上,天在下,就是一种虚构的易象。它表达了天地交感而生变化的深刻含义。因为天气属阳,有上升的功能;地气属阴,有下降的功能。天在下阳气上升,地在上阴气下降,必然产生交感而生变化。这种变化是动象,有动象就不会停滞,就会亨通顺达,所以泰卦象征吉祥吉利。它符合事物发展的规律,通过乾坤颠倒的虚像或假象,把交感变化的深刻哲理淋漓尽致地发挥出来了。

为了"尽意",《周易》中不仅有实像(天地、风雷等)、义象(乾健坤顺等)、用象(吉凶等),还有假象和虚像。通过一些幻想、虚构、假设,让作者展开了想象的翅膀,在已知世界或未知世界任意飞翔。如在第六十三卦既济之后,突然地以未济卦告终,《序卦》解释说:"物不可穷也,故受之以未济终焉。"《周易》作者的这种安排,给人留下了无穷的韵味,使人们的思维有无限驰骋的余地,它反映了人们对事物客观规律的永不满足的热烈追求,还向人们展示了一个未知的彼岸世界。这种深意,是不可能用"观物取象"来具体描述的,它给人以无尽的遐想,吸引着千秋万代的人们永不停息地去描绘、幻想,去追求、探索……

"立象尽意"的思维方式,促成了中国人观物索意的心理倾向。从文艺创作和表现方法上来看,它培养和引导了艺术家们对"意境"的追求。如在文学艺术领域中,中国有着异常发达的以抒发主体情感为主的诗、词、曲、文、赋、书等,而注重于描写生活再现的小说则比较薄弱。即使在小说中,也穿插了不少诗、词、曲、赋以尽言不能传的"意境"。再如,"气韵""传神""风骨""虚实""性灵"等范畴,是中国文坛艺苑始终追求的艺术最高境界,数千年来一直被奉为圭臬。"神""妙""逸""能"也被视为艺术批评的标准。显然,这种意境和批评的标准,都是易学精神的移用和发挥,"观象尽意",把中国的艺术和文学引向了不以形似而以神似为美的写意道路。

"立象尽意"与"观物取象"对文艺思维的影响显然不同。前者偏重于理想和情感,其所立之象,不是写实而是写意。其审美境界,不是模拟现实的"写境",而是寄托理想和情感的"造境"。因此,"立象尽意"是我国文艺传统中浪漫主义的滥觞。

"寓和谐于对立之中":朴素的美学观念

"阴阳对立而又和谐"的辩证观念,无论是在八卦、六十四卦的卦形符号中，或是在卦爻辞的哲理喻示中，都明显地反映出来。它是《周易》哲学体系最基本的思想之一。

这种辩证观念既具有哲学意义，更具有美学意义。我国古代建筑、绘画、音乐、舞蹈、文学等各门类的艺术实践，常常体现着这一美学观念。

对音乐而言，《礼记·乐记》在强调音乐的和谐美时指出："使之阳而不散，阴而不密，刚气不怒，柔气不慑，四畅交于中，而发作于外。"

对绘画而言，《周礼·考工记》在叙述绘画设彩时指出："画缋之事，杂五色"，"青与白相次也，赤与黑相次也，玄与黄相次也"。这指明绘画对色彩和谐的要求，如不和谐则无美可言。

《文心雕龙》在论文学声律时也认为，"异音相从谓之和"。

舞蹈中的"八卦舞谱"，以阴阳为纲纪，以卦爻的方位作为舞蹈动作的方向标，以五行定位，用咒语解说手势的变化，解说步法运动的方向，协调音乐、节拍、舞步的先后次序，使舞蹈中的千姿百态都和谐如一，优美异常。

书法中的"绵里藏针"，笔画肉丰见骨，外柔内刚。这体现了《周易》的阴阳相摩和太极图中的"阴中有阳，阳中有阴，孤阴不生，孤阳不长"的道理。后代的书法家把它发展为"寓刚健于婀娜之中，行遒劲于婉媚之内"的审美思想，追求刚与柔、阴与阳的完美结合。

古代建筑艺术中，更是把种种亭台楼阁置于互相对称的两侧，其内部的间架结构也互相对称，形成了多层次的和谐匀称的整体或局部布局，在对立中再现了和谐之美。

上举诸类，无不把艺术之和谐寓于对立因素的交错搭配、相互比照之中。如果追溯这种美学观念的渊源，不能不上溯到《周易》的阴阳学说这一朴素辩证的观念。

阴阳的对立与和谐在《周易》中比比皆是，阴阳爻的三重组成了八卦的和谐，乾与坤对立，震与巽对立……六十四卦构成了三十二对对立而和谐的整体。"和谐"在《周易》中是用"中正""得中""时中""中行""中道""在中""行中"等术语来反映的，共有二十九种，涉及三十六卦、四十三爻。可见《周易》对"中"与"和"是何等重视。所谓"保合太和，乃利贞"，是中国美学的核心审美价值观之一。因为一切事物或生物，都需要处在"中和"的阶段才能更好地发展与生存。从美学角度上说，人的审美活动本身，就是要使人心灵趋向平和，达到真、善、美的自我修养境界。因此，《周易》的"寓和谐于对立之中"的艺术哲学，对中国传统文艺领域的各个方面，都产生了深刻而广泛的影响。

《周易》与中华民族精神

每个民族都有自身独特的精神风貌。这种民族精神是在民族文化的深层次中，经过长期积淀、塑造而成的，它反映了民族精神文化的一般性特质，是一个民族特有的道德、伦理和价值观念。这种特质会在一个相当长的历史时期内相对不变，从而影响该民族的历史和文化发展进程。它是民族文化中的聚核，是一个民族的文化之魂。

《周易》作为中国文化的源头活水，不仅长期地影响了中国传统文化各个方面的发展，而且塑造了中华民族的民族精神。这在中国人的人生价值意识、时代忧患意识、社会改革意识、德业日新意识、文化包容意识，以及自强不息、谦恭俭让的民族性格中都可以明显地反映出来。

"吉凶与民同患"的时代忧患意识

忧患意识是中华民族文化中一种突出的道德价值概念，是一种根源于高度历史自觉的社会责任感和敢于承担人间忧患的悲悯情怀。"以天下之忧为忧"，"生于忧患，死于安乐"（《孟子·告子下》），是这种时代忧患意识的集中体现。这种人文价值理想或精神境界，最早、最鲜明地体现在《周易》之中。

首先，《易传》的作者对《易》的产生并未作任何神秘的夸张，相反地却把《易》归结为在艰难环境中人的忧患意识的产物。"《易》之兴也，其于中古乎？作《易》者其有忧患乎？""《易》之兴也，其当殷之末世，周之盛德邪？当文王与纣之事邪？"（《易传·系辞下》）这就是说，当殷周之世，文王、周公等率"小邦周"要战胜"大邑商"，当然面对着重重困难和艰危环境。文王曾被囚于羑里，小邦周曾多次隐忍而屈从于殷纣王，种种忧患和险境，迫使周人谦慎自持，以德待民，艰苦振兴，不仅创撰了《周易》，而且推翻了纣王的暴政。因此，《易传》作者解释说："是故其辞危，危者使平，易者使倾，其道正大，百物不废，惧以终始，其要无咎，此之谓《易》之道也。"

的确,《周易》中反复强调了"惧以终始",以求无咎的忧患思想。如"朝乾夕惕""居安思危""外内使知惧""困穷而道"等。特别是《易传·系辞》中提出的"吉凶与民同患""明于忧患与故"等光辉命题,强调了时代忧患意识。个人的吉凶祸福与天下之忧是远不能对等而论的。这里要人们增强洞察时艰、体察民情的群体意识,不仅要"与民同患",而且要深知忧患的本质与根源,为消除群体忧患而"鞠躬尽瘁,死而后已"。

"吉凶与民同患"的忧患意识,对中国传统价值观念,特别是对历代的志士仁人产生了巨大的影响。屈原的《离骚》,司马迁的《史记》,岳飞的英勇抗金,文天祥的慷慨悲歌,无不是在这种意识下而成就的伟大事业。古今更有一大批不知名的志士仁人,在这种忧患意识的指引下,"忧道""忧时""忧国""忧民",怀着报效民族的决心,抛头洒血,在所不辞。正如鲁迅先生所说:"我们从古以来,就有埋头苦干的人,有拼命硬干的人,有为民请命的人,有舍身求法的人……虽是等于为帝王将相作家谱的所谓'正史',也往往掩不住他们的光耀,这就是中国的脊梁。"

上述的忧患意识,既有深沉的历史感,又有强烈的现实感;既有高度的自觉性,又有责无旁贷的社会责任感。它有别于印度佛教的悲愿思想,也不同于西方美学的悲剧意识，而是中华民族文化所特有的一种自觉的人文精神。中华民族历尽苦难而不衰，受到多次入侵而依然屹立于世界东方，正是以这种"天下兴亡，匹夫有责""殷忧启圣，多难兴邦""生于忧患，死于安乐"的浓郁的忧患意识，作为民族发展的无穷无竭的内在动力。忧患意识，是中华民族得以长盛不衰的精神支柱，是我们最值得珍视的民族之魂。

"革去故，鼎取新"的社会改革意识

人类社会是一个由多种矛盾构成的复杂共同体。社会的每一个巨大进步，都是和其政治上、经济上、文化思想上的革命或改革分不开的。没有改革，社会进程就会被阻滞，该民族也会落后于其他民族国家。因此，一个民族社会改革意识的强弱，往往决定某个历史阶段该民族社会的进步与否。改革可以说是一个民族兴旺发达的最重要的社会意识条件之一。

社会和自然的变革不可逆转，不可违阻，是一种客观潮流。但反映为主观上的改革意识，特别是社会改革意识，却需要自觉地树立。《周易》正是讲"变易"的书，它认为自然界和人类社会的根本法则在于变通，"穷则变，变则通"（《易传·系辞下》），被视为客观必然规律。对社会而言，变革是"顺乎天而应乎人"的事情。《革·彖传》说："天地革而四时成，汤武革命，顺乎天而应乎人。革之时大矣哉！"日月交替的变化形成了自然界春夏秋冬的发展规律，商汤和周武王的革命，也顺乎社会发展潮流，符合社会大多数人民的意愿。所谓"应乎人"是要为民请命，为民变革。取得民众的信任，是变革成败的关键。这一社会改革意识在革卦中得以充分展开。

革䷰，已日乃孚。元亨，利贞，悔亡。

初九：巩用黄牛之革。

六二：已日乃革之，征吉，无咎。

九三：征凶，贞厉，革言三就，有孚。

九四：悔亡，有孚改命，吉。

九五：大人虎变，未占有孚。

上六：君子豹变，小人革面，征凶，居贞吉。

先从卦象看，革卦上兑为泽，下离为火，即火下水上。水火相息，水灭火或火涸水，相就而相克，必然发生变革。再上卦兑为少女，下卦离为中女，二女在一起必然发生冲突而变革。可见，变革本身是矛盾对立面相灭相生的斗争和转化，水火不容，二女同性相争，这是革卦的本义。

再从革卦的卦爻辞看，它展示为一种从汤武革命等社会实践中总结出的社会变革思想，寓有较深的含意。首先，改革要等待成熟的时机和条件。条件是"乃孚"（孚，信也），即要取得民众对改革的信任,要"革而信之"。时机,即要经过一段时间,到了"巳日"方可发动。北宋的程颐对此解释说:"变革,事之大也,必有其时,有其位,有其才。审虑而慎动,而后可以无悔。"程颐在这里讲的是自上而下的社会改革,要求改革的领导者要具备改革的才干和充分的改革权力,最主要的是要善于体察民情,掌握时机。其次,对改革的主张要"革言三就",反复宣传,使其深入民心,直到"有孚",即取得民众的信任,才可能"改命吉"。切忌操之过急,贸然行动,不然就会出现"征凶""贞厉"等令人懊悔的事件。再其次,要善于把握改革的结局,使变革向好的方向发展。"大人虎变""其文炳也",指改革要彻底,就像老虎的斑纹,一到了秋天,就变得光辉鲜明。彻底的改革,即使不用占卜来教化,也会取得群众的信赖和支持。"君子豹变,小人革面",指对改革的两种不同态度。"豹变"是仅次于"虎变"的巨大变革,有识有志的君子真心诚意地进行改革。"其文蔚也",其成效郁郁繁盛,非常明显。而小人只是表面上顺从改革,做点表面文章装点应付,内心并不真正地心悦诚服,因而只是革面而已。此时,人心不稳,不宜妄动。"征凶,居贞吉",妄动必然有凶,安居守正则吉祥。

革去旧的,必须鼎立新的。鼎是煮食的炊具,一切生硬的食物,经过鼎煮熟,都会变软,故鼎卦有更新的意义。

《鼎·序卦传》："革物者，莫若鼎。"《杂卦传》："鼎，取新也。"本义都是这个意思。鼎卦与革卦互为综卦，卦形完全相反，卦义也是相反相成辩证统一的。革旨在去旧，鼎旨在立新，不去旧难以立新，不立新去旧便失去了意义。这对综卦把改革或革命的主要阶段和内容表达得一清二楚，客观地反映了改革过程中既相联系又相区别的两个主要方面，不能不说是对我国传统思想文化的一大贡献。

《周易》"革故鼎新"的社会改革意识，对我国长期的封建社会乃至今天都产生了巨大的影响。革命或改革虽然是合乎规律的必然要发生的社会运动，但随着文明的进步，靠自觉的改革意识，主动和经常地改革各种不适应社会发展的弊端，已成为民族、社会迅速发展的重要源泉和动力。《周易》所提出的这种改革意识，经过了数千年的文化积淀，已成为中国传统文化的聚核之一，构成了中华民族的文化之魂，它必将对我们民族和社会的进步起到巨大的作用。

《周易》的理想人格

"《易》之为书，广大悉备"，无所不包。概而言之，是论"天道""地道""人道"。其所论的天道、地道，阐述的是宇宙的普遍法则和哲学的一般方法，但其出发点和最终目的在于确立人道。即依据天道、地道来阐明人道,"推天道以明人事者也"(《四库全书总目·易类》)。

"人道"在《周易》中并不是简单地重复儒家的道德说教,而是规定了人对于自然、社会和人生应取的基本态度,论述了人在不同环境中应有的精神状态和行为举止,即人应有的人格。

国有国格,人有人格。何谓人格?简单说,就是人所以为人的品行。它是每个人言谈举止、精神面貌、心理状态的总和。《周易》的"人道",正是论述的人格问题,它为后人勾画了一个典型的理想人格图式。

一般来讲,《周易》把理想人格分为两类:一类是观念上的理想人格,即"圣人",他是尽善尽美的人,是最高的理想人格,在现实生活中很难找到,千百年也出不了几个。另一类是现实中的理想人格,即"君子",他是比较完美的人,是较高的理想人格,在现实生活中通过自我努力即可以达到。理想人格具有巨大的号召力和榜样力量。因为,它具有一个群体或民族共同认同的道德情操、卓越才干和精神力量。20世纪50年代,美国人本主义心理学家马斯洛在《动机与人格》一书中,阐发了他的理想人格论。他认为人类中确有少数理想人格(精英人才)存在,而每个人身上都潜藏着这种成为精英的潜力,但绝大多数并没有发挥出来。其结论是只要精心培养，人人都可以成为理想人格。这样，就填平了一般人与理想人格之间的鸿沟，使大多数"小人"都有可能成为"君子"。就这一点来看，他比《周易》把"小人"与"君子"截然分开要高明得多。但他并未区分观念上的理想人格和现实中的理想人格，使人们仍然把握不住现实中理想人格的特征和努力方向，倒是数千年前的古人看得更准确一些。

《系辞上》说："(《周易》)显道、神、德、行，是故可与酬酢，可与祐神矣。""酬酢"即应对，"祐"即助。此句是说道、神、德、行可以应对万物万事之求，祐助神化之功。《周易》正是从"道、神、德、行"四个方面去阐发理想人格的。

"道"构成了理想人格的本体论基础。"道"是人思想、言行的最后依据，是理想人格的精神根源。在《周易》看来，世界是不断变化的，现实的具体的东西并不具备永恒的价值，只有"道"才是普遍永恒的存在，永远发挥作用。"道"即"一阴一阳之谓道"之道，是指宇宙的基本法则。人们只有在掌握了天地之道的变化，并效法它而与之合流，才能使其生命、生活具有永恒的、绝对的价值，使其人格变得无比高大完美。因此，《乾·文言》说："夫大人者，与天地合其德，与日月合其明，与四时合其序，与鬼神合其吉凶，先天而天弗违，后天而奉天时。"这就指明了理想人格与天地之道的一致性，也显示了它超凡脱俗的神圣品性。同时，为避免把理想人格描绘成狭隘的道德家,《周易》则极力推崇形而上之道,强调对它要"极深而研几""精义入神",主张凭借易道"以通天下之志,以定天下之业,以断天下之疑"。可见,这里的理想人格是宇宙基本法则的体现者、实行者,而不只是社会既成秩序的维护者和既定行为规范的实行者。《周易》中有不少"顺天命""顺天休命"之辞,其基本含义不是命定论,而是指顺应或服从宇宙法则和自然秩序,这是理想人格首要的行为准则。

"神"是指理想人格在不同条件下,运用"道"于具体事物上所显示出来的无穷智慧和精神力量。"神无方而易无体",神是精神无比复杂和丰富多样化的体现,它表明人的精神并不一直停留在某种特定状态下,它没有固定不变的格式。这样,"神"也就显示了人格的多样性、复杂性和可变性,说明了理想人格在精神发展的广度、深度两个方面具有无限的潜力。"神而明之存乎其人""鼓之舞之以尽神"(《系辞上》),都是强调人应该根据客观法则和特定条件,以决定取舍,充分发挥主观能动性,使自身蕴含的各种可能性获得充分展开。因此,《周易》的理想人格论就其原有精神而言,足以保证人格具有无限多样的发展前景。

"德"是以"道"接物,处理社会各种矛盾或事物所表现出来的优秀品质。《周易》中把卜筮用语"元亨利贞"比附为"仁、义、礼、正",称之为理想人格所必备的四种基本美德。在它看来,人有美德可以感化人,获得人们的同情、信任和支持。《文言》说:"君子体仁足以长人,嘉会足以合礼,利物足以和义,贞固足以干事。"德的价值在于保证君子社会生活的顺利和事业的成功。处高位若能修德,"以厚德载物",可获得人们的拥护而安居其位;处险境而"反身修德",则能克服困难,摆脱困境。相反,"德薄而位尊,智小而谋大,力少而任重",则难免祸灾。因此,一部《周易》特别重视道德品质,多处强调"君子以果行育德""以振民育德""以反身修德""多识前言往行以畜其德"等。

与"德"相联系的还有"业"。《系辞》说:"盛德大业,至矣哉!""夫《易》,圣人所以崇德而广业也。""德"是内在的品质和道德修养,"业"是外在的功业创建。前属内圣,后属外王。《周易》把崇德广业作为人文价值的最高理想,对中国人的精神意识和实际社会政治生活都产生了深刻的影响。"富有之谓大业,日新之谓盛德。"富有赖于日新,日新即不断地开拓,不断地推陈出新,此即最高的美德。人格的培养,事业的创建,都与"日新"的开拓前进紧密相连。后世的哲学家、思想家张载、王夫之、谭嗣同、熊十力等,对此均有慧命相续的深刻论述。

"行"指理想人格应有的行为和功业。孔孟言论的重点是强调人们的行为动机要合乎道德法则,《周易》注意的则是采取适当的行为,使事业获得成功。在《周易》看来,完美人格的行为应该是顺应宇宙法则并遵循一定的道德观念,其追求的目的则是"广业"。《坤·文言》说:"美在其中,而畅于四支,发于事业,美之至也。"理想人格的高尚精神一旦畅于四肢,发于事业,那就是最高之美。

"道、神、德、行",从整体上构成了《周易》理想人格的框架,它不仅大大丰富了早期儒家关于人的哲学,而且对中国的传统人文文化产生了巨大的影响。这表现在:

"穷神知化,德之盛也。"(《系辞下》)即认为把握事物变化发展的客观趋势,是君子品性的最好表现。它要求人们在极其复杂的社会政治、经济、军事环境中透过各种现象认识客观过程的本质特征,克服不利因素,争取事业的成功。如诸葛亮、刘基式的政治家、军事家所显示的卓越才能和创立的丰功伟绩,就是这一影响的生动说明。

"精义入神,以致用也。""变动以利言。"(《系辞下》)这说明《周易》的理想人格重功利和功业,尽力造福于社会。它强调:"备物致用,立成器以为天下利,莫大乎圣人。"这种思想影响了中国数千年之久。

《周易》关于理想人格的内容相当丰富,这里就不一一列举了。总之,《周易》的理想人格论不是一般地肯定圣人或君子修身、齐家、治国、平天下的榜样，而是着重强调"穷神知化""备物致用，立成器"的功用，突出理想人格所具有的无穷发展潜力和自觉的创造精神。中国历史上涌现出无数丰富多彩的人格形象，与此不无关系。

"天行健，君子以自强不息"的民族性格

《周易·乾·象传》在解释乾卦时说："天行健，君子以自强不息。"《文言传》也说："大哉乾乎，刚健中正，纯粹精也。"这一命题，概括了《周易》主要的精神实质，为中华民族不屈不挠、奋发自强的民族精神写下了历史上的第一笔。

"天行健"是指天的运动永远变动不居，刚健中正，任何艰难险阻也阻挡不住它的运行。这是一种阳刚之美，是一种积极向上、坚韧奋发的刚健性格。"君子以自强不息"，是指人们要效法天的刚健性格，从而奋发图强，不依赖他人，不畏艰难，自我进德修业，永远奋斗不止，积极向上。这里，把人的自强不息看作像天运行刚健不辍那样的规律、法则，是很有道理的，也是非常深刻的。细观天地自然万物，各自为了生存和发展，无不表现为"努力向上""自强不息"。例如，树木或挤在一起，争阳光抢水分，竞长争高，实在是自强不息精神在植物身上的表现。动物之间血淋淋的弱肉强食，

也是动物自强的表现。人生活于天地万物之中,首先具有自然属性,也必须自强图存。人又为万物之灵,必须要征服自然、改造自然,而不能向自然屈服。人类对于外部要靠自强,在自己内部,也表现出自强。一个人、一个民族、一个国家、一项事业,如果离开了自强,就难以立足,更难以发展。因此,《周易》所概括的"天行健,君子以自强不息",实是宇宙万物,尤其是人类生存和发展的普遍规律、法则。

当然,人以外的自然万物表现出来的是一种本能的、野蛮的自强。而人则表现为一种有意识的、自觉的、文明的自强。换句话说,《周易》所强调的人的自强,主要不是指刚强的品质,也不是西方普罗米修斯式的敢于挑战的精神,更不是那种强横野蛮的态度和征服的欲望,人的自强是一种自觉的意识。所谓刚健精神,是指人必须时刻注意克服自身主观精神上的惰性及外部条件诱发的精神松弛和涣散状态,从而进德修业,达到强盛的目标。这种自强主要不是人对外的巧取豪夺,而是对自己自觉性的高度要求,它依靠自己不断地奋发图强来达到自我的主观目的。因此,在自强不息的命题下,对自觉性的要求非常广泛,它贯穿于《周易》所涉及的人文观点的各个方面。如:

"谦虚谨慎。"《谦·彖传》说:"天道亏盈而益谦,地道变盈而流谦,鬼神害盈而福谦,人道恶盈而好谦。谦,尊而光,卑而不可逾,君子之终也。"要实现自强不息,首先要"恶盈而好谦"。盈满了,骄傲了,就会物极必反,走向反面,所以要以盈为"恶"。只有谦虚谨慎,"自我致寇,敬慎不败",才能够发扬人的刚健精神,使之始终处于奋进向上、毫不懈怠的精神状态。

"君子以独立不惧。"(《大过·象传》)人们处事应独立自主,不畏强暴,不畏他人。这种独立不惧的精神,正是"自强不息"的具体表现。

"君子以厚德载物。"(《坤·象传》)人们应当具有博大的胸怀,宽厚容忍的风度,似大地那样能覆载万物,如大海那样能容纳百川。自强并非逞强,相反地,要容让宽厚。胸怀宽广,容忍谦让,是达到自强的必要手段。

"君子以自昭明德。"(《晋·象传》)易学家胡炳文解释说:"至健莫如天,君子以之自强;至明莫如日,君子以之自昭。""自昭明德"即人们要像太阳普洒阳光于万物一样,把自己固有的品性昭明天下。人本有德,蔽于昏昧而未能体现出来。君子应以自身之德唤起大众之德,和大家一起奋发图强。

"君子以立不易方。"(《恒·象传》)恒卦上为震,即雷;下为巽,即风。雷上风下,是天地间一种恒久现象。古人认为风雷都有万般的变化,所谓风行八面,雷震四方。但风雷又有相对不变的守恒性,即风在雷雨头,雷在风雨后。君子观察到这种现象并效法之,不论怎样确立和选择,都不要改变已定的方向。这告诉人们一个道理:君子处事,可以机动灵活,但不能改变基本的原则和方向,这就是"立不易方"。君子要自强,必须从实际出发,机动灵活地选择进取的目标和办法、策略。但万变不离其宗,不能离开基本的目的和方向。这样,才能逐渐地积累而有所建树,最终成就大业。

"泽无水,困。君子以致命遂志。"(《困·象传》)泽中无水,处境窘迫,故曰困。君子在危难之时、紧要关头,宁肯牺牲生命也要实现自己的志向,这是自强刚健精神的又一体现。当一个人志向纯正、壮志凌云时,就应该有这种"致命遂志"的牺牲精神。不然,壮志凌云而贪生怕死,那凌云又有何用,壮志岂不落空?壮志凌云而视死如归,才称得上真有凌云之志者也。这告诉人们,身处危境,也要自强不息,即使以身酬志,也在所不辞。

"山下有火,贲。君子以明庶政,无敢折狱。"(《贲·象传》)贲卦上卦艮是山,下卦离是火。山下有火,火势为山阻挡不能蔓延。君子应效法这一精神,尽管能明察政务中大小诸事,但也不敢轻率地去裁决诉讼。只有保持了诉讼的严肃性、准确性、公正性,才能加强社会管理,惩处坏人,保护大多数群众。诉讼是牵涉到人们的名誉、财产及生命安危的严肃问题,也是一个民族一个社会能否自立自强,能否保持安定的关键问题。只有正确处理好法治问题，明确社会道德准则和治国方针，加强法制建设和制度管理，扬善抑恶，打击坏人，才能使国家和民族自立自强。

"火在天上，大有。君子以遏恶扬善，顺天休命。"(《大有·象传》)大有卦上卦为离，即日；下卦为乾，即天。日在天上，象征阳光普照。效法这种精神，君子应当遏制和阻止邪恶的行为，显扬光大好的或善的东西，以顺应天道之美命。这告诉人们，要像阳光普照大地那样，以正气压倒邪气，遏恶扬善，并把这看作是"天之美命"、顺乎规律的事情。

"地中生木，升。君子以顺德，积小以高大。"(《升·象传》)升卦上卦为坤，即地；下卦为巽，是木。地中生出树木，不断长大升高。君子应效法树木升高的精神，不断地加强道德修养，积小成大，自长不息。这里以树木不断升高的精神，来比喻人们应不断地加强道德修养，使之逐渐积累，形成崇高的德行。修养道德，是自强不息的主要方式之一。它不能急于求成，不然无异于拔苗助长。但也不能停止不前，故步自封也不行。它必须是坚持不懈，持之以恒，日积月累，由小到大的自觉不息的过程。这里告诉我们，自强不息要从小事做起，由小到大，循序渐进，生生不息。不想做小事，只想做大事；不想默默无闻，只想轰轰烈烈；或时冷时热，一曝十寒，都是自身惰性的反映，不会达到自强不息的境界。

关于"君子以自强不息"的种种论断，在《周易》中我们还可以举出许多论述。由此可见，在《周易》看来，自强不息的人生道路具有整体和普遍的意义。从个人的意志、志向、修养到社会的法律、政治活动、治国大业，无所不有。这种为了一个崇高而纯正的人生目标而从整体上陶冶自己，奋发图强，甚至不惜"致命遂志"的精神，就是值得赞颂的"自强不息"的刚健品质。

自强不息与保守、懈怠、困惑、无为、盲干、逞强等是相对立的，它是一种积极、进取、谨慎、谦虚，敢于正视现实、克服困难的可贵的精神品质。这种精神，成了中国传统文化的内聚之核，成了中华民族心理意识的精髓。几千年来，它引导了一代又一代中国人，奋发图强，坚持不懈地为中华民族的兴旺发达而英勇奋斗。古代的种种科技发明，生产进步，学术思想繁荣，传统文化发达，都与这种自强不息的民族精神分不开。它是中华民族的精神支柱，是我们的民族之魂。

《周易》与中国古代科学

《周易》的思维方式是古代科技发明的思想基础

科学,已经成为现代社会中最重要的因素。它是力量,是财富。谁拥有了它,谁就拥有了独立、自主、富足、强盛,拥有了国格和人格。

17世纪以前,中国的科学技术一直居于世界科技发展的前列。现代著名科学家爱因斯坦对中国古代科学的卓越创造力感到十分惊奇,他曾说过这样一段令人深思的话:

> 西方科学的发展,是以两个伟大的成就为基础,那就是希腊哲学家发明形式逻辑体系(在欧几里得几何学中),

以及通过系统的实验发现有可能找出的因果关系（在文艺复兴时期）。在我看来，中国的贤哲没有走上这两步，那是用不着惊奇的。令人惊奇的倒是，这些发现（在中国）全都做出来了。(《爱因斯坦文集》第一卷，第573页)

爱因斯坦的惊奇，发人深省。中国古代没有发明形式逻辑体系，更没有严密系统的实验科学的体系和方法。那么，中国古代的科学家所做出的举世公认的科学技术创造，究竟是以什么为基础？他们究竟掌握了什么神奇的思维方法和科学方法？这个答案是：以《周易》为主的中国古代哲学及思维方法是古代科学技术发明创造的基础。

古代科学家的思维方法和科学方法，同他们所具有的优秀文化教养有紧密联系。这种教养是多方面的，而易学思想的熏陶，可说是其主要方面。自秦汉以来，《周易》作为"六经之首"和"三玄之冠"，几乎人人必读。历史上的科学家、发明家、思想家大多崇《易》、学《易》，有的本身就是易学家。《易》中的哲学与思维方式对他们的发明创造起着巨大的启迪作用，对中国传统科学技术的发展，产生了深刻的影响。

《周易》整体性的思维模式，帮助古代科学家建立了大化流行、生生不息的宇宙发展观，建立了以人为主的"天人合一"的人生观。《周易》的"易变"思维，帮助人们建立了万物变化日新、"物极必反"的辩证观念，建立了仰观俯察、开物成务、穷理尽性的认识论原则。《周易》的"一阴一阳之谓道""刚柔相推而生变化"的光辉命题，蕴藏着古人朴素的辩证法和方法论，古代的天文学家、化学家、医学家、数学家等，无不从中吮吸着精神营养，受到启发。他们虽不懂得实证方法，不懂得形式逻辑，但却十分懂得以《周易》为代表的古代辩证逻辑。加之经验直觉式的无数次的实践经验，使他们同样做出了古代西方科学家所做出的创造发明，并且水平有过之而无不及。《周易》是一把金钥匙，古人正是用它打开了宇宙迷宫的大门。

《周易》的象数思维对中国古代科学思维的发展更是起着重要作用。象数思维其实是一种形象思维，它运用卦象、爻象、物象、实像、虚像等，取象比类，触类旁通，以推动理性和科学思维的发展。我国古人的思维过程——把握思维客体，加工思维内容，概括理性认识等——大多都通过易学象数的推衍程式来完成。

象数思维的基本特征是取象比类。致思原则是阴阳对称、刚柔相济和对立的协调。它的突出优点是强调全面性、整体性、序列性、系统性；注重经验，力求把握事物的节律性、互补性、循环性。与西方形式逻辑思维方法的不同在于，它不只提供了一种思维方式，同时诱导思维内容，是思维形式与思维内容紧密结合的一种奇特方式。

象数思维方式,在中国古代科学技术的各个领域,都曾经被普遍地加以应用。天文学家借用象数显示星体的方位、周期,历法家用象数描绘日月往来、阴阳消长、四季物候变化的节律,医学家用象数来描述人体脏器和生物节律,化学家用八卦来论述丹鼎炉火及物质转化,律乐家用象数表达律吕音节的损益法则……因此,要对中国古代科学技术的起源、发展做一个全面探讨的话,《周易》及其哲学、思维方式的深刻影响,应是研究的首要问题。

即使对于现代科学方法而言,《周易》思维方法依然具有启迪意义。如现代量子论的创立者波尔,提出了"原子结构模型"假说,并得到证实。但波尔却将自己的卓越创造归功于《周易》太极图的启发,以致对太极图十分崇拜,用它来设计族徽,以志永恒纪念。太极图中所蕴含的"相对原理""互补原理""跃迁思想",都是非常模糊的。但"心有灵犀一点通",在科学家的眼中,腐朽被化为神奇。美国康灵橿博士也认为,量子力学中各种物理量的量子转换、物质与光辐射的波粒二象性、测不准原理等提供的物质和超物质及相互关系的哲学概念,都可以从《周易》阴阳及其相互作用的理论中得到说明。著名美籍华人科学家杨振宁、李政道从《周易》的阴阳消长理论中得到启发,提出了原子能态二组的奇偶性虽是不灭的，但不是不变的，而且存在着盛衰消长变化的理论。这一重大发现使他们获得了诺贝尔物理学奖。美籍华人成中英教授认为："《易经》具有历史性、现代性和未来性，有其世界性的意义。"(《大易论集摘要》，山东友谊出版社1990年版，第18页)

但是，《周易》与科学之间的关系到底是什么样子，学者们见仁见智，迄无结论。总的来看，那种将现代的知识强加于古人，认为现代的计算机原理、遗传密码学等"古已有之"，进行无端比附的倾向是令人忧虑的。即使《周易》对古代科技有深刻影响，也应当进行历史的具体的分析。把《周易》思维方式与中国古代科学的发展联系起来，从现代自然科学的角度去整理研究这份可贵的精神遗产，进而较全面地揭示《周易》与科学的关系，是我们对这本元典著作应持的科学态度。

《周易》与天文历法

我国自新石器时代以来，长期以农业立国。而农业的发展，离不开农时节气，离不开对日月运行、寒暑交替的客观规律的把握，因而我国古代天文学很早就发达起来了。中国古代天文学的特点是"观象授时"，即《尚书·尧典》所说：

"乃命羲和，钦若昊天。历象日月星辰，敬授民时。"《周易》虽是一部占筮之书，但其卦象的基础主要在于"仰则观象于天"，其所法之象"莫大乎天地"，"悬象著明莫大乎日月"。可见，《周易》非常重视观察天象，重视观察日月运行、寒暑交替而引起的自然界各种有规律的变化，并把这种规律性变化归结为阴阳的对立与和谐。

"阴阳"是《周易》中最基本、最核心、最重要的观念，正如《庄子》所说，"《易》以道阴阳"。但阴阳观念的产生，显然与"仰则观象于天"有密切关系。《说文》曰："日、月为易，象阴阳也。"就是说天文上的日月，是最大最显明的阴阳，如果没有日月的交替变化和季节的寒暑相推，就不可能有《周易》的阴阳之学。阴阳的抽象和概括，应是受到当时天文知识，特别是对日、月的认识而萌发的，应是"观象"的结果。

因此，《周易》的产生与发展，与上古天文学的进步结下了不解之缘。同时，《周易》中的宇宙观、本体论、整体观和循环观，对秦汉以后天文历法学的发展也产生了重要的影响。

卦爻辞中的上古天文历法知识

《周易》卦爻辞中三次提到"月几望"。根据西周铜器铭文所显示的月相名称"初吉""生霸""既望""死霸"等，可知"月几望"即"既望"。它所表示的是满月时的前后几天，是西周时天文学中的月相概念。

《周易》许多地方谈到"中""贞""正"的概念，有人归结为"尚中说"。刘大钧先生在研究了这些有"中"的卦爻辞后，发现它们都是吉卦、吉爻。而且，有的（如"日中""正中""中正"等）"仍未失去最初作为天文术语的含义"；"最初的'中'与'正'，恐为古人进行天文观察的专门术语"。（《周易概论·关于〈周易大传〉》）刘先生的推测是有道理的。古代常以观测中星来定季节，《尚书·尧典》中就有以"四仲中星"定季节的记载；《大戴礼记·夏小正》中更有观察昏中星以辨别月份的叙述，如正月"初昏，参中"，五月"初昏，大火中"。还有关于星象初昏而"正"（正方向）的记载：四月"初昏，南门正"，六月"初昏，斗柄正在上"，七月"初昏，织女正东乡"，十月"织女正北乡则旦"。显然，"中"与"正"是当时天文观测最重要的概念之一，正确掌握了星象的中与正，就能掌握季节、月份的变化，从而正确指导农时，获得较好的收成。因此，能正确掌握中与正，就能吉祥如意。难怪带中、正的卦爻判辞都为吉。

《周易》的"六龙季"太阳历

现在人们都知道一年分为四季，但在上古时代则不然。

甲骨文中分一年为春、秋两季，《管子》一书中有分为五季的太阳历，《黄帝内经》中有把一年分为六季的说法。西南少数民族彝族不久前还实行着"十月"太阳历。这说明，古代的历法是在长期不断的改进中进步的，并非一蹴而就。《周易》中所保存的一年分六季的"六龙季"，正是这种进程中的一个重要环节。

"六龙季"记载于乾卦六爻的爻辞中，它是以"龙"的不同形态来表示季节的：

初九：潜龙勿用。阳气潜藏。（《文言》，下略）
九二：见龙在田。天下文明。
九三：终日乾乾。与时偕行。
九四：或跃在渊。乾道乃革。
九五：飞龙在天。乃位乎天德。
九六：亢龙有悔。与时偕极。

乍一看，这段记载与历法季节无关，但古人不这样认为。如宋代王应麟的《困学纪闻》中便对"潜龙勿用"论证说："后汉鲁恭引《易》曰'潜龙勿用'，言十一月十二月，阳气潜藏，未得用事。虽煦嘘万物，养其根叶，而犹盛阴在上，地冻水冰，阳气否隔，闭而成冬……"其中"阳气潜藏""地冻水冰""闭而成冬",皆是寒冷季节的物候。

以乾卦的六龙形态表示的"六龙季",在《素问·六节藏象论篇》《难经》《黄帝内经》中均能找到线索,较完整明确的记载,见于唐代李鼎祚所撰《周易集解》一书。他对六龙形态所当月份的解释如下:

> 潜龙勿用,阳气潜藏。"何妥曰:当十一月,阳气虽动,犹在地中,故曰潜龙也。"
>
> 见龙在田,天下文明。"按阳气上达于地,故曰见龙在田;百草萌芽、孚甲,故曰文明。"孔颖达曰:"先儒以为九二当太簇之月,阳气见地。"("太簇之月"当孟春之月,即夏历正月。)
>
> 终日乾乾,与时偕行。"何妥曰:此当三月,阳气浸长,万物将盛,与天之运俱行不息也。"
>
> 或跃在渊,乾道乃革。"何妥曰:此当五月,微阴初起,阳将改变,故云乃革也。"
>
> 飞龙在天,乃位乎天德。"何妥曰:此当七月,万物盛长,天功大成,故云天德也。"
>
> 亢龙有悔,与时偕极:"何妥曰:此当九月,阳气大衰,向将极尽,故云偕极也。"

何妥，字栖风，隋代人，著有《周易讲疏》。他把乾卦六龙形态的变化解释成一年中阴阳消长的过程，每种形态分别配以两个月，并讲明了主要的物候。像汉以来的其他学者一样，指出了六个"龙态"代表着一年中的寒暑变迁和物候变化，六个龙态代表着一年中的六个季节。

上古时代，以龙为纪，史籍上不乏记载。如《左传》昭公十七年载："太昊氏以龙纪，故为龙师而龙名。"《周易》的以龙为纪，应是上古时代原始历法的一种反映。

但是，汉以后学者把当时历法中的十二个月强配以六龙形态，并没有揭示出"六龙季"原始历法的真实含义，反而有牵强附会的嫌疑。那么，"六龙季"的真实内涵是什么呢？

首先要解决一年的天数问题。春秋战国时期的"四分历"，把一年分为365.25天。以后的历法回归年长度逐渐精确，至元代郭守敬时为365.2425日，已完全与今日历法所用相同。但在春秋战国以前，人们对回归年长度的认识不会如此精确，365.25日也不应是乾卦"六龙季"的年长度。《周易·系辞》所载的年长度是：

> 乾之策，二百一十有六；坤之策，百四十有四。凡三百有六十，当期之日。

"期"就是年。显然,"六龙季"历法的年长度为 360 日。那么它每季的长度应为 360÷6=60 日,每月的长度应为 30 日。这种认定,除了《系辞》所载之外,最有力的证据是古代的纪日法。纪日是制定历法的最基本条件,最早的纪日法必然和最早的原始历法有密切关系。据目前的研究成果可知:商代的"天干日法"是最早的一种纪日法。它从甲(或甲子)开始到癸,十日为一旬。三旬为一月,六旬为一个周期,称一个"甲子"。一望可知,这种纪日法和"六龙季"历法有密切关系;一个甲子等于一个龙季,三旬等于龙季的一月,六个甲子等于龙季的一年。因此,商代的这种纪日方法,如果用来作为制历的基础的话,其最初的形式,似应分一年为 360 天,大略相当于一年的长度。"六龙季"历也应是早于"四分历"的一种原始历法。

一年 360 日大约比实际回归年长度少了 5.25 天,这样每 5—6 年就会相差一个月,并不能达到"观象授时"的目的。怎么办呢?《周易》"六龙季"历是用岁首过年日来处理这个问题的。

《复·象传》说:"复,先王以至日闭关,商旅不行,后不省方。""至日"即冬至之日,此日日影最长,我国很早就用立杆测影或土圭测影的方法掌握了这种天文现象,并用以作为一年的开始(岁首)。同时,形成了多样化的岁首过年日风俗。如《易通卦验》载：

> 正此之道，以日冬至日始。人主不出宫，商贾人众不行者五日；兵革伏匿不起，人主与群臣左右从乐五日；天下人众亦在家从乐五日，以迎日至之大礼。

《后汉书·律历志》载：

> 是故天子常以日冬、夏至御前殿，合八能之士。……度晷景……效阴阳……进退于先后五日之中。

《汉书·薛宣传》：

> 及日至休吏……日至吏以令休，所由来久。

5—6天的"过年日"加上360日，一年的长度就是365或366日，已接近于回归年长度，基本可达到"授时"的目的。也就是说，"六龙季"历的年可能分为两部分，一是由六个甲子排定的360日，一是由"过年日"组成的5—6天。现在的云南彝族还保留着这种历法习惯，它一年为360天，其余的5—6天作为"过年日"，过年日不计入日序之内。彝族的民族天文学史材料，对研究"六龙季"历有极大的参考价值，二者很可能十分近似。

《尚书·尧典》载："期三百有六旬有六日。"这是我国关于回归年长度最早的具体记载。它对于研究早于"四分历"的"六龙季"历有很大的参考价值，但《周易》本身有没有直接的证据呢？我们对卦爻辞的下列记载进行分析后就会得知。

《周易》蛊卦卦辞说："先甲三日，后甲三日。"《象传》说："先甲三日，后甲三日，终则有始，天行也。"

《周易》复卦卦辞说："反复其道，七日来复。"《象传》说："反复其道，七日来复，天行也。"

对上述文字的解释，古今聚讼纷纭。但秦广忱先生首创从历法角度进行解说，实乃卓见。他认为，"先甲三日"是指这个历法（"六龙季"历）在六个六十甲子日，即360天以后，第二个甲日序中甲日前的第三天辛日而言；"后甲三日"则是指年终360天以后的第一天甲日之后的第三天丁日。而每年的冬至正位于这"后甲三日""先甲三日"以外的戊日、己日、庚日三天之中，亦即当在六个六十甲子日360天的年终之后。"冬至"的时刻是在十甲日序上的第五、第六、第七天的范围之内，其中最多见的是在十甲日序上的己日即第六天的日序上。

秦先生的解释是正确的。作为一部历法，其关键点和难点正在于确定年长度和岁首。"六龙季"太阳历根据每年实测冬至日日影长度来确定岁首的甲子日，其可能的岁首只有360天以后的第五、六、七三日。这三日中哪天日影最长，哪天就是第二年开始的第一天。由于真实的回归年长度约365.25日，因此第六日"己日"常作为当时"六龙季"历的"岁首"，故革卦中有"巳日革之"的记载。革是指变化或变革，指物极而返的状态。送旧迎新的"岁首"变革，无疑是人们生产、生活中的一件大事。如果日影最长时是在第七日"庚日"，则"庚日"就是岁首甲子日（过年日不计在日序之中），所以复卦中有"反复其道，七日来复"的记载。"复"即返回开始，即像返回去年一样，把庚日作为岁首第一天。

总之，"六龙季"历虽为汉以后的易学家津津乐道，但他们却是把当时"阴阳历"的十二月进行附会而强加于"六龙季"历之上。"六龙季"历是一种早于春秋战国"四分历"的早已失传或被废弃的原始历法，废弃的主要原因可能有二：一是"过年日"的5—6天的插入，使日序不能连续计算；二是其严重依赖冬至日的日影实测，如果当时气候条件不适宜观测（如阴天等），则会导致回归年长度的误差增大，严重影响历法的授时功能。只有当人们根据多年实测经验，发现了回归年长度近365.25日以后，才能不依赖于天气好坏，进入科学的历法制定阶段。秦广忧先生认为，"《周易》的'六龙季'历在创建之始,便已精确地深知一回归年的长度为365.25天"。这种看法与现已掌握的我国天文史的有关成果并不相符。如"六龙季"和"先甲三日,后甲三日""七日来复"等关键材料均出于《周易》经文部分,据多数学者考证,这至迟是西周晚期的作品。而我国的"四分历"据《左传》《国语》的材料,最早是春秋中期才出现的。另一方面,从数学史研究成果来看,分数计算也应是春秋以后的发明,甲骨文或西周金文中是没有分数概念的。还有,如果"六龙季"历已掌握了365.25日的回归年长度,其年首不会是"戊""己""庚"等不能确定的大致范围日期,其日序也不可能连续不计。不然的话,365.25日的长度将失去其实际意义。再者,从正面讲,"六龙季"历似乎不用365.25日的数据,一样得以成为一部较原始的历法,《尚书·尧典》把一年定为366日,正是这种原始历法回归年长度的反映。显然仅根据"七日来复"这一条隐晦不明的史料就断定《易经》卦爻辞时代已掌握了365.25日的回归年长度,是缺乏根据和说服力的。

关于"六龙季"历的发明者,史籍上似乎把它归于伏羲太昊氏。《左传》说:"太昊氏以龙纪。"《系辞》说:"包羲氏……观象于天……始作八卦。"《乾·象传》说:"大明终始,六位时成,时乘六龙以御天。""终始"在这里应是年、岁之义;"六龙"当是太阳运动一年所行走的六个时段,这是"六龙季"历存在的天文学证据。古代的太昊氏不仅以龙为纪,而且又作了卜筮用的八卦,这大概不是偶然的巧合。因为卜筮的功用之一,也是授民以时。如《礼记·曲礼》载:"卜筮者,先圣王之所以使民信时日。"卜筮而使民信时日与以龙为纪,讲的都是历法问题;创造卜筮八卦和创造"龙纪"又都是太昊氏。那么,《周易》中所记载的"六龙季"历很有可能是商或西周时期东夷部族的发明和创造,因为太昊伏羲氏是东夷诸部落共同的祖先。

《易经》中关于日食的记载

对远古的人们来讲,日食就是太阳被某种动物吞食,故称日食,也写作"日蚀"。每逢这一危难时刻,人们要进行援救,敲锣打鼓,奔走相告。《夏书·胤征》记载了仲康元年季秋朔日的一次日食:"辰不集于房,瞽奏鼓,啬夫驰,庶人走。"瞽是乐官,奏鼓以伐;啬夫是币官,取币以礼祀天神;庶人则惊慌奔跑。可见古人对日食这种天象的惊惧恐慌之态。

《周易》经文中能确定的日食记录至少有两次。一为明夷卦爻辞,"明夷"即光明被夷伤,应指日食而言。其爻辞曰:"初九:明夷于飞,垂其翼。君子于行,三日不食。"代表太阳的神鸟明夷双翼受伤下垂,比喻太阳开始被食。此时,君子惊慌地奔走于路上，三天都顾不上吃饭。这与《胤征》所记日食后人们的神态何其相似。

六二：明夷，夷于左股。
九三：明夷于南狩。
六四：入于左腹，获明夷之心。
上六：不明，晦。初登于天，后入于地。

这是一次太阳"初登于天"即天初晓的时候发生的日全食。这次日全食从刚刚升起的太阳边缘（翼）开始，依次吃掉了左股、左腹，进入心脏，造成了晦暗的天空，好像太阳重入于地一样。

另一次日食记载于丰卦：

六二：丰其蔀，日中见斗。
九三：丰其沛，日中见沫。
九四：丰其蔀，日中见斗。
六五：来章，有庆誉，吉。

丰卦卦辞先叙述了祭祀的时候，国王亲至，焦虑地等待着日中开始祭祀。"日中"即太阳正位于正南方天空，即现在正午十二点。但到了日中时,太阳像被大片的盖席(丰其蔀)遮住一样,失去了光亮。于是,黑暗的天空上可见到北斗七星(天空中明亮的星体)。天空更加黑暗的时候,连那微末小星也可以看到。"来章",即光明重又彰显,表示日食结束,人们欢呼赞美再获吉祥。日中见斗、见沫是一次正午时刻发生的日全食天象。古人对此特别重视,要举行大的祭祀活动和卜筮活动,其筮辞后来被收入《易经》卦爻辞中。虽然未记这次日食的时间,但却反映了古人对天象的深入观察和他们的天文知识。

从以上的介绍中可以看到,《周易》和古代的天文历法有密切关系。天文学的概念、日食的记录、"六龙季"历的记载,都构成了《易经》的重要内容。这些天文历法内容的出现,虽然是支离破碎和不成系统的,但它毫无疑问地证明了《易经》的起源与古代天文学成就的关系。它们就像一对孪生姐妹,相互依存,相互影响,相互促进。《易经》中以取象为主的思维模式的发源和形成,是与古代天文学分不开的。"仰则观象于天""天垂象,见吉凶""观乎天文,以察时变"等思想都可以说是导源于古代天文学的观测方法和经验。《易经》中关于天文历法方面的内容,更是直接引用了当时天文学的成果。《周易》借助天文历法的科学成果建立了自己的思想体系和结构,反过来又对秦汉以后的天文学发展产生了影响。

《周易》对秦汉以后天文学的影响

秦汉以后，《周易》对天文学的影响，主要表现在它的宇宙本体论和阴阳学说构成了古代天文学宇宙理论的基本框架。有的天文学家（如汉刘歆、唐一行等）用易数去解释历法；有的易学家（如京房、虞翻等）用当时的天文学成就去解释《周易》，造成了易数和历数、易卦概念和天文历法概念等交互混杂的现象，也使相当一批人既是易学家又是天文学家。但总的看，易数并不等于历数，把二者混淆和比拟，多是牵强附会之举，对发展古代天文历法科学并无多大裨益。《周易》对秦汉以后天文学的影响，主要是在哲学和阴阳辩证理论方面。正如陈尊妫先生在《中国天文学史》中所说："中国古代天文学的发展和阴阳学说紧密相关。……（它）是在《周易》哲学思潮影响下发展起来的。"

《周易》哲学与古代天文学的宇宙理论 "易有太极，是生两仪，两仪生四象，四象生八卦……"《周易》的这种宇宙生成论，把太极作为宇宙的始基。何谓太极？古人认为它是"元气"。如《周易正义》说："太极谓天地未分之前，元气混而为一。"两汉的易学家大多持此观点，刘歆说："太极，中央元气。"王充引易学家的话说："元气未分，浑沌为一。"经学大师郑玄也认为太极是"淳和未分之气"。这种以太极、阴阳二气（两仪）为中心的朴素唯物主义的宇宙本体论，是我国古代天文学宇宙理论的核心和基石，对我国古代天文学理论产生了根本性的影响。

盖天说 我国古代天文学首先发展起来的宇宙结构理论是"盖天说"。《晋书·天文志》说："蔡邕所谓《周髀》者，即盖天之说也。其本庖牺氏立周天历度，其所传则周公受于殷高，周人志之，故曰《周髀》。"这段记载，把盖天说的创立和流传，分别归于造八卦的庖牺氏（即伏羲氏）和创《周易》的周朝贵族，使我们看到了《周易》和《周髀》的血缘关系。

盖天说认为天地的形状是"天圆如张盖，地方如棋局"，天在上，地在下。这与《系辞》中所说"天尊地卑，乾坤定矣；卑高以陈，贵贱位矣"及孔夫子所说"天道曰圆，地道曰方"十分相似，透露了二者之间的渊源关系。盖天说把四季和昼夜的变化都用《周易》的阴阳观来解释，如《周髀算经》卷下说："日朝出阳中，暮入阴中，阴气暗冥，故没不见也。""夏时阳气多，阴气少，阳气光明，与日同辉，故日出即见，无蔽之者，故夏日长。"而冬季则相反。

盖天说是直接"观乎天文，以察时变"的结果，站在苍苍茫茫的原野上，人人都会有"天似穹庐，笼盖四野"之感。

但人们如长期观察天象，就不难发现，满天星斗从西方地平线没入，后又从东方地平线上升起。也就是说天不是绝对的在地之上，有时也会跑到地之下，这是盖天说致命的弱点。这促使人们进一步探索，探索的结果，是出现了"浑天说"。

浑天说 张衡《浑仪注》是浑天说的代表作，其中说："浑天如鸡子。天体圆如弹丸，地如鸡子中黄，孤居于内，天大而地小。天表里有水，天之包地，犹壳之裹黄。天地各乘气而立，载水而浮。……天转如车毂之运也，周旋无端，其形浑浑，故曰浑天。"浑天说认为天是"乘气而立"，"其形浑浑"，这是受汉代流行的"太极元气"说影响所致。它又认为天包着大地，天可以转到地下去，这是它与盖天说的根本区别。"浑天说"创立后，曾遭到当时一些著名学者的非难，因为"天可以转到地下"这种创见，是很难被人立刻接受的。如《晋书·天文志》引王充的话说："天何得从水中行乎？甚不然也。"王充又发问，如果"天地各乘气而立，载水而浮"，那么当日月星辰将要运行到地平线以下时，如何从水中通过？其实，王充不了解张衡的浑天说是在《周易》太极元气理论、卦象及当时的阴阳五行理论影响下发明出来的。张衡本身就是一个易学家，他所说的"载水而浮"的水，并非真水，而是需卦乾下坎上的天下水上、天入水中的卦象。关于这一点，《晋书·天文志》引葛洪的话说得十分明白："天，阳物也,又出入水中,与龙相似,故以龙比也。圣人仰观俯察,审其如此。故晋卦坤下离上,以证日出于地也。又明夷之卦离下坤上,以证日入于地也。需卦乾下坎上,此亦天入水中之象也。天为金,金水相生之物也。天出入水中当有何损,而谓为不可乎?"

有人认为,这段话是阴阳家的无稽之谈。其实,古代的科学与巫术、理智与迷信往往交织在一起,不能因为葛洪运用了《周易》卦象和阴阳五行的学说,就斥之为无稽之谈。正是《周易》中的阴阳辩证观和以"变"为旨的卦象,向人们展示了"天在地下""天入水中"这样一种特殊的天象,提供了阴阳互易、刚柔互变的思想方法和科学思维方式,才有了张衡"浑天说"的创立。"天地各乘气而立,载水而浮",是《周易》影响天文科学的明显结果。以后,宋代大易学家张载在《周易》太极元气本体论的影响下,对浑天说进行了发展,认为"地在气中"。浑天说比盖天说是一大进步,在唐一行用大地实测数据证实了盖天说"日影千里差一寸"数学模型的错误之后,浑天说便完全取代了盖天说。在哥白尼学说传入我国以前,它一直是我国关于宇宙结构的权威学说,而这一古代光辉学说的创立和发展,与《周易》哲学和太极元气本体论是分不开的。

宣夜说 太极元气本体论思想同样影响了汉代发展起来

的宇宙时空理论——宣夜说。据《晋书·天文志》：

> 宣夜之书亡。惟汉秘书郎郗萌记先师相传云："天了无质。仰而瞻之，高远无极，眼瞀精绝，故苍苍然也。……日月众星，自然浮生虚空之中，其行其止，皆须气焉。是以七曜（指日月五星）或逝或往，或顺或逆，伏见无常，进退不同，由乎无所根系，故各异也。"

宣夜说的卓越之处，在于它否定了固体的"天球"，这在人类认识宇宙的历史上可说是一个里程碑。自古以来，直到哥白尼时代，都认为天是一个带有硬壳的东西。浑天说以为天如鸡子，地如蛋黄。希腊的亚里士多德—托勒密体系，也把一个缀附着恒星的天球作为宇宙的范围。哥白尼天文革命，取消了地球中心说，却仍保留了一个硬壳，作为宇宙的边界。而宣夜说则否定了有形质的天，认为天色茫茫，是因为它"高远无极"。这里描绘的是一个无限的宇宙空间，漂浮着日月星辰，"元气"则是它们运动的原因。它们各有自己的运动规律，是因为它们"无所根系"。

显然，宣夜说是一个关于宇宙无限的伟大学说。但如细究其主要概念"无极"和"元气"的思想根源，则都与《周易》的太极元气学说有关。汉代易学家，除把易之太极视为

"元气未分,浑沌为一"之外,还视太极为"虚无本体"。如王弼解释"大衍之数,其一不用"时说:"不用而用以之通,非数而数以之成,斯易之太极也。"这是以"一"为太极,但是"一"不是数,而是"无","无"是四十九之策数形成的根据。"无"即是太极,是指一种无形无质无象的宇宙本体。宣夜说所标榜的无形无质的"高远无极""浮生虚空"的天的观念,与《周易》太极的虚无本体论的宇宙观念如出一辙,而其设想的日月星辰赖以运动的"气",更是和"淳和未分之气"的太极观一一相印。因此,《周易》太极本体论的哲学思想对于宣夜说的创立也产生了重要的影响,发挥了它作为哲学对具体科学的启迪和指导作用。

到了宋代,宣夜说除了肯定宇宙空间上的无限性之外,又进一步认识了宇宙在时间上的无限性。而这一重大进展,也是宋代大易学家张载完成的。他充分发挥了太极元气的概念而建立了"太虚"的易学哲学范畴,认为"气之聚散于太虚,犹冰凝释于水,知太虚即气,则无无","太虚无形,气之本体"。在这里他否定了以"无"为主的客观唯心主义,而建立了以"气—太虚"为主的唯物主义宇宙观。这种宇宙观认为:"太虚不能无气,气不能不聚而为万物,万物不能不散入太虚。循是出入,是皆不得已而然也。"(《张子正蒙·太和》)张载不仅把气看成是生成万物的原始物质,而且还和具有形体的万物同时存在，一面生成，一面还原。这样，张载既肯定了空间和物质具有不可分割的联系，又论证了宇宙在时间上的无限性，"气不能不聚而为万物，万物不能不散入太虚"，如此在时间上循环往复，以至无穷。这里，我们再次看到了太极是"元气混而为一"的思想对古代中国天文学宇宙理论所发挥的巨大启迪作用。

宇宙起源说　　天地的起源与演化是古代天文学又一重要的研究领域。在这一领域中，有"天不变，道也不变"的宇宙不变论，还有唯心主义的神创论、虚无创生论、循环论，更有唯物主义的天地形成论。令人惊叹的是，不论是唯心主义的，还是唯物主义的各种论点，都多多少少地受了《周易》哲学和太极元气论的影响。由此可进一步看出《易》对古代天文学理论的巨大指导作用。如《淮南子·精神训》中所载的神创论说：

> 古未有天地之时，惟象无形。窈窈冥冥，芒芠漠闵，澒蒙鸿洞，莫知其门。有二神混生，经天营地，孔乎莫知其所终极，滔乎莫知其所止息。于是乃别为阴阳，离为八极，刚柔相成，万物乃形。烦气为虫，精气为人。

这里的阴阳、八极（即八卦所指的八个方位）、刚柔、烦气

（浊气）、精气等概念俱源于《周易》。特别是"别为阴阳，离为八极"之说，与"易有太极，是生两仪……四象生八卦"的宇宙生成论几乎完全一致。只是文中加了"二神混生"以创天地的内容。

《淮南子·天文训》中还有一种虚无创生论，认为天地未形之前，一片混沌空洞，称"太始"。在那种空洞混沌的状态中，"道"开始形成。有了道，混沌空洞中才产生宇宙。宇宙生气，气生天地，天地生万物。这明显是一种以虚无的道为本体的唯心主义天地演化观，但在道之后，还是用"气"来表示宇宙万物的生成。

《淮南子》以后一直到宋代易学大家周敦颐的"无极而太极"，都把虚无的"无极"或精神的"道"作为宇宙本源，显然是唯心主义。但无极之后的生成过程，则无不利用《周易》太极→两仪→四象→八卦的模式来说明天地宇宙形成的具体过程。

唯物主义的宇宙生成观自《周易》以后也代有其人。如唐代李筌的《阴符经疏》里说："天地者，阴、阳之总名也。阳之精气轻清，上浮为天；阴之精气重浊，下沉为地，相连而不相离。"

刘禹锡的《天论》也说："浊为清母，重为轻始。两位既仪，还相为用。"

《无能子》里说得更通俗:"天地未生,混沌一气(即太极),一气充溢,分为两仪。有清浊焉,有轻重焉。轻清者上为阳为天,重浊者下为阴为地。"

显然,这种唯物主义的天地形成论,都直接导源于《周易》的宇宙生成论,后者在古代宇宙起源学说中的重大影响不言自明。还值得一提的是,今天有一部分科学家,把现代宇宙演化理论和易学太极推演原理相结合,用来阐释宇宙形成历程,此即"宇宙演化易说"。有的认为,《周易》对宇宙起源的推测,与近代德国科学家康德的星云学说颇有相似之处。有的运用科学哲学新历史主义的溯因法(即所谓的倒行研究),来重建宇宙的形成过程,从宇宙年谱中推出的宇宙演化图式,与《周易》的太极——八卦相生图式和宋代周敦颐《太极图说》中的太极图式冥会暗合。还有人以"大爆炸"学说比附《周易》……这些学者的观点虽未被学术界公认,但可能是对宇宙形成理论的一种有益探索。需要警惕的是,用现代科学知识和成果来过分地和《周易》相比附,特别是和一些较为具体的理论相比附,恐怕会徒劳无功、一无所获。

《周易》易数与古代历法

平常所讲的易数,即《系辞》中的"大衍之数五十,其用四十有九";天数1、3、5、7、9,地数2、4、6、8、10。

其中天数相加得25,地数相加得30,天地之数总和为55。《易·系辞》认为,这些数反映了天地万物的变化,能够"成变化而行鬼神也"。

这从1到10的十个自然数,真有如此广大的神通吗?如果真这样认为,现在的人们会感到你是在说梦话,是发了疯。但在古代,这却是确凿无疑的事实。《周易》用它来沟通鬼神,象征天地,预测吉凶;刘歆的《三统历》、东汉的《乾象历》、北魏的《正光历》、唐一行的《大衍历》,都用它来作为制定历数的根据。正如《新唐书·历志》所说:"盖历起于数。数者,自然之用也。其用无穷,而无所不通,以之律于易,皆可以合也。"除此而外,易数又影响了古代的军事、建筑、艺术等各个领域,它简直无所不通,无所不能。这到底是怎样一回事呢?欲得真解,须追根溯源。

数字在文字学上属于指事一类。其初是具体的,如人畜之数、岁月日时之数、道里之数等,都是有一定单位、一定定义的数。但数的思维已是对实物的抽象,如果再进一步抽象,就能脱离实体,专言其数。如称天、地、人之数为三,这个"三"并不表示同质等量的可量可比的单位数,只是区别之数、分项之数、编号或序数而已,这就是纯数。老子的"道生一,一生二,二生三,三生万物",庄子的"一与言为二,二与一为三,自此以往,巧历不能得",《周易》的天数、地数、大衍之数等，均是纯数。纯数的数学性质是没有单位，没有大小之可比性；不能用来进行精确计算；只有整数而无小数。

这些不可算的纯数，其义虚渺，飘忽不定，在使用上更可随意附托某些概念而使其内涵无限扩展。这就是易数无所不通、无所不能的根本原因所在。如"一"，在易中可表示天数一、水的生数一、贞夫一、乾元的一、北方的一、奇数的一和阳数之始的一，同时在古代哲学中，又可表示统一、表示整体等等。"二"可表示两仪，表示阴阳，表示相对之体，表示相配的事物，表示阴数之始，等等。其他的三到十每个数均可代表众多的不同质量的事物。

易数是纯数，它以奇偶结合卦象中的阴阳，具有象征性、多适性、不定性。它不能用来精密计算，不可视为算术之数。但到了汉代刘歆的《三统历》，则把易数看作可计算之数，并应用于历法的历算之中，使易数在形式上成了制历的基本依据。按刘歆的说法，《三统历》的许多基本数据都是从易数中推出来的。如：

十九年七闰，为什么呢？《汉书·律历志》说："合天地终数，得闰法。"天数为1、3、5、7、9，终数为9，地数终数为10：

$$9 + 10 = 19$$

这样就确定了十九年该有七个闰月。其实十九年七闰是春秋以来"四分历"的成法，与易数毫不相干，此处明显是刘歆用易数附会，以神其历！

又如，《三统历》每月是 $29\frac{43}{81}$ 天，即分每天为 81 分，所以 81 叫"日法"。刘歆以为 81 源于黄钟律管长（长 9 寸）自乘（即 9×9= 81），而黄钟律管的长为 9 寸又源于"乾之初九"。所以归根到底，这 81 的"日法"是源于易数。

每天既分为 81 分，每月共有 29×81+43=2392 等分。这个 2392 称为"月法"。它是如何得来的呢？《汉书·律历志》说："推大衍象，得月法。"具体推算过程是：

> 元始有象，一也。春秋，二也。三统，三也。四时，四也。合而为十，成五体。以五乘十，大衍之数也。而道据其一，其余四十九，所当用也，故著之为数。以象两两之，又以象三三之，又以象四四之，又归奇象闰十九及所据一加之，因而再扐两之，是为月法之实。

列作算式即：1 + 2 + 3 + 4 = 10　　10×5 = 50

因"道据其一"，所以：50 − 1 = 49

以象两两之：49×2 = 98

以象三三之：98×3 = 294

以象四四之：294 × 4 = 1176

归奇象闰十九及所据一加之，即加上 19 和 1：1176 + 19 + 1 = 1196

再扐两之：1196 × 2 = 2392

这里每一个步骤都紧扣大衍之数，乍一看是据其而来，但究竟有何道理，只有天晓得！如果用这样随意凑对的方法，任何一个整数都可以从易数中推导出来。换句话说，所有已知的整数历法数据，都可以用易数来加以证明，然后向世人宣布该历法的神圣与符合天意。很明显，刘歆是在搞数字游戏，不是由易数导出了历法数据，而是用易数去附会已知的历法数据。易数与实测的历法数据是格格不入的，将之强行地附会于科学历法是毫无裨益的，只能带来徒劳无功的后果。

除刘歆外，东汉著名天文学家张衡也受了易数相当大的影响。《系辞》中曾记载了"万物之数"，认为："二篇之策万有一千五百二十，当万物之数也。"这是《周易》上下两篇六十四卦三百八十四爻的共有之策数（阳爻三十六策，阴爻二十四策），即 $\frac{384}{2} \times (36 + 24) = 11520$ 策。古人以为，万物之数，于此尽矣。而张衡写《灵宪》，将天空中恒星的总数也归于此易数："中外之官（指有名之星），常明者百有二十四，可名者三百二十，微星之数盖一万一千五百二十。"

张衡发明候风地动仪和浑天仪，建立"浑天说"，是我国古代伟大的天文科学家。他在易学方面造诣也很深,《灵宪》之作就本于《周易》之象,"浑天"之论,也汲取了《周易》的不少哲学思想。当他对似隐似显的众多微小星星数目进行推测的时候,又利用《周易》的"万物之数"进行概括,可说是十分自然的事情。但是,实际上宇宙恒星要比《易》的"万物之数"多得多。《易》的"万物之数"如具体指三百八十四爻策数则是可计算之数,如真指万物之数则是不可计算之数。拿它来比附天上恒星之数,显然是错误的。但《周易》对于这位伟人的影响也是显而易见的。

至唐代,一行也用历法去附会《周易》易数。他把自己有着许多创新之处的历法名为《大衍历》,就是要向人们说明他的数据是从"大衍之数"中推出来的。他在《历本议》中论到历法的根本时说:

(《易》)"天数五,地数五,五位相得而各有合,所以行变化而通鬼神也。"天数始于一,地数始于二,合二始以位刚柔。天数终于九,地数终于十,合二终以纪闰余。天数中于五,地数中于六,合二中以通律历。

和刘歆一样,一行也是用附会的方法,拿易数去比附历法数据。一行是古代著名的天文学家和数学家,他不仅品格高尚，而且学问极好，他的《大衍历》比以前的任何历法都更为精密。他在历法计算中使用了不等间距的二次差内插法，是天文学和数学上的一个创举。他逝世以后的二百年间，天文学、数学都没有人超过他的水平。历史上在对一行倍加推崇的同时，对他把历法附会于大衍之数也进行了批评。如明代邢云路在《古今律历考》中说：

> 一行之历，原自测景观象而得。
>
> 历法之难，正在奇数之分秒，实窥测所得，而非大衍所推也。谓历数合大衍之象则可，谓历数之分秒皆出于大衍则不可。一行尽一一之数皆附于大衍，亦大劳矣。
>
> 一行倚大衍之数，立推步之法，是一行求合于大衍，非大衍合一行之数也。

这些批评，首先肯定了《大衍历》之数是"测景观象"的结果，而不是大衍之数的推衍，这就道出了《大衍历》的真正根据。"是一行求合于大衍，非大衍合一行之数也"，是一个中肯的批评，也是实情。因此，那种现在还认为《周易》易数是制定古代历法根据的观点，也是错误的。大衍之数在历法推步中所起的作用，只能是使历法更加神秘，更加"大劳"，此外别无裨益。

最后，附带提一下易学家们用天文历法知识来解释《周易》的问题，这方面的肇始者是西汉孟喜、京房等易学大师的"卦气说"。该说最得意、最基本的方法，是把当时的天文历法成就，与八卦、十二辟卦、六十四卦等卦象一一比附，以说明《周易》阴阳消长、刚柔相摩的基本理论。比如：震为动，配春，表示万物萌生。离为明，配夏，表示万物欣欣。兑为悦，配秋，表示万物长成结果。坎为劳，配冬，表示万物疲劳。震、离、兑、坎为四时卦，或称四正卦。因一年有二十四节气，每正卦于是又各分配六个节气，以每正卦的六爻各主一个节气。四正卦的初爻分别管理冬至、夏至、春分、秋分四个主要节气。除四正卦外，还余六十卦怎么分配呢？有的说，这六十卦主一年的 365.25 日，当时一日分为 80 分，这样 $365\frac{1}{4} \div 60 = 6\frac{7}{80}$ 日。所以，每卦主六日七分。孟喜还有一种分配方案，即把这六十卦分为五组，每组十二卦，以辟（君）卦、公卦、侯卦、卿卦、大夫卦名之。又把每个节气分为初候、次候、末候三个阶段，二十四节气共得七十二候。然后用公卦和侯卦外卦配二十四初候，辟卦、大夫卦配二十四次候，卿卦和侯卦内卦配二十四末候。这样一来，六十四卦与一年的日数、四季、节气等都配合起来，从形式上证明了《易》卦是天地阴阳变化之学。

卦气说将《周易》象数与天文历法纳入同一系统，建立了一个以阴阳八卦为间架的庞大系统。它借助于当时的天文历法知识讲《周易》，虽对具体的历算无多大益处，但却在古代历法理论中另辟新径，成为解说历法理论的根据之一。上述的《三统历》《乾象历》《大衍历》等基本上都借助卦气来解说历法理论。

总之，秦汉以后《周易》的阴阳理论、太极元气理论、象数等对我国古代天文历法基本理论的建立，产生了深刻的影响。对天文历法中具体的历算和数据则无多大裨益。这就是《周易》和古代天文历法的实质性关系。

《周易》与数学

易是一个谜，易数更是一个谜。古往今来，不知有多少学者试图揭开这个谜底，他们从各个不同的角度探究其意蕴，致使说易之书卷帙浩繁，汗牛充栋。但这"言天下之至赜"的象数之谜，依然未能被完全揭开。其中到底包含了多少数学意蕴，学者们见仁见智，异说纷纭，莫衷一是。

古代学者认为《周易》是我国数学的摇篮。《九章》和《周髀》作为我国最早的算经，其渊源都和易数有关。晋时著名数学家刘徽在《九章序文》中说："古者包羲氏始画八卦，以通神明之德，以类万物之情，作九九术，以合六爻之变。及于黄帝，神而化之，引而伸之，于是建历纪，协律吕，用稽道原，然后两仪四象精微之气，可得而效焉。"这段话说明，在我国古代，易数确实被用于九九之术、编制历法、协调音律、测定方位、丈量罗盘等各个方面，堪称一门古老的应用数学。

现代"科学易"派的学者，把许多现代数学的概念引入易学的范畴，探究了《周易》本身所蕴含的数学内容和数学思想，其成果异常丰富，五花八门。他们认为，《周易》的二进位制思想构成了现代电子计算机设计的基础，它是计算机科学的发祥地；三维空间解析几何的直角坐标系可和八卦的"卦限"一一对应；高维几何中的"胞腔"与《周易》的阴阳、五行、八卦也有联系。有的人以洛书以五对称的原理，证明了"在任何线段 $x+y=2n\ 0\leq x, y\leq 2n$（n为$\geq 3$的整数）上的$2n+1$个整点中，常有素点存在"。这个定理实际上就是哥德巴赫猜想。还有人认为如果用1代表阳爻，用0代表阴爻，把六十四卦的集合看作是B，则B是一个具有丰富内涵的代数结构；可以在B中平行地引进布尔向量空间的全部理论，引进数学中"群"的某些理论，等等。这些论说的共同特征是把现代数学的某些概念和成果"援以入《易》"，借以探讨《易》中所蕴含的数学内容和思想。不管这些论说是否有道理，《周易》作为一部独具风格的数理哲学、数理逻辑或"宇宙代数学"，与数学确实结下了不解之缘。它对中国数学的产生和发展，也确实产生了深刻而巨大的影响。

《周易》对古代数学发展的影响

《周易》以及以后的易学，对古代数学的影响可从以下几个方面探讨：

《周易》对古代数学研究方法的影响　《周易》认为，天地之数、大衍之数等都是由那些可以"通神明之德"的圣人所发现的某种宇宙自然法则的体现。凭借着易数，可以"极深而研几"，"以通天下之志，以定天下之业，以断天下之疑"。数具有"成变化而行鬼神"的特殊神学功能，又有"范围天地之化而不过，曲成万物而不遗"的世俗实用功能。这些思想对古代的数学家们影响至深，"作九九之数，以合天道"（《管子·轻重》），既是他们追求的目的，也是研究时所采取的基本思路和方法。因而，在他们取得新的数学成果时，往往将它归之于易数。如古代杰出的数学家秦九韶把他发现的一次同余式组解法称为"大衍求一术"，认为他的成果来源于大衍之数。其实，大衍求一术与筮法的大衍数并无逻辑的承继关系，二者相去甚远。但他却不遗余力地对大衍之数做了重新而特殊的解释，使之可用解一次同余式组的方法求得筮数，这明显是受了《周易》象数思维的影响。除此之外，汉晋的数学家对圆周率"周三径一"的旧说，早就产生了怀疑，但囿于"方圆之术，天地之数"的思想，长期未能突破。又如古代数学长期未能形式化和符号化，不能使用完整的演绎法，总是停留在"析理以辞，解体用图"的阶段，也是受了《周易》"言尚其辞，制器尚象"的象数思想影响。

《周易》中的数学知识及其影响　《周易》中有许多简单的、初级的数学知识，虽然没有多少高深的地方，但却引出了极有意义的数理哲学命题，从而使不少古代数学家倾倒于这"易数——神数"之下。下面略举几例：

奇偶数律　宇宙间有许多物体，有物体就有量的关系。于是人们在计数的过程中，最先掌握了自然数列1、2、3、4……先民们在无穷尽的自然数中，抽象出奇数和偶数的基本特性，是认识史上也是数学史上的一大进步。《系辞》说："天一、地二、天三、地四、天五、地六、天七、地八、天九、地十。""天数五，地数五，五位相得而各有合；天数二十五，地数三十，凡天地之数五十有五。"这里推求出了三个公式：

连续奇数之和公式：前n个奇数之和 = n^2。假如是"天数五"，即n=5，则天数为：

$$1 + 3 + 5 + 7 + 9 = n^2 = 5^2 = 25$$

连续偶数之和公式：前n个偶数之和 = $n(n+1)$。假如是"地数五"，则n = 5，地数为：

$$2+4+6+8+10=5(5+1)=30$$

连续奇偶数（自然数）之和的公式：$\dfrac{n(n+1)}{2}$。"天数五""地数五"共十项，即 n 为 10。则天地数之和为：

$$\dfrac{10(10+1)}{2}=55$$

这些数学知识平淡无奇，但《周易》却把奇偶律与阴阳观念联系起来，"伏羲画八卦，由数起"（《汉书·律历志》），构成了八卦和六十四卦的开放系统。这个系统把奇偶律作为自然数的基本矛盾，因为自然数非奇即偶；把阴阳作为一切事物的基本矛盾，因为事物的矛盾属性是非阳即阴，它们都是对立统一的。阴阳在一定条件下可互相转化，奇偶如果加减一后，也可互相转化。由奇偶数构成的自然数列可以无穷无尽地发展下去，是一个无穷序列。阴阳也被赋予了奇偶的这种性质，这样便构成了宇宙间事物发展的无限性。事物的变化与数量的变化被有机地联系在一起，奇偶律的数学模型成了阴阳变化的宇宙哲学代数模型。《周易》的大厦即构筑于此。

排列组合 《系辞》说："易有太极，是生两仪，两仪生四象，四象生八卦。"太极是天地未分时的混沌状态，其数为一。一生两仪即"—"和"--"，代表天地。两仪生四象：太阳⚌、少阴⚍、少阳⚎、太阴⚏。这四种象是在两类不同元素中（—、--）每次取二个元素的有重复的排列。如果把元素的种类叫作m，每次取数作n，其所排列种数的式子是m^n，即$2^2=4$。如果说在易数体系中阴阳转化服从于奇偶数转化法则，那么事物矛盾的演化则服从于排列数学的法则。按照这种数理逻辑，必然会演出八卦、六十四卦来。四象生八卦，即把阴阳爻两个元素按三个一组进行全排列：$2^3=8$。八卦相重得六十四卦，即把阴阳爻按六个一组进行全排列，即$2^6=64$。从数学角度来讲，有了上述排列知识，可以将卦爻层次无限地推演下去。因而，易卦像m^n一样，是一个不封闭的体系。《周易》将未济卦（未完成）作为最末一卦，暗示出《易》的作者已经意识到这一点。这一观点阐明了矛盾运动的无限多样性，《周易》以此排列数学模式，作为理论体系基础，正是其"《易》道广大"，可以援《易》以为说，又可援以入《易》的原因之一。

一分为二的等比级数　《周易》太极八卦式的宇宙生成观，从数学角度看，是一个一分为二的等比级数。它的特点是每一项和前一项的比值等于一个常数（即公比）。如宋代象数学家邵雍根据太极、两仪、四象、八卦、六十四卦……万物的分衍概念，指出了等比级数的上述特点："是故一分为二，二分为四，四分为八，八分为十六，十六分为三十二，三十二分为六十四……合之斯为一，衍之斯为万。"（《皇极经世·观物外篇》)南宋著名理学家、易学家朱熹也说:"此只是一分为二,节节如此,以至于无穷,皆是一生两尔。"这种数学概念用现代数学表达式可表示为:

$$1, 2, 4, 8, 16, 32, 64 \cdots\cdots M$$
$$2, 2^1, 2^2, 2^3, 2^4, 2^5, 2^6 \cdots\cdots 2^n$$

这是一个简单的无穷等比级数,M的发展趋向于无限大。

这种数学概念,被《周易》用来说明宇宙万物的无限性及其生成源流。于是它脱去了数学的外壳,变成了一种宇宙观和本体论,对我国传统文化的各个侧面都产生了深远而广泛的影响。在这种转变过程中,是把可运算的自然数变成了不可运算的纯数,每一级数都被赋予了特定的社会和自然事物的意义(指64以前的级数)。如《礼记·礼运》:"必本于大(太)一,分而为天地,转而为阴阳,变而为四时……"一为太一,二为天地(或阴阳),四为四时,八为八卦、八方、八风等,六十四为六十四卦等。

从微观方面也可以一分为二,这种数学概念古人也有。如《庄子·天下篇》说:"一尺之棰,日取其半,万世不竭。"这是一种无限分割的思想。并提出了很有价值的"极限"概念,它可表示为:

$$1, \frac{1}{2}, \frac{1}{4}, \frac{1}{8}, \frac{1}{16}, \frac{1}{32}, \frac{1}{64} \cdots\cdots \frac{1}{M}$$

$$1, \frac{1}{2^1}, \frac{1}{2^2}, \frac{1}{2^3}, \frac{1}{2^4}, \frac{1}{2^5}, \frac{1}{2^6}\cdots\cdots\frac{1}{2^n}$$

"$\frac{1}{2^n}$"的无限分割必然趋近于0,而永远不能达到0,所以它"万世不竭"。

等比级数的发现和应用,特别是在《周易》象数系统中的应用,对古人来讲,既是了不起的数学成就,更是无比深奥幽赜的"神数"。无数古代学者为之倾倒,有人拿它来解释天文律历,有人拿它来解释社会和历史。如进一步神化,则超出了它的应用范围,成为"成变化而行鬼神"的神学工具了。

加倍变法与一分为二 加倍变法来源于"幂形"中的"开方术"。南宋易学家朱熹曾作了一幅《加倍变法图》(见图七),并加以解释说:"此图用加一倍法,出于数学中,谓之开方求廉率。其法以左一为方,右一为隅,而中间之数,则其廉法也。"这一"加倍变法图",正是数学史上著名的"杨辉三角"。此图的特点是除边数"一"外,每个数都等

图七 加倍变法图(杨辉三角)

于它肩上两个数之和。这个三角形的妙处在于其中各横行中的数字正是二项式展开式的系数表，每一横行都可以用"$(a+b)^n$"[n=（行数-1）]的展开式来表示。如第五行数字是1、4、6、4、1，n=5-1=4，故：

$$(a+b)^4 = a^4 + 4a^3b + 6a^2b^2 + 4ab^3 + b^4$$

它的各项系数与第五行数字完全相同。在欧洲，这样的三角形是由法国数学家巴斯加于1654年发明的，朱熹的这项发明则至少早于巴斯加三角四百五十四年。若按杨辉说，早在11世纪贾宪在其所著《释锁算书》（已佚）中已经用过这种三角，那比巴斯加更要早五百余年。

问题是，加倍变法图究竟从何而来？朱熹认为它出于《易传》"太极生两仪，两仪生四象，四象生八卦"的原理，今人刘蔚华先生也认为它"来源于太极→两仪→四象→八卦的'《周易》三角'，它是'一分为二'级数的概括"。上述看法是很有道理的。

从图上可看出，第一层到第二层即一分为二或太极生两仪。第三层为四象：两边太阴和太阳，中间少阴和少阳都为一阳一阴组成，故为二。所以第三层数为1+2+1。第四层为八卦：两侧各为纯阳纯阴卦；中间六卦可分为两个类型，两阴一阳的有三个（☳震、☵坎、☶艮），两阳一阴的有三个（☴巽、☲离、☱兑）。所以第四层数为1+3+3+

《周易》与中国古代科学

1。第五层共有十六卦,可分五个类型。第六层三十二卦,可分六个类型。第七层六十四卦,可按阴阳爻所占数量分成七种类型,包括六个阳爻卦一个,五阳一阴的卦六个,四阳二阴的卦十五个,三阳三阴的卦二十个,二阳四阴的卦十五个,一阳五阴的卦六个,六阴爻的卦一个。即 1 + 6 + 15 + 20 + 15 + 6 + 1,与"加倍变法图"或"杨辉三角"一模一样。

因此,"杨辉三角"应当溯源于《周易》,换句话说,《周易》中已经蕴含了这种数学思想。杨辉三角只做出了七层的正三角形,由顶至底即太极一到六十四卦的一分为二排列顺序和生成顺序。它为何不做八层、九层?显然又是受了六十四卦卦数的拘束,这是其源于《周易》的有力证明。但是,《周易》所蕴含的这种光辉的数学思想,并未图式化、数列化,它真正的数学含义应是在宋代以后才被揭示出来的。杨辉三角实际上涉及了组合问题,排列要看顺序,组合则不管顺序而看性质,故阴阳爻两个符号搭配起来的六十四卦,只可能组合为七种类型。从这里也可看到易卦中排列和组合的数学关系。这种闪耀着思维光辉的三角形,对以后的高阶等差级数求和问题和高次招差术的发展,都提供了有力的数学工具。

河图洛书中的数学概念 严格讲,河图洛书并不是《周易》本身的概念。《系辞》上虽说:"河出图,洛出书,圣人则之。"但究竟什么是河图、洛书,历来异说纷纭,怪诞不经。《尚书·顾命》最早提到河图,《系辞》和《春秋纬》最早提到洛书。汉以后人对河图、洛书的具体内涵频频考证,至宋代形成了易学中的专门之学——河洛之学(或称"图书之学")。宋代朱熹把汉以来存在的"九宫算"视为洛书,其后学者不再更易,几成定论。现把"九宫算"和"洛书"图附于此,见图八。

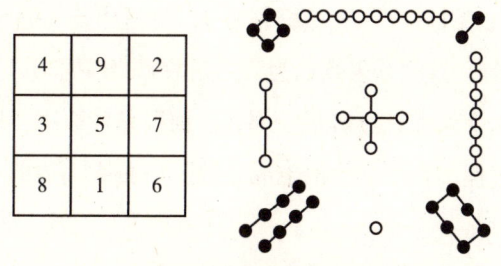

图八 九宫算和洛书

九宫数与洛书 九宫图是一种古老的幻方。《大戴礼记·明堂》的"上圆下方"的九室,就用"二九四,七五三,六一八"作为其数制。以后的数学家总结为:"二、四为肩,六、八为足,左三右七,戴九履一,五居中央。"这些数字十分微妙,不论是纵、横或对角的三个数字相加之和,均等于15。

15这个数有人认为是出自易卦筮数的6、7、8、9,其中

《周易》与中国古代科学 | 283

9、6是阳阴两变爻,8、7是少阴少阳两不变爻,其和均为15。这或许说明了九宫数与易数的一些关系。

朱熹认为,洛书是"数之原"。他说:"自洛书以三三积数为数之原,而自四以下皆以为法焉。何则?三者天数也,故其象圆;四者地数也,故其象方。"所谓"数原",即数学的理论根源。古人一直认为数学的理论原理出自方和圆,如《周髀》所说:"数之法出于圆方。圆出于方,方出于矩,矩出于九九八十一。"三三积数为9,矩形出于一边自乘,如$9^2=81$一样。这就是朱熹认为洛书是数源的根据。

天地生成之数与河图 那么,河图是什么呢?按郑玄和宋人的解释,它是"天地生成之数"55搭配而成的一个方形图,如图九。

这个方形图以1、6配水,列于下(北);2、7配火,列于上(南);3、8配木,列于左(东);4、9配金,列于右(西);5、10配土,列于中央。

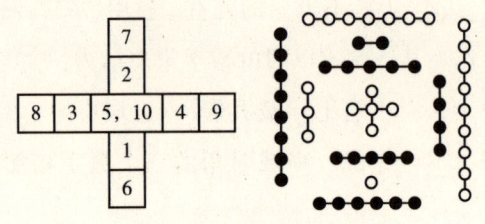

图九 天地生成之数和河图

有人认为"河图的数字关系表示了圆和方的关系"。圆方关系在古代其实是天圆地方的关系,因而也是数的根本原理和法式。观图九,从外到内共分四层:第一层为6、7、8、9,其和为30;第二层是1,2,3,4,其和为10;第三层是10,第四层是5。若以五为正方形边长,其周长为20,正好等于第二、三层数之和;其面积为$5^2 = 25$,正好是全部内层数之和。若以这一正方形的边长5为半径画圆,其周长按"径一周三"的古率计算,$\pi = 3$,$2\pi = 6$,$6 \times 5 = 30$。这正好是河图外层数之和$6 + 7 + 8 + 9 = 30$。这样,从边长为5的正方形中可导出周长为30的圆,合于《周髀》所说的"圆出于方"。

因此,河图洛书的数理概念,都是在讲天圆地方的数理关系。如果我们进一步考察"大衍之数五十,其用四十有九",可以发现,其中也含有圆方的数理关系。正如朱熹所讲:"论方圆周围之合数则五十……此大衍之体也。""蓍策之数,必以七为用者,盖方圆之形,惟以径七为率,则能得周围之整数。"河洛之学把天地之数、大衍之数、洛书之数均附会于圆方,其目的在于用这些"神数"来证明天圆地方的宇宙观。因而河图洛书从本质上讲又是一种数理哲学,它对我国古代传统文化的各个方面也产生了重要影响。

《周易》易数与古代实用数学

易数在我国古代不仅仅表达了一种数理哲学，而且被广泛应用于天文、历法、音律、丈量、筮占等文化领域，堪称一门古老的应用数学。

天文学方面 张衡在《灵宪》中曾用《周易·系辞》的"万物之数"11520，来推测星空的微星之数。他说："中外之官常明者百有二十四，可名者三百二十，微星之数盖一万一千五百二十。"

历法方面 西汉刘歆的《三统历》、东汉的《乾象历》、北魏的《正光历》、唐代的《大衍历》都曾把易数导入历法，并以为易数是制定历法的根据。

音律方面 《史记·律书》认为"六律为万事根本"。到了《汉书·律历志》，则采用刘歆的说法，把易数又凌驾于音律数之上，认为易数乃万事万物之根本。比如，黄钟律数为什么是九寸？《汉书·律历志》说："乾之初九，阳气伏于地下，始著为一。万物萌动，钟于太阴，故黄钟为天统，律长九寸。"

林钟为什么是六寸？《汉书·律历志》说："坤之初六，阴气受任于太阳，继养化柔，万物生长……故林钟为地统，律长六寸。"

太蔟为什么为八寸？《汉书·律历志》说："太蔟为人统，

律长八寸，象八卦。宓戏氏所以顺天地，通神明，类万物之情也。"

其他各律数都根据黄钟律数得出。弄清了黄钟律的来源，就弄清了一切律数的来源。黄钟九寸是因为乾卦初九，那么各律数自应源于易数。古人制定律历和统一度量衡，首要的任务是"备数"，即寻出计算的基数，以达到"算数事物，顺性命之理"的目的。备数起于黄钟之数，而黄钟之数又起于易数。故在古代的度量衡中，易数也被实际应用，流传于中国数千年的《周易》蓍尺制度就是一个显明的例子。

《周易》的蓍尺制度 俗称"鲁般尺法"。它是运用《周易》阴阳、八卦与六十四卦占筮原则和体例建立起来的古代建筑领域内的一种尺寸制度。蓍尺，是以营造尺尺面数字作为建筑尺寸的计数工具。它以具体尺寸数字的变化而成卦，运用营造尺的阴阳、八卦和六十四卦占筮原则和体例，占定建筑尺寸的吉凶，设计各类建筑尺寸。

《说文》说："天子蓍九尺，诸侯七尺，大夫五尺，士三尺。"《礼记》云："天子之堂九尺，诸侯七尺，大夫五尺，士三尺。"《尚书大传》《五经异义》《白虎通》等古籍中均有这类蓍尺制的记载，这说明蓍尺起源很早。传说周武王曾以八寸为尺。八寸之尺，初以八卦占筮，以后才用六十四卦占筮。

邵雍的《梅花易数》中较详细地记载了蓍尺的用法：

第一，以数起卦，乾一，兑二……坤八（先天八卦顺序排列）。

第二，用八卦做卦数，超过八的数，就用八除以此数，用余下的整数做卦数。

第三，查所得之卦的卦辞，占定这一尺寸的吉凶，设计这一尺寸。

上述蓍尺制度，自周代迄明清，在中国古代建筑尺寸设计中代代相传，绵延久远，被工匠们奉为圭臬而严格遵守。否则"少不似则不利载"，如不合蓍尺之制，则大不吉利。可见易象数在这一领域影响的深度和广度，也可看到易数作为应用数学在古代度量衡、建筑学等学科研究中的实际意义。

《周易》与现代数学

以上我们简单地揭示了《周易》与古代数学的关系，下面谈谈《周易》与现代数学的关系。

随着"科学易"概念的提出，学术界对《周易》与自然科学的关系出现了两种截然相反的观点。一种认为，《周易》与现代科技的一切联系都是毫无意义的牵强附会，"歌颂《周易》与西洋近现代的自然科学相符合者，都未能提出很可靠的具体证据"；另一种意见认为，"近现代一些重大的自然科学的进展……都受到《周易》思想的启示"。前者否定了《周易》与现代科技的一切联系，后者则把这种联系无限夸大，显然都是不适宜的看法。

古人没有现代数学概念，但这不等于说《周易》中没有现代数学的一些内容。因为数学本身是一门思维科学，它不同于计算机等现代科技，后者只能是人类文明发展到一定阶段的产物，而空间形式与量的规律，则可不依赖于人类的智力水平而存在。作为一种数理哲学，易卦的数学结构恰好是很多现代科学和宇宙人生中许多事物的抽象模型。现在的不少数学概念之所以能够援以入《易》，正是由于易卦的数理哲学具有高度的抽象性，它对现代数学的高度抽象具有一定的影响。

用西方现代数学概念去揭示《周易》所蕴含的数学原理，大概起于德国数学家莱布尼兹于1701年揭示的伏羲先天八卦的"二进制"图表。"二进制"是莱氏在1646年发明的，它用1和0为符号，表示所有的自然数字。如下图十。这种"二进制"，现已成为设计计算机硬件和软件的基础。

卦　名	坤	艮	坎	巽	震	离	兑	乾
符　号	☷	☶	☵	☴	☳	☲	☱	☰
二进制	000	001	010	011	100	101	110	111
十进制	0	1	2	3	4	5	6	7

图十　先天八卦符号与二进制对位表

当莱氏看到法国传教士鲍威特寄给他的伏羲六十四卦次序图、方位图后，发表了一篇论文，探讨了中国伏羲六十四卦图，认为这是一个古老的二进制数列。（如图十一）

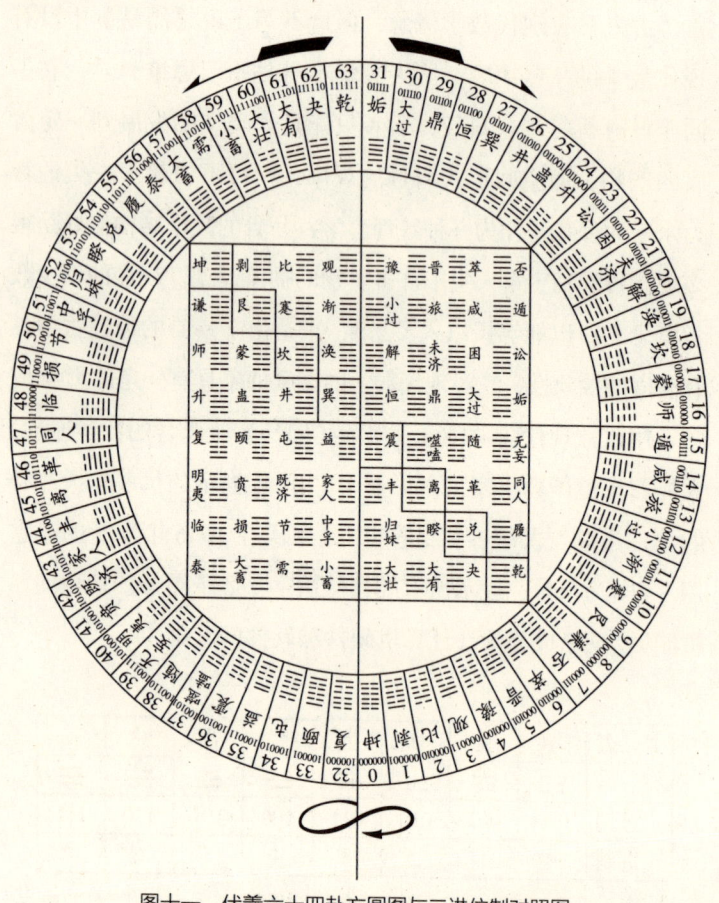

图十一　伏羲六十四卦方圆图与二进位制对照图

如果阴爻为0，阳爻为1，那么八卦可按顺序译作二进制。即：乾111（7），兑110（6），离101（5），震100（4），巽011（3），坎010（2），艮001（1），坤000（0），它们与十进制的关系依次为7、6、5、4、3、2、1、0。这正好说明"易，逆数也"的古老认识。如果用二进制进一步检验下边的六十四卦方圆图，乾为111111（63），坤是000000（0），0—63，共为六十四卦，全部卦序符合二进制的要求。

莱氏对此十分惊叹。他说："易图是流传于宇宙科学中之最古的纪念物。"他把自己看到易图之前发现的二进制，说成是"对于理解三千余年前（其实应是邵雍所处的宋代）中国最初的君王且为唯一的哲学者伏羲之古代文字的秘密的发现"，这当然是赞美之辞。其实莱氏不是在易图的启发下发现了二进制，而是用他的二进制数学思想，揭示了六十四卦为二进制数学结构。莱氏在这里承认二进制为中国古代伏羲的发明，是因为伏羲比他早。但易图的二进制是隐含的、模糊的，是要靠科学的进步与发达进一步揭示的。因此，那种认为《周易》是现代计算机发祥地的观点是错误的。同时，认为现代科学（包括数学）与《周易》无任何联系的观点也是错误的。正确的态度是实事求是地揭示《周易》中所蕴含的科学原理，无限地夸大与附会是荒唐的，把什么都认为中国"古已有之"也是盲目自欺的。认真研究《周易》中的数学原理，去粗存精，去神秘而存真，不仅会得到很多启发，也会使"科学易学"走上健康发展的道路。

用现代数学观点来看，易卦的符号系统的集合（可用B表示，并用1代表阳爻，0代表阴爻）是一个具有丰富内涵的代数结构。它的"现代数学的内容的确颇为丰富，几乎涉及现在大学数学系所有离散数学课程的初步内容。即使在今天，对大学数学系学生讲授集合论、格论、群论、布尔代数、概率论以及图论、数论的某些概念时，易卦集都不失为该分支中一个深刻而有趣的例子"（欧阳维诚：《周易的数学原理》）。有鉴于此，研究易卦易数中隐含的数学原理，就成为当代易学研究的任务之一。不用现代数学方法，就很难得到《周易》象数之底蕴；不了解这种底蕴，就不能对以《周易》为首的传统科学文化做出符合实际的评价，更谈不上学以致用，古为今用。因而，现代的科学易派对于《周易》与科学关系的探讨虽有一些偏颇之处，但其中不少成果不失为非常有益的探索，是值得肯定的。

《周易》与中医学

医易同源、医易相通的认识，自古至今对此并无异说。不论是医学家，还是易学家全都达成了这种共识。唐代著名大医学家孙思邈说:"不知易,不足以言太医。"明代著名中医学家张景岳进一步深刻地阐明了医易相通的道理,他在《类经附翼》说:"天地之道,以阴阳二气造化万物;人生之理,以阴阳二气而长养百骸。易者,易也,具阴阳动静之妙;医者,意也,合阴阳消长之机。虽阴阳已备于《内经》,而变化莫大乎《周易》。故曰:天人一理者,一此阴阳也。""岂非医易相通,理无二致,可以医而不知易乎?"张氏把医易相通的焦点集中在阴阳学说上,是十分中肯的。"一阴一阳之谓道",不仅是《周易》对立统一哲学的核心,也是中医学赖以建立和发展的理论基础。

中医学是以经验为主的一门实践科学,《周易》不仅在理论上影响了中医学,而且在实践上对其也有深刻的指导意义。中医的"子午流注""灵龟八法""七损八益"等医治过程,都充分运用了《周易》的象数理论。把《周易》的象数与中医的临床实践混为一体,并运用其阴阳学说辨证施治,是中医科学区别于其他古代科学的突出特征。如果说《周易》对古代其他自然科学的影响仅限于哲学或理论方面,那么它对中医学的影响又扩展于实践方面。在中医学的躯体中,充满着《周易》的血液。

《周易》阴阳观是中医学的理论基础

《庄子·天下》篇说,"《易》以道阴阳",言明了阴阳学说是《周易》思想的核心。《易经》中虽未明言阴阳,但阴阳观念已寓含于"—""--"两个卦爻符号之中。《易传》已明确提出阴阳概念,《系辞》中的"一阴一阳之谓道",《说卦》中的"立天之道,曰阴与阳",阐明的就是这种阴阳学说,即朴素辩证法的对立统一法则。

阴阳对立统一法则,在中医学理论体系中居于核心地位,构成了后者的理论基础。"欲赅医易,理只阴阳",中医学的圣典《黄帝内经》,就将这一对哲学范畴广泛地应用于中医学的各个层面,几乎达到了神妙的程度。

中医宇宙观和方法论 《素问·天元纪大论》说:"夫五运……皆应阴阳。阴阳者,天地之道也,万物之纲纪,变化之父母,生杀之本始,神明之府也。""五运",指木运、火运、土运、金运、水运。"五运"是与风、寒、暑、湿、燥、热等"六气"是相对应的。五运可以转化为六气,六气也可以转化为五运。中医学认为人体也有五运六气,五运内应五脏之气的生理病理变化;六气内应六腑、三阴三阳六经之气的生理病理变化。人体内五脏六腑像五运六气一样在生理病理方面也相互转化、相互影响。这种中医理论的思维模式,是《周易》取象比类的象数思维方式。它的理论核心则是《周易》的阴阳理论:"五运属阴,守于地内;六气属阳,周于天外。其化生于人也,五运化生五脏,属内;六气化生六腑、十二经，属外。其变疾于人也，五运内变，病于五脏，甚则兼外；六气外变，病于六腑、十二经，甚则入内。内外变极，然后死也。"（明马莳《素问注证发微》）

中医是研究人体的科学，故它所讲的宇宙观和本体论，偏重于人。这里用取象比类的方法，将阴阳五行理论所讲的天地自然的化生，类比于人的五脏六腑，认为是自然育人，天地育人，人是由天地自然间的阴阳五行之气化生而来。这就是中医借用《周易》理论所形成的宇宙观和本体论。

在方法论上，中医用阴阳理论统率五运六气。五运为阴，为内，为五脏；六气为阳，为外，为六腑。阴阳和内外是辩证的，五运内变可以兼外，六气外变可以兼内。也就是说，内部的病变可以导致外表的变化，外部的寒、热、燥、湿等也可以导致内脏的病变。变化的条件是"甚"是"极"。"甚"所反映的是阴阳内外的程度，是量变；"极"则是由量变引起的质变。阴阳不调是谓病，阴阳变化如达到"极"，则"然后死也"。很明显，这是《周易》"物极有返"的阴阳辩证理论在中医学人之化生、人体病变理论上的具体应用，也是《周易》哲学对中医科学的巨大贡献之一。

中医的人体生理结构　人体生理结构是医学科学研究的一个重要领域，中医学则用易的阴阳理论来回答这个问题。《素问·金匮真言论》说："言人身之阴阳，则背为阳，腹为阴；言人身之藏腑中阴阳，则藏者为阴，腑者为阳。""阴阳"在这里指的是阴气和阳气。对自然而言，阳气多存于陆地，阴气多存于海洋。对人而言，全身各个部分都区分为阴阳，如背阳腹阴、腑阳脏阴等等。由此出发，中医把阴阳和谐作为一种理想而正常的生理结构。它在强调护阳的同时，更强调阴气在推持人正常生命中的关键作用。这是因为，阴所包含的精血津液等，是阳化生的基础，保阴护阳是古人长寿（维持正常生理进程）的秘诀。如《黄帝内经》中曾指出："阴精所奉其人寿，阳精所降其人夭。"这是说秉天之阴气浓厚者寿，秉天之阳气太多者夭亡。温病学家吴鞠通强调："存得一分阴液，便有一分生理。"这是中医学数千年来的经验之谈，也是受取象比类思维方式影响所致。人们早就发现，女性的平均寿命要比男性的长，水中的乌龟要比山中的老虎、豹子生命力强。把这种"象"比附于人体生理理论，必然得出"少火生气"、滋补阴气的结论。其实，在阴或寒的条件下，阴气偏浓，阳气耗散较小，细胞分裂也相对较慢。而阳气较盛的男性和老虎等物，阳气耗散较大，细胞分裂迅速，因之寿命之钟也会走得较快，这就是造成上述寿命差异的重要原因。所以，古人特别强调还精补脑、吞津咽液、防止滥淫等，认为这是保阴和长寿的好办法。

在《周易》阴阳观念下建立起来的人体生理理论，注重生理阴气对人身心健康的巨大作用。这对揭示人体生命奥秘和增强身体健康有重要意义,也是《周易》哲学和中医对医学科学的一大贡献。

阴阳辩证的病理诊断和施治原理 《周易》的阴阳学说始终贯穿于中医学的阴阳学说中。这种学说是中医学理论的总纲,长期以来指导着中医的理、法、方、药等具体实践。

人为何会得病,得病的病理是什么?中医学是通过阴阳学说来回答这个问题的。《素问·阴阳应象大论》说:"阴胜则阳病,阳胜则阴病,阳胜则热,阴胜则寒。"《生气通天论》说:"阴阳离决,精气乃绝。"阴阳不调,或阴盛或阳盛都会导致人体得病。如果阴阳相离,或独阴,或独阳,精气自然断绝,人体也就会失去生命。《素问·阴阳应象大论》又说:"重寒则热,重热则寒,重阴必阳,重阳必阴。"热和寒都为病症,热属阳,寒属阴。寒、热二症在病理上也如阴阳转化一样,也会互相转化。重热犹发烧,首先感到的是阵阵寒冷;重寒犹伤寒,寒到一定程度就会发烧。

《素问·生气通天论》中对病理说得更明确:"内外调和,邪气不能害。""凡阴阳之要,阳密乃固。两者不和,若春无秋,若冬无夏……阴阳离决,精气乃绝。"阴阳(内外)调和,各种邪气(病原)均不能造成伤害。中医阴阳的要诀,在于调和,两者不和则百害入侵。

在中医诊断学中也渗透了阴阳辩证思想。"善诊者，察色按脉，先别阴阳。""谨熟阴阳，勿与众谋。"(《素问》)这里说只要能熟知阴阳，诊病时不用和别人会诊，也会判断准确。中医诊断以阴阳为纲，把疾病的症候表示为表证、里证、虚证、实证、寒证、热证等。这些特定的医学概念，都是阴阳辩证对立统一的延伸，它们在中医的临床实践中有巨大的实际意义。

在施治原则中，也渗透了《周易》的阴阳理论。如"阳病治阴，阴病治阳，定其血气，各守其乡"(《素问·阴阳应象大论》)；"调气之方，必别阴阳……微者调之，其次平之，盛者夺之、汗之、下之"；"寒者热之，热者寒之"；"谨察阴阳所在而调之，以平为期"(《素问·至真要大论》)。上引诸论，归结到一点就是阴阳辩证施治。阴阳失调后，轻微者可调和一下；程度略重者，要平抑之，重者必须加大力度；寒者则用热性药，热者则用寒性药，使热或寒去掉，出汗，不要使寒热走向极端。"平"和"调"都是指阴阳持平调和，达到这一步，病症也就好了。

"谨察阴阳所在而调之，以平为期"，这是不是形而上学的矛盾调和论？不是。阴阳协调不仅符合人体生理机能发展的特征，而且，这种机能是否保持稳定协调，正是生命力旺盛与否的标志。中医追求的阴阳平和协调，正是人体生命所必需的动态平衡。

《周易》三才观与中医三维医学的整体观

《周易》以天地人三才统一为立论的基点。《说卦传》写道："立天之道，曰阴与阳；立地之道，曰柔与刚；立人之道，曰仁与义。兼三才而两之，故《易》六画而成卦。"天地人是一个统一系统的整体，简称三才或天人合一思想。它把人看作自然界的一分子，人无时无刻不同自然和社会发生关系，并相互制约而构成了一个整体系统。

《黄帝内经》把《周易》的三才观同人体相结合，创造了有特色的中医三维医学。三维医学把自然界、社会和个体看作一个统一的整体，他们之间有着密切关系。

首先，三维医学强调人体同自然环境统一和谐。四季的变化，阴阳的消长，六淫的侵袭，水土的改变，都可导致人体与外部环境和谐关系的变化，引起人体内部生理机制的失调。这里成功地利用了易的整体思维方式来解释人与自然和环境的相互依存关系。

其次，三维医学也强调人与社会的和谐统一关系。它注重心理因素与社会因素对疾病的影响。如《素问·疏五过论》："尝贵后贱，虽不中邪，病从内生，名曰脱营。尝富后贫，名曰失精，五气留连，病有所并。医工诊之，不在藏腑，不变躯形，诊之而疑，不知病名。"这是说由人的社会地位变迁所引起的病变。对由心理因素所造成的疾病,《素问·阴阳应象大论》说得更具体:"怒伤肝,悲胜怒;喜伤心,恐胜喜;思伤脾,怒胜思;忧伤肺,喜胜忧;恐伤肾,思胜恐。"它指出人之情感不可趋于极端,大喜大悲、久思长忧对人体都有影响。但喜怒哀乐是人之常情,于是又提出"悲胜怒""喜胜忧"等情志相胜的心理疗法。《素问》的这种医疗观点来源于三才整体思想,它所概括的社会因素或由社会决定的心理因素对疾病的诱发影响,无疑是正确的。特别是对解释那些精神失常者的病因,是有启发和指导意义的。

第三,三维医学还强调人体自身生理机制的统一。 如人体六经与三焦统一,构成人体的网络系统。脏象学说中五运六气与五脏六腑的有机统一,运用阴阳五行的生克关系,用图像描述了人这个大整体内的整体结构与五个子系统自动反馈调节的功能。因此,中医学包含了原始系统论的思想,不愧为系统医学。但若究其来源,它也取法于《周易》三才统一的整体观。

《周易》节律观与中医人体节律

"人体生物节律",也称"人体生物钟",指的是一种周期性的生理或病理行为。现代科学的大量实验表明,任何生物的器官系统、细胞结构等都具有生物节律,其运转过程包括生命周期的发生、生长直至衰老死亡。人是万物之灵，有高度的智能、复杂的思维、丰富的情感、美妙的语言等。因此，除具有一般的生物节律外，他还具有情绪节律和智力节律。现代人体生物节律研究的成果是，体力节律（生物节律）为二十三天，情绪节律为二十八天，智力节律为三十三天。

现代易学和科学界一般认为，《周易》已存在节律观。如《丰·彖传》说："日中则昃，月盈则食，天地盈虚，与时消息。"这说明至少在《周易》以前，人们已认识到了日月运行、四时更迭、万物荣枯繁衍都有其规律。"天地节而四时成"（《节·彖传》），更强调了四时的变化有节律。

至汉代，易学家又创"卦气"说，用四正卦配四时和二十四节气，用十二消息卦配十二月和七十二候，借《周易》卦象模拟四时变化、斗转星移的节律性。易学象数与天文、物候发生了密切的关系，中医学充分利用了易学中关于天文、物候的知识来描述生理、病理发展的节律。于是，易学的节律观又在中医学中扎根发芽，并结出了不少硕果。

生理发育的节律　《黄帝内经》中揭示了男子和女子生理发育的节律。《上古天真论》说："女子七岁，肾气盛，齿更发长。二七而天癸至，任脉通，太冲脉盛，月事以时下，故有子。三七，肾气平均，故真牙生而长极。四七，筋骨坚，发长极，身体盛壮。五七，阳明脉衰，面始焦，发始堕。

六七，三阳脉衰于上，面皆焦，发始白。七七，任脉虚，太冲脉衰少，天癸竭，地道不通，故形坏而无子也。"

病理发生发展的节律 中医学早就注意了疾病发生的生物钟规律。如《灵枢·顺气一日分为四时》说："夫百病者，多以旦慧昼安，夕加夜甚。"指出疾病在一天内有着定时的变化，实质上反映的是发病周期与阴阳消长的关系。有些季节性病症，也具有明显的节律性："春善病鼽衄，仲夏善病胸胁，长夏善病洞泄寒中，秋善病风疟，冬善病痹厥。"除此而外，还有许多疾病都呈现着周期性，如周期性发热、周期性出血、周期性腹泻、周期性皮疹等等，不一而足。因此在治疗上如果能充分利用周期给药的话，治疗成效就会显著。

昼夜消长的节律 昼夜消长是自然节律，但在《周易》三才统一观影响下，中医学认为人体生物节律与其相互影响和作用。《素问·金匮真言论》说："平旦至日中，天之阳，阳中之阳也；日中至黄昏，天之阳，阳中之阴也；合夜至鸡鸣，天之阴，阴中之阴也；鸡鸣至平旦，天之阴，阴中之阳也。故人亦应之。"昼夜节律被概括为阳之阳、阳中阴、阴之阴、阴中阳四个阶段的周期变化，人体与之相应，主要反映在人气上。《素问·生气通天论》说："故阳气者，一日而主外。平旦人气生，日中而阳气隆，日西而阳气已虚，气门乃闭。是故暮而收拒，无扰筋骨，无见雾露，反此三时，形乃困薄。"这里讲了人体自晨到暮阳气生、隆、虚的三个过程，表达了一日阴阳消长同人体生理机制的关系。人同自然是统一体，在节律上也必须统一起来。

营、卫之气周于身的节律　营、卫之气是两种循行于人体内部经络的气体，它们的循行，都有节律可循。如卫气的循行，"夫卫气者，昼日常行于阳，夜行阴"。(《灵枢·大惑论》)"卫气之行，一日一夜五十周于身。昼日行于阳二十五周，夜行于阴二十五周，周于五藏。"(《灵枢·卫气行》)这里紧接着又论述了针刺治疗同卫气运行的密切关系："随日之长短，各以为纪而刺之。谨候其时，病可与期。失时反候者，百病不治。"针刺治疗必须候阴阳之时，"病在于三阳，必候其气在阳而刺之；病在于三阴，必候其气在阴而刺之"。利用营卫之气周于身适时而治，是中医学的发明，就其原理而言，是有科学根据的。

易学象数与中医学

象数是《周易》的核心内容之一。"象"，指卦象、爻象，即卦爻所象之事物及其时位关系。"数"指阴阳数、爻数等。象和数构成了《易经》的基础，所有变化皆由此产生。到了汉代，孟喜、京房等人以象数解易，创立卦气、纳甲、爻辰互体等学说，形成了"象数学"。北宋邵雍等又创"先天学""图书学",使《周易》象数含义不断扩展,组成了包括太极、先后天八卦、阴阳、五行、干支等在内的庞大象数体系。这个体系对中医学的发展产生了很大的影响。

"取象比类"和中医 "取象比类"的思维方法被广泛应用于中医学的生理病理、病因病机、辨证治疗、中药方剂和养生防病等各个方面。

在病理上,"东风生于春,病在肝";"南风生于夏,病在心";"西风生于秋,病在肺";"北风生于冬,病在肾"。(《素问·金匮真言论》)

在病因上,"夫百病之生,总不出六气之化,如感风、寒、暑、湿、燥、火而为病者,病天之六气也"。

在治疗方面,要遵循"法天之纪,用地之理"的原则。

在中药方面,"取象比类"是认识药性、组织方剂药物的重要原理。如带皮的药物可治皮肤,像五加皮、桑白皮能治水浮肿;物节以治骨,像松节、杉节等可治疗骨节疼痛;物核以治丸,像荔枝核、橘核可医肾子肿病;物之子能明目,像决明子、青葙子可祛风明目退翳。

在组方中,也常用取象比类之法。如《温病条辨》中的清宫汤,由"元参心、莲子心、竹叶卷心、连翘心、犀角尖、连心麦冬"等组成,取以心清心之意。

除思维方法的影响外,卦象也被直接运用于中医学的某些门类。如眼科诊断中的"八廓说"就以八卦为名，说明六腑命门包络在眼科临床中的诊断意义。小儿推拿学中也有推八卦的手法。还有，坎离水火相交之理被用来解说心与肾的关系；否泰天地升降之理被用来解说人体气机的变化等。

河洛数理对中医学的影响 中医学有许多基本的数，如太极、阴阳、三才、四时、五行、五运六气、六气六经、七损八益、八纲八法、天癸干支等数，都不能视为简单的数目字，而是纯数。其中包含和体现着河图洛书的数理含义，从而构成了中医学的一些基本原理。如"三才"，被认为是"天地合气，命之曰人"，反映了中医的天人相应思想。"五行"则被认为是"五运""五脏"等。"六"则为六气，"七"则为七情，"八"则为八纲八法……

象数与中医针灸学 《周易》象数与针灸学关系极为密切，对针灸学的理论及临床实践，均有重要的指导意义。

生成补泻 这是以《周易》生、成数为依据的针刺深浅补泻法。易学以一、二、三、四、五为生数，六、七、八、九、十为成数，所以中医针灸学在施针时"补生泻成，不过一寸"（《流注指微论》）。即补法用生数，针刺深度为一到五分；泻法用成数，针刺深度为六到十分。在临床治疗时，以生、成数为依据来掌握针刺深浅进行补泻。

九六补泻 这种针灸方法以《周易》老阳数九、老阴数六作为提插、搓转基数进行针刺补泻。明李梴《医学入门》中记述:"凡言九者,即子阳也;言六者,即午阴也……补泻提插皆然。……子后宜九数补阳,午后宜六数补阴。"子指子时,子时乃阴之极,一阳始生,故曰子阳;午指午时,乃一日中阳之极,一阴始生,故曰午阴。如需补阳,宜夜间二十三点到一点(子时)针刺并搓转九次;如需补阴,宜白天十一点到十三点(午时)针刺并搓转六次。

灵龟八法 亦称"奇经纳卦法"。它是根据《周易》八卦与阴阳消长原理创造的一种取穴方法。即取奇经八脉与正经相交的穴位配合八卦及干支进行推算取穴。取穴时,以八脉交会穴与文王八卦方位和洛书九宫数密切对照配应。即:坎一应申脉,坤二应照海,震三应外关,巽四应临泣,乾六应公孙,兑七应后溪,艮八应内关,离九应列缺。然后还创造了逐日按时开穴的环周盘,只要根据就诊日、时干支,便可查到应取穴位。

这种方法认为人体经气有周期性的盛衰开合,这种周期与昼夜日月运转的周期相应。经气像潮水一般,有涨有退,值时的经气是当时之气,故在值时经取穴效果最佳,这是灵龟八法的精髓。另一种针灸时间疗法的古典针法——子午流注法,与灵龟八法一样,都体现了《周易》象数原理对针灸学的指导性影响。在临床实践中,以上二法均有较高的临床疗效。

《周易》与中医养生学

养生即保养身体，防治于未病，延年益寿。

养生学是一门很复杂的学问。外国学者蒲丰提出哺乳动物的个体寿命为生长期的五至七倍。人体发育期为二十五年，那么人的自然寿命应为一百二十五至一百七十五岁。目前，可靠的人类寿命的最高纪录是英国的弗姆·卡恩，活了二百零九岁，而绝大多数人的寿命为六十至七十岁。可见，人类的寿命期限是大有潜力可挖的。而在中国存在并发展了二千年之久的中医养生学的理论和实践，对其进行的总结和探索，具有很大的现实意义。

阴平阳秘，精神乃治 《易》的核心是阴阳对立和统一，中医养生学完全接受了这一思想。《黄帝内经》说："阴阳者，万物之能始也。"人是自然的一部分，所以人要"法于阴阳，和于数术。食饮有节，起居有常，不妄作劳，故能形与神具，而尽终其天年，度百岁乃去"。

"法于阴阳"，正好说出了人体是一个对立统一的复杂系统。如物质的同化与异化，神经的兴奋与抑制，肌肉的收缩与舒张，免疫反应中的抗原与抗体，激素间的相互拮抗与制约，等等。即使小小的细胞，也是由许多阴阳对立面构成的，如吸收与排除,分解与合成,等等。中医养生学正是运用易的阴阳学说确定了养生原则,协调阴阳两种生命活力相互促进的关系。《黄帝内经》说:"调阴与阳,精气乃光;合形与气,使神内藏。"《素问·上古天真论》也说:"把握阴阳,呼吸精气,独立守神,肌肉若一,故能寿敝天地。"协调阴阳,把握阴阳平衡,保持体内阴阳二气的和谐,是中医养生的第一大整体观。

顺乎自然,祛病延年 人的身心健康,不仅取决于自身的阴阳平衡,也取决于人赖以生存的环境。它包括自然环境和社会环境两方面。

《周易》中首先阐明了人与自然、人与社会有密切关系。《序卦》说:"有天地然后有万物,有万物然后有男女,有男女然后有夫妇,有夫妇然后有父子,有父子然后有君臣,有君臣然后有上下,有上下然后礼义有所错。"对中医养生学来讲,这段话揭示了人的双重属性。首先易学认为人是自然的产物,有自然属性;人又要依靠夫妇、父子等关系,整个社会才能生存繁衍,又有社会属性。养生学根据这双重属性提出了"天人相应""顺乎自然"和"个体与社会相互促进"的两大养生原则。

《黄帝内经》说:"阴阳四时者,万物之终始也,死生之本也,逆之则灾害生,从之则苛疾不起。"这就是"顺乎自然"的养生原则。天地四时的自然变化都有一套节律，这套节律，也是人的"死生之本"。现代科学证明，人体一些组织的变化与季节等自然变化有密切关系。如甲状腺的分泌功能冬强夏弱；血液和二氧化碳的结合力冬强春弱；血浆中皮质激素的含量上午八时最高，晚十二时最低；呼吸是日快夜慢；血压是晨低晚高，这些无一不有日时、月份、年季的节律变异性。古人对此早有直接经验式的认识，因而提出"天人合一""顺乎自然"的养生原则。如《黄帝内经》告诫人们，预防疾病不能"逆之"，而要"从之"。方法是：春季要晚卧早起，散开头发，松缓衣带，从容不迫地散步，使起居与"春生"的天地"生气"相应。夏季宜晚卧早起，不要贪凉爽而厌恶日光，使体内阳气温煦才能保持生理正常，以适应"夏长之气"。秋天宜早卧早起，秋气萧杀，应避之以免伤害人体生气。冬天宜早卧晚起，冬季严寒，应保持体温，以免影响体内阳气的闭藏。这些告诫，在今天看来，也是很有道理的。所以东汉的大哲学家王充在《论衡》中说："人生皆当受天长命。""人本于天，天本于道，道本自然"，顺乎自然，才是最上养生之道。那些身处山林的人们，往往长寿者多，这与他们顺乎自然、随遇而安是有很大关系的。

"个体与社会相互促进"的养生学说是根据《周易》揭示的人体的社会属性而提出来的。人生长在社会中，难免有

"七情六欲",这些情、欲必须要和社会的规范、道德、伦理、法律等相适应,相助相生,方能有助于身心健康。不然,忧虑缠心,也会"灾害生"。孔子的"仁者,寿也",《医先》的"养德、养生无二术也",均是指的这个道理。只有具备了社会的公德,才能和社会息息相通,相互促进。从生理上讲,大脑接收的信息如果和大脑生理相依顺,叫作顺向性信息,它可以促进大脑生理正常活动,激发体内活力,有利长寿。反之,和大脑生理相违逆的叫逆向性信息,这种信息会扰乱大脑生理功能,从而破坏体内各系统的动态平衡,引起疾病,促人衰老。一个人热心为社会服务,社会必向他投入顺向性信息;如果少廉寡耻,危害人群,终日受人谴责,在咒骂声中生活,情绪必然紧张,全身各系统都要深受其害,最终导致生理性疾病。这是人的社会属性与自然属性在人脑里相互作用的结果。高寿之人多忠诚厚道,养生必养德。

调节情志、预防疾病 中医学为达到长寿的目的,一方面重视养生,另一方面更重视防病。养生和防病于长寿而言,是一个问题的两个方面,不可或缺,不可偏废。《黄帝内经》曾提出"不治已病,治未病"的光辉命题,认为:"夫病已成而后药之,譬犹渴而穿井,斗而铸锥,不亦晚乎!"这种"防患于未然"的预防医学思想,始终是我国医学遵循的准则。把这准则应用于养生学中,表现为特别重视"和畅情志,摄养心身",并创造了豁达法、松弛法、自悦法等多种自我控制调节情绪的方法。

  《系辞》中早就提出注重情志修养:"君子安其身而后动,易其心而后语,定其交而后求。君子修此者,故全也。"这里强调了言与行都要心平气和,专心致志,情志正常。只有如此,才能精神不乱,形体不散,身体机能活动正常,正气旺盛。明代著名医学家张景岳在《医易义》中说得更明确:"今夫天地之理具乎易,而身心之理独不具乎易乎?天地之易,外易也;身心之易,内易也。内外孰亲?天人孰近?故必求诸己而后可以求诸人,先乎内而后可以及乎外……医之为道,身心之易也,医而不易,其何以行之哉?"现在世界卫生组织把"健康"定义为"不但没有身体的缺陷和疾病,还要有完整的生理、心理状态和社会适应能力",即身与心都要健康。要达到心的健康,就有必要遵循中医养生学的调节情志原则,讲求心理卫生,增强身心的适应能力。中医养生学为我们提供了一条达于长寿的可行之路。

《周易》与术数文化

术数的源流与内涵

术数,是中国传统文化的重要组成部分。它对中国古代社会生活的各个层面,都曾产生过极其深刻的影响,大到国家命运的掌握、军政行动的成败,小到个人命运的吉凶祸福、民间肆坊的棋伎游戏,无不深深打上了术数文化的烙印。欲了解中国的政治、经济、科学、文化,就必须了解中国古代的术数文化。

"术数"在先秦指道术而言,"上古之人,其知道者,法于阴阳,和于术数"(《素问·上古天真论》)。这些"知道"者,上通天文,下知地理,中通人文;按《国语·楚语》的说法，必有智、圣、聪、明者为之。可见，术数是由先秦的知识分子——巫史们所创造的"治道艺术"。

先秦以降，"术数"几乎成了一切非理性的神秘之术的总称。三国韦昭认为"术"指占术，"数"指历数，也就是说术数是阴阳家、占筮家之术。他们用阴阳五行生克制化的数理，来推断人事吉凶；用种种方术来观察自然界与社会中可注意的事物和现象，来推测人和国家的气数和命运。它是一种以测知未来、占卜吉凶为主要特征的神秘文化。

术数所涵盖的内容历代变迁不定，有时属方术，有时属方伎，有时属术数。后来这三大类也互相混淆。最早对它定性的是西汉刘歆的《七略》，内有术数略，可惜已佚，至《汉书·艺文志》，班固以《七略》为蓝本，分作"术数"和"方技"两大类别，医经、经方、房中、神仙等术属方技；天文、历谱、五行、蓍龟、杂占、形法等术属术数。《后汉书》有《方术传》，把卜筮、阴阳推步之学、河洛之文、龟龙之图、箕子之术、师旷之书、纬候之部、铃决之符皆列入方术，并说"其流又有风角、遁甲、七政、元气、六日七分、逢占、日者、挺专、须臾、孤虚之术，及望云省气、推处祥妖"等。唐欧阳询《艺文类聚》列《方术部》，包括养生、卜筮、相、疾、医等。宋李昉等撰的《太平御览》也列《方术部》，包括养生、医、卜、筮、相、占候、占星、占风、占雨、望气、巫、厌蛊、祝、符、术、禁、幻等。

迄至清代，目录学分类日趋缜密。《四库全书》将古天文和古算术归入天文算法类，而术数类则收"《易》之支派，傅以杂说"，共分为数学、占候、相宅相墓、占卜、命书相书、阴阳五行六属，存目又收增杂技术。所谓数学，《术数类序》云："物生有象，象生有数，乘除推阐，务究造化之源者，是为数学。"其实这是据《周易》阴阳奇偶天地大衍之数，推衍出来的宇宙整体观和象数学说。所谓占候，是据天象变化预测灾祥，具有深刻的阴阳五行之理。占卜类系依托易学，因象数以观祸福。至于命、相、宅、墓等属，皆是由《易》推衍出来的特定的方术。因此，从术数的源流讲，实际上它是易学的一个庞大的支派。正如《四库全书总目·术数类提要》所讲："术数之兴，多在秦汉以后，要其旨，不出乎阴阳五行、生克制化，实皆《易》之支派，傅以杂说也。"

现代的学者一般把术数分作广、狭两义。广义术数包括古代的天文、历法、数学等等，狭义的术数专指卜筮、占候、堪舆、相学、命书、奇门、六壬、星占等以阴阳五行生克制化之理推测人事吉凶的法术。

术数既然是易学的一个支派，其与《周易》的密切关系不言自明。需要指出的是，术数虽源于《周易》和古代的方术，运用了易学阴阳五行理论，但它对于中国传统文化的影响，特别是对民间社会生活的影响，都比《周易》更加广泛而深刻。换句话说，术数在《周易》的玄奥理论与民间趋吉避凶的心态实践之间，架起了一座沟通的桥梁。它把易学的一些基本原理和古代非理性的神秘文化普及于中国古代社会的各个角落，无孔不入，严重地影响着、控制着、引导着人们的思想和行为。可以说，自古以来，没有多少人不曾直接或间接地受过"术数"的影响，没有多少人能够完全摆脱它的思想笼罩。上自帝王，下至村俚，都曾主动或被动地接近过它，受过它的摆布。许多江湖骗子，也曾借它横行无忌，坑害群众，使人虚掷了不知多少钱财！更有一些古代的思想家、科学家在术数研究中得益匪浅，在天文、历法、医学、数学、化学等领域内取得过令人瞩目的成就。政治家曾用其术辅政，军事家曾用其术克敌，文学家曾用其术创作，起义者曾用其术号召和组织群众，宗教家曾用其术吸引教众，直到现在，术数仍未绝迹。因此，对术数必须认真思考和对待。

术数中有着许多糟粕，但并非全是糟粕；术数中渗透着无穷的神秘，但并非全是神秘。它在不少场合全然是迷信的骗术，但在有些场合，又是和封建统治者斗争的工具。它是理智和愚昧、科学和迷信交织而成的一张大网。这张网底，不仅有污泥和浊沙，可能还会有真金。正如著名英国汉学家、中国科技史的奠基人李约瑟博士所说："中国古代和中古代的医生和技士们的本领要比大多数汉学家愿意承认的强得多。

人类历史上的一些很基本的技术正是从这块土地上生长起来的，只要深入挖掘，还是可以找到更有价值的东西。"

《周易》与各种筮占

《周易》本为古代筮书，《系辞传》中记有大衍筮法，《春秋左传》和《国语》中记有《易》的筮例二十余条。因此，尽管《易传》把《周易》导上了系统化的哲学道路，但易学的发展，始终和筮占活动结下了不解之缘。现在一般把筮占归于迷信一类，应在扫除之列。但古人则把它视为"圣人之道"之一，如《系辞上》说："《易》有圣人之道四焉：以言者尚其辞，以动者尚其变，以制器者尚其象，以卜筮者尚其占。"韩康伯注说："此四者，存乎器象，可得而用也。"筮占在古代既然被奉为圣人之道，它的发展便毫无阻碍地兴盛起来。特别是汉以后，《周易》被尊为"六经之首"，易学空前高涨，筮占之术也就愈演愈繁。什么"纳甲筮法""六爻筮法""火珠林占法""梅花易数""铁板神数""金钱筮占"等等，不下数十种。其中影响较大的有下列几种：

纳甲筮法

所谓"纳甲"，即把六十四卦排列成八个一组的八宫卦各配以十天干，其各爻又分别配以十二支。甲为天干之首，故称为"纳甲"。纳甲筮法是在纳甲基础上发展起来的一种占筮方法。

纳甲筮法与《周易》的古筮法已完全不同。它的最大特点是给卦中的各种因素都配以五行，充分发挥了五行的生、克、冲、合、扶、刑关系。如八宫卦配五行、六亲的关系为：

乾兑宫属金。金爻为兄弟，土爻为父母，木爻为妻财，火爻为官鬼，水爻为子孙。

震巽宫属木。木爻为兄弟，水爻为父母，土爻为妻财，金爻为官鬼，火爻为子孙。

坤艮宫属土。土爻为兄弟，火爻为父母，水爻为妻财，木爻为官鬼，金爻为子孙。

离宫属火。火爻为兄弟，木爻为父母，金爻为妻财，水爻为官鬼，土爻为子孙。

坎宫属水。水爻为兄弟，金爻为父母，火爻为妻财，土爻为官鬼，木爻为子孙。

一望可知，八卦、六爻与五行、六亲被紧密地结合在一起，五行、六亲的生克关系成了占断时的重要依据。六亲的生克完全比附五行，其关系如下图（图十二）。

除此而外，纳甲筮法用一套复杂的程序和概念，来确定占断依据，称为"装御法"。如起卦后，按纳甲原理装干支，定"六亲"，安"世""应""身"，起"六神"等。

纳甲筮法是一套远较古筮法更为复杂的筮法，它对事物属性

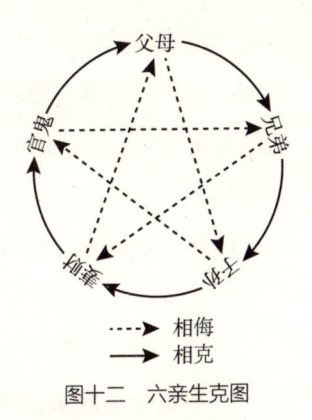

```
        ┄┄► 相侮
        ──► 相克
```

图十二　六亲生克图

及相互关系的占断，更加细致具体，随意性也比古典占筮小得多。其占筮步骤为：将六十四卦按"八宫"排列，安"世""应""身"、定"六神""六亲"等，然后按占筮的日月和卦爻变动等情况来占断决定吉凶。

京房以后，魏晋时代的管辂、郭璞，唐代的李淳风，宋代的邵雍，明清时代的胡宏（著《黄金策》）、程良玉（著《易冒》）、野鹤老人（著《增删卜易》），都运用了这一筮法，并有所发展，使之更加详备，成为我们今天所见的"六爻筮法"。

此筮法的演变，汉代以蓍草取卦，重神煞应验；唐代多以钱代蓍取卦，占者以纳甲筮法结合卦名、卦辞、爻辞决断吉凶；明清之际，以钱代蓍，占断时注重世应、用神与月建、日辰、动爻、变爻所属五行的生克制化、刑冲合害、旬空、月破等关系，杂以飞伏、反吟、伏吟等干支学内容占断吉凶。

《周易》与术数文化　｜　319

纳甲筮法以《周易》六十四卦为依托，把干支、五行、六神、六亲、旬空、月破等都引入筮占，作为占断时的依据，说明它既源于《周易》，又别开筮占新径。这种筮法无论在易学占筮的发展上，还是在术数文化史上，都占有重要地位。而且它在民间十分盛行，至今仍有一定影响。

梅花易数

梅花易数是北宋邵雍所传的一种占筮方法。传说"辰年十二月十七日申时"，邵氏观梅，忽见二雀争枝坠地，便设卦布算，得"明晚当有女子折花，园丁不知而逐之，女子失惊坠地，遂伤其股"的占断，至时果验。因此后人神其术，称作"梅花易数"。

梅花易数依据易学"万物皆数""万物类象"的原理，由数或象来起卦，然后综合《周易》的卦爻辞、体用关系、互卦变化、五行生克等诸多因素断卦。此法的特点是灵活多变，应用范围很广，对后世影响颇大。

它的起卦形式灵活而简单，可根据时间，可数的物、声音、汉字笔画、尺寸、动物、静物及人的声音、动作、肤色、服色等来起卦。即先得一个综合的数，此数若在八以内，就按先天卦的顺序：一为乾、二为兑、三为离、四为震、五为巽、六为坎、七为艮、八为坤，直接得上卦和下卦。若在八以外，则用此数除以八，以余数得卦。此就是所谓"卦以八除"。然后再求所得重卦的动爻，如数不满六，是几则几爻动，大于六则从六或用六的整数倍除，以余数得动爻。如被除尽则为上爻动。

例如根据时间起卦：年月日数之和除以八之余数为上卦，年月日时数之和除以八之余数为下卦。如前举邵雍观梅的日期为"辰年十二月十七日申时"，演化成数字，辰年5（辰在十二支顺序数为5）加月12加日17等于34，34除以8，余数为2，得上卦兑☱。辰年5加月12加日17加时9（申在十二支顺序数为9）等于43，43除以8，余数为3，得下卦离☲。上兑下离，重卦为革卦䷰。又上下二卦年月日时总数为43，除以6，余数为1，说明革卦一爻动（初爻由阳变阴），得变卦咸。又革卦的互卦（二、三、四爻为巽☴，三、四、五爻为乾☰）为乾、巽，然后根据本卦和变卦、互卦的卦象、卦爻辞及卦的五行生克关系占断结果。这一卦邵雍占断为："明晚当有女子折花，园丁不知而逐之，女子失惊坠地，遂伤其股。"从二雀争枝坠地起卦而推出明晚女子折花坠地，这个大弯子是怎样绕过来的呢？

据解释，本卦上卦兑为体属金，本卦下卦离为用属火，五行生克中，火克金，即用克体，说明这卦有凶灾，要出问题。兑在八卦大家庭中为少女，因而说倒霉的将是个女子。

《周易》与术数文化 | 321

互卦中乾属金，巽属木，金克木，故巽木要被乾金所克，同时也要被本卦上卦兑金所克，自然有受伤之象。巽在人体中象征股，所以有伤股之应。但股伤的程度如何呢？革卦变咸卦表明了这种程度：咸卦中，上卦为兑为金，下卦为艮为土，在五行生克中，土生金，非但不克反而相生，所以女子虽伤股而程度并不严重。

梅花易数除用时间等起课外，最常用的方法是以拆字起课，内容几乎占了该书的一半以上。这种方法，以楷书字数其笔画，然后以笔画数得卦。起课时，须诚心祈祷，随其所占，信手写二字（多字或单字也可），然后数其笔画，一点、一撇也都计算在内。以上字数为下卦，以下字数为上卦，合二字之画，得一重卦。笔画数如多于八，仍用"卦以八除"的原则处理。求动爻和变卦，也用二字笔画总数除以六而得，以后的占断方法同上。

梅花易数运用体用、五行、卦象、生克、比和等《周易》的筮占原理，对各类具体事物广泛地进行了占断，共列了十八类之多。有天时占、人事占、家室占、屋舍占、婚姻占、孕产占、饮食占、求谋占、求名占、求财占、交易占、出行占、行人占、谒见占、失物占、疾病占、官讼占、坟墓占，大凡人们日常所遇事物的疑难休咎都可在这个圣坛下得到回答。它似乎无所不通，无所不能。在这能通的背后，到底蕴藏着多少无知和愚昧，多少轻信和欺骗，恐怕谁也说不清楚。如果单就其筮占而言，我们实在体会不到其中丝毫的理性。但是，作为一种文化现象，筮占的确迎合了很多人的趋吉避凶的心理，求卜算卦成了指导古代人们思想行为的一项重要动因。今天我们来研究《周易》，研究它对中国传统文化的影响，就不能对筮占避而不谈。当我们能清楚地知道《周易》曾对中华民族文化产生过一些不良影响的时候，也正是接近于认识其伟大作用以及其中蕴含着的科学道理的时候。

《周易》与相术

相术，是通过观察人的身形、骨法、相貌、气色以测定人的性格、命运、福寿的方术。

在诸类术数中，相学是与《周易》距离较远的一种。易学的诸种流派属于术数的有数学派、占筮派、机祥宗、谶纬宗、医药宗、丹道宗、星相宗、堪舆宗等，唯独没有相学宗。这说明相学是较为独立的一门术数。但相学并非没有接受《周易》的影响，正相反，易学的阴阳五行理论、八卦象数理论、以德论占理论及取象思维方式，都为相学普遍接受，并构成它的基本理论框架。如八卦面相、八卦手相、五行人、阴阳二十五人和手上的天纹、人纹、地纹、三才主纹等都说明了它与易学的密切关系。

相术在中国起源颇早。在先秦时代,它是和《周易》卜筮、天文星占、梦占等并行发展的一种方术。《左传》中就记载了不少相术实例,如文公元年记载:

> 元年春,王使内史叔服来会葬。公孙敖闻其能相人也,见其二子焉。叔服曰:"谷也食子,难也收子。谷也丰下,必有后于鲁国。"

这段话说叔服精通相术,看了公孙敖的两个儿子后,说谷这个儿子可以供养你,难这个儿子可以安葬你。谷的下颌(地阁)很丰满,他的子孙必定在鲁国兴旺起来。

宣公四年说:楚国的司马子良生了儿子越椒,会相术的子文说这个儿子是熊虎的体形、豺狼的声音,具有"狼子野心",劝子良杀了他。"不杀,必灭若敖氏矣。"子良不忍,后来果然因他遭灭门之祸。

《逸周书》也记载:师旷见到周太子晋,听到他发声清浮,看到他面色红赤。"火色不寿",认为他不久于人世。从相学观点看,火性易灭,面有火红的颜色,不能长寿。

到了战国,相术逐渐成熟,甚至影响到了当时的思想家。如《孟子·离娄上》说:"存乎人者,莫良于眸子,眸子不能掩其恶。胸中正，则眸子瞭焉；胸中不正，则眸子眊焉。听其言也，观其眸子，人焉廋哉？"意思是：眼睛是观察人的最好窗口，它不能掩盖人的丑恶。心胸正直，眼睛明亮；心胸不正直，则眼睛昏暗。听其言，观其睛，一个人的真情就隐藏不住。面相术最重眼睛，认为眼睛可以预示人的身体、命运的好坏。孟子用眼睛的外观来判断人的内在心胸和品行，是受了面相术的影响。

汉代以后，相学理论大致定型。《汉书·艺文志》载有《相人》二十四卷，将它与相地、相牛马、相刀剑相提并论，认为同属于术数类的"形法"之学。

汉代相学理论的形成，除受当时易学阴阳五行的理论影响外，主要是受了中医学的影响。中医诊病的主要手段是望、闻、问、切四诊。所谓望诊，就是观察人体外在的神色形态；闻诊包括耳闻和鼻嗅，听人呼吸的缓急粗细，声音的高低强弱。用这种手段之所以能观察出病，是因为古人认为"有诸内必形诸外"。人体的病变，必然会在体表和面部反映出来，这是符合实际的，也是科学的。这种中医望诊术与相术在观察人的形态神色方面确有许多相通之处，二者可互相借鉴。只是医的目的在于治病，相的目的在于判断人的社会生活状况及命运好坏。如果置此目的不顾，那么相、医在这方面积累的丰富经验，可说是古人留给我们的一个关于人体科学的宝库。

相、医二学根据《周易》的阴阳五行理论，共同创造了它们的理论框架。在阴阳五行人的学说上，他们不仅相通，而且几乎一致。如《灵枢·阴阳二十五人》篇把禀赋不同的各种人，归纳为木、火、土、金、水五种类型；又根据五音的阴阳属性以及左右、上下位置的不同，将每一类人各分出五个小类型，共有二十五类人。这二十五类人在形体、肤色、经脉、气色、性格、态度以及对时令的适应等方面均有差异。各类人的诸方面差异，既是中医临床治疗的重要依据，又是相术的重要概念和内容。如木形人，《灵枢》讲：

　　木形之人，比于上角，似于苍帝。其为人，苍色，小头，长面，大肩，背直，身小，手足好。有才，劳心，少力，多忧，劳于事。能春夏，不能秋冬，感而病生。足厥阴，佗佗然。

　　大意是：木形的人，可与五音中的上角比类，好像东方地区的人。他的体形特征是肤显苍色，小头，长面，两肩宽阔，背部挺直，身材小巧，手足灵活。有卓越的才能，是劳心的知识人，体力不强，多忧虑，办事勤劳。这种人能耐于春夏，不能耐于秋冬，一受寒凉，容易得病，属于足厥阴肝经，态度一般雍容自得。相术木形人的界定也大致如此，又有所发挥，说木形是"掌瘦指长颈又长，鼻长身瘦腰又窄，眉疏须疏发又疏，声清现喉青合格。行动飘逸身仍定，耳白唇红又高额，两眼有神分黑白，便是木形富贵人"。(《神相铁关刀》)

相学除用阴阳五行理论外，还直接按后天八卦方位将人手、人面分成八个区域，以断命运吉凶。如手相：男子看左手（左为阳），女子看右手（右为阴）。以左手为例，拇指侧为春东方，为震卦位。掌远端食指下为夏南方，离卦位。小指侧为秋西方，兑卦位。掌近端靠手腕处为冬北方，为坎卦位。此为四正卦位。其四隅卦位是东南为巽，西南为坤，西北为乾，东北为艮。掌心部为明堂。相自身则看巽宫，相功名则看离宫，相儿女则看坤宫……凡卦位宜丰满隆起为吉，明堂宜深而红润为吉。八卦之位若是低陷、青暗或纹理散乱为凶祸之象。

相术在中国流传了数千年，对古代社会生活的各个领域都产生了重要影响。古人认为通过相面可在乱世中识别"真龙天子"，如刘邦为亭长时，精通相面术的吕公就发现其"伏犀贯顶"，因此把女儿嫁给了他。相面还可识别当生帝王的后妃及贵人，识别继承帝位的王储，识别封侯封爵的布衣，还可识别具有"反骨"的叛乱之人，甚至能预知人的生死存亡。如《史记·绛侯周勃世家》记载：相士许负见了周亚夫，说他三年后而封侯，九年后要饿死。亚夫说，我既能封侯富贵，焉能饿死？许负指着他的口说："有纵理入口，此饿死法也。"

人的鼻口两侧的两道纹称为"法令",此纹若横向进入嘴角,则为纵理入口,相术认为此种人将来必饿死。后来周亚夫在狱中"不食五日,呕血而死"。诸如此类的例子,史不绝书,虽然都"灵验如神",其实并不可靠,大多是附会之言,对此我们必须有清醒的认识。

古人对相术早就产生过怀疑,如《荀子·非相篇》说:"相形不如论心……术正而心顺之,则形相虽恶而心术善,无害为君子也。形相虽善而心术恶,无害为小人也。君子之谓吉,小人之谓凶,故长短小大、善恶形相,非吉凶也。"荀子认为,吉或凶,取决于心术正与不正,并不决定于其形象善恶或大小长短。因此,他提出"相形不如论心"的观点。这一观点,与《周易》的"以德为占"如出一辙,很可能是受其影响而发。后来"心相"成了相术的一个主要原则,如清初的《相理衡真》指出:

> 相有变更,心之所向,而相从之以变。……假如贫穷之相,其人本属恶类,顿悟前非,立心为善,功德广布,则相变为富贵之形也。……假如富贵之相,其人穷奢极欲,无恶不作,逞其厉性,出于不觉,则相变为贫穷之形矣。

这里用变化的观点去对待相,认为相随心变,善心则变好相，恶心则变恶相，是具有一定辩证思想的，也是与当时术数文化大都具有"劝人向善"的思想是一致的，有一定的进步意义。

《周易》与四柱命学

古人相信命运由来已久，至少殷代人就相信"天命说"，把天看作一个有意志的力量，认为天命可以决定人命。到了春秋战国，人们更加相信命运的存在。如大思想家孔子就说："道之将行也与，命也；道之将废也与，命也。"（《论语·宪问》）这就是说，他的使命及政治主张是否能实现，完全是由命运来决定的。孔子又说："死生有命，富贵在天。"人的贫富贵贱，由天决定；死生祸福，由命决定。

古人既然相信命运，当然想要进一步探测命运的好坏。天命决定人命，所以古人早就认为人命与天象有关，于是就产生了星命学。《周礼》说："保章氏掌天星……以观天下之迁，辨其吉凶。"这是说保章氏专管观察上天星象以推测人间的吉凶祸福。到了汉代，星命说更加发展。《汉书·艺文志》讲："探知五星日月之会，凶厄之患，吉隆之善，其术皆出焉，此圣人知命之术也。"此术就人的生日所属星象为根据，用易理布卦推算。如三国管辂推自己说："本命在寅，加月食夜生，天有常数，不可得讳。"这种星占推命之术，自汉至魏，都非常流行。直到唐代，谈命学者仍以星占学为依据。如韩愈《三星行》："我生之辰，月宿南斗，牛奋其角，箕张其口。"杜牧自撰墓志铭云："余生于角星昴毕，于角为第八宫，曰病厄宫，亦曰八杀宫，土星在焉。……土、火还死于角，宜哉。"这是说他的生辰所值星宿决定了他的生死祸福。汉代的司马季主、严君平，三国的管辂，晋代的郭璞，南朝的陶弘景等，是星命术的代表人物。

四柱命学或称算命术、批八字，主要来源于星命术，又加上了印度星占推命的一些概念，最后以《周易》的阴阳五行生克制化理论，形成了一套庞大而复杂的推断人生命运的体系。算命术的确立，始自唐代中晚期。宋王应麟曰："以十一星行历推人命贵贱，始于唐贞元初都利术士李弼乾，传有《聿斯经》，本梵书。"梵书《聿斯经》即印度古星命书。四柱命学的确立者是唐元和时期的李虚中，韩愈为他作的墓志铭中说："（李虚中）最深于五行书，以人之始生年月日所值日辰支干，相生胜衰死王相，斟酌推人寿夭、贵贱、利不利，辄先起其年时，百不失一二。"显然，李虚中已用出生的年、月、日干支及五行生克配上外国的九星术，来推算人的命运。到了北宋末年，有术士徐子平撰《珞琭子三命消息赋注》，发展了李虚中的命理，专以人出生的年、月、日、时四项来推衍命运吉凶。四项各有两个干支，共有八字，故又称

"四柱推命术"或"八字推命术"。至此，算命术方才完备，所以算命术又称"子平术"。到了明清，算命术士们又把易学八卦、河洛图书之学、宋人理学中的传统术数，结合"子平术"、星命术，创制出五花八门的推命之术，其中的"铁板神数"与"紫微斗数"，一直到近代在民间还有一定影响。

四柱推命先要推出人们出生的年干支、月干支、日干支、时干支，推的方法多种多样，最简便的办法是查万年历，上面记有百余年的干支，一查便知。然后以阴阳分统十天干、十二地支，用年干支代表祖基，月天干代表父亲，月地支代表母亲，日天干代表本人，日地支代表配偶，时干支代表子女。更取命宫、胎元、大运、小运、流年，配合行年太岁、月令等的五行生克制化原理，确定休咎、祸福、命运。

算命之术，虽属谬说，但其立论繁复，理络深奥，概念庞杂。有易学的，有术数的，有天文的，有地理分野的，有中国的五星术，有外国的罗睺计都九星术。欲对其梳理，确实不是一件简单的事。就其基本内容来讲，大体有三种主要成分或三种自然崇拜式的信仰。它们是：

对星象的崇拜 星象是人们直接观察到的天的代表，天上布满了星，地上也布满了人。在易学天人合一思想影响下，很自然地认为天上的星和地上的人是相互感应和相互影响的，相信星星能控制人的命运。天上有某星出现，那时出生的人的命运就会受其左右。如我国古书上常见的"我辰安在""命不逢辰""我生不辰"等都是说生时不逢好星而带来坎坷的命运。后汉的大思想家王充就非常相信星占命运,《论衡》说:"(人)所禀之气得众星之精。众星在天,天有其象。得富贵象则富贵,得贫贱象则贫贱,故曰在天。在天如何? 天有百官,有众星。天施气而众星布精,天所施气,众星之气在其中矣。人禀气而生,含气而长。得贵则贵,得贱则贱。贵或秩有高下,富或资有多少,皆星位尊卑大小之所授也。""故天有百官,天有众星,地有万民……凡人受命,在父母施气之时(怀孕),已得吉凶矣。"这里运用易学的取象思维方式,从天的众星星象——天施气而众星布精——人禀气之时受星之精——又禀气而长,试图从道理上说明"死生有命,富贵有天"。的确,在算命术中,充斥了各种星象。如神煞类的天德、三奇、天乙、月德贵人,岁禄、建禄、坐禄、归禄等十干禄和文昌都是吉星;羊刃、太岁、咸池、孤辰、孤虚、亡神都是灾星;又有魁罡、华盖、驿马等又吉又凶的中性星。再如金、木、水、火、土为五星,再加印度的罗睺、计都、日、月、紫气、月孛为十一曜(曜也是星)。这些大大小小、中外结合的各类神煞之星,罗织了个人乃至整个国家命运休咎的一个大网。它们既是算命术得以存在的理论根据,又是算命术主要内容的一部分。对星、对神煞的畏惧和崇拜,导致许多人陷入了命定论、宿命论的泥坑。

五行元素崇拜 算命术与星命术的最大区别在于把阴阳五行概念应用到算命的各种程式之中。阴阳五行概念可说是算命术的最基本概念,它主要源于《周易》和汉代易学的卦气、纳甲说。算命术不仅把金、木、水、火、土五行作为五星,也把它当作五种物质元素——自人结胎时便受其影响的五行之气,"人禀气而生,含气而长"。人体都有五行之气,而且在其出生的年月日时的具体环境下所禀赋的五行之气种类不同,数量不等,由此决定了各种人旺衰的状态与命运的好坏。这又是算命术一个主要的内容和理论根据。

动物崇拜 这种崇拜是原始的自然崇拜。算命术中的十二生肖,由十二种动物组成,便是原始动物崇拜的反映和残存。十二生肖在算命术中与十二地支密切配合,如子配鼠、丑配牛等等。因用地支来纪年,故某年生的人便象征某种动物,进而被认为具有这种动物的一些主要特性。肖虎的一定较有杀气,只有肖龙的才能镇服他;肖羊、肖牛的大多被认为具有软弱可欺的性格。最令人遗憾的是,这十二生肖分为相互矛盾的六对,鼠马相冲,虎猴相冲……又分为相害的六对,鼠羊相害,牛马相害,鸡犬相害,虎蛇相害,龙兔相害,猴猪相害。结果不知使多少有情的青年男女因属相相冲相害而天各一方,不能婚配,造成了历史上不知多少血淋淋的惨剧。

以上三种算命学的主要内容和信仰都是原始的、非理性的自然崇拜，拿它们来做算命术的理论基础，必然也是一种非理性的迷信产物。在封建社会条件下，它反映封建的意识形态，维护男尊女卑、贵贱命定等纲常名教，劝人们听天由命，不可强求，做一个乐天知命的"君子"，对人民起到很大的麻痹作用。奇怪的是，现代的一些星命家，绝不承认命术是迷信，自吹五行作为物质元素及五行的生克都有科学道理，并引用化学、物理、天文、地理、数学、历法等来证明算命术是科学。然而，宇宙的元素果真只有五种吗？水克火能作为化学原理吗？金生水能有科学根据吗？显然，算命术、星象术自王充以来都是假托为科学的，现代只能说它是迷信。

《周易》与堪舆术

堪舆，又名地理、青乌术、青鸟术、青囊术，俗称为风水术。它是以《周易》阴阳、八卦、天人合一及五行生克、气论等思想为理论指导，根据阳宅（住室等）、阴宅（坟墓）的地形、环境以测断吉凶休咎的方术。

堪舆二字最初指的是十二位神名，与地面的十二区域相对应。至汉代，其含义渐次延伸。许慎注《淮南子·天文训》说："堪，天道也；舆，地道也。"《康熙字典》说："堪者，天文也；舆者，地理也。"可见从汉至清，古人把堪舆当作对天地之理总体认识的一种方术。古人认为兴工动土的人事活动与天体的运动、地理环境的变化有密切关系，他们要让对天地之道的认识，为住宅坟茔建造、日常饮食起居服务，于是就产生了堪舆学或风水术。

堪舆学起源于商周的卜宅相宅活动。至汉代，受当时阴阳五行学说的影响，通过对天象的观察来判断地域的吉凶，产生了"黄道""太岁""月建"等宜忌，认为阴、阳宅的位置好坏，关系子孙后代的命运。这一时期出现了堪舆学的正式理论，体现在《图宅术》《宫宅地形》《周公卜宅经》《堪舆金匮》等专著中，成为当时术数文化的一个重要方面，也可以说是易学的一个重要支派。至唐宋以后，终于形成了易学的堪舆宗。

魏晋南北朝时期，堪舆学除承袭阴阳五行、天人感应之说外，尤其重视审察山川形势和墓穴、宫室的方位、向背及其排列结构，最突出的是对阴宅葬地的选择。晋人所撰、托名于郭璞的《葬书》，明确提出了风水术的概念和理论："葬者，乘生气也。经曰：'气乘风则散，界水而止，古人聚之使不散，行之使有止，故谓之风水。'"此说认为，死者的骨骸如果能埋在"乘生气"的地方，就可与在世的子孙产生感应，从而影响他们的命运。生气在什么地方，那地方就是风水宝地。同时认为气的特点是"乘风而散,界水而止",所以古人多以河右岸为吉,背山遮风的地方可以聚气也为吉。这些概念和理论为后世堪舆家所尊奉,附会出极为繁复的理论体系。

唐宋时期,堪舆学发展为"福建派"(又称理气派)和"江西派"(又称峦体派)两大流派。福建派据《周易》原理,以八卦、十二支、天星、五行为其理论的四大纲,从时间(三元九运)和空间(峦头方位)上考察人体与地理气候、地极磁波、山水方位的相互关系。此派在考察山川形气时,特别注重罗盘,在宅内也以罗盘格定方位。在分辨山水吉凶方面,不同的小流派又采取不同的理法。"三元派"以《易经》六十四卦方位分辨山水吉凶;"三合派"以五行立论,把"二十四山"方位分作十二个部分(长生、沐浴、冠带、临官、帝旺、衰、病、死、墓、绝、胎、养等),以分辨山水吉凶;"九星派"将二十四山方位分为阴阳、九星(贪狼、巨门、禄存、文曲、廉贞、武曲、破军、左辅、右弼)、五行以辨山水吉凶;"阳宅派"将住宅方位根据"八卦"原理分为八宅,再以"大游年"变爻的方式来推导"宅"与"命主"的配属吉凶关系。福建派至宋代王伋、赖文俊等人集其学之大成,以《青囊经》《宅经》为主要经典著作。

"江西派"始于唐代赣人杨筠松(俗称杨救贫),其学说重于观测山川地势,把自然环境要素归结为龙(山脉起伏为龙)、穴(住宅之基和墓地)、砂(主要山脉四周的小山为砂)、水(龙之血脉,穴之外气)。具体操作时,要觅龙、察砂、观水、点穴。此说特别强调山形水态、山情水意,强调阳宅形态(如宅内部的形状,宅内外附近的栏杆、天井、排水、道路、坑池等等)对人类的综合影响与作用,其中含有一些合理的成分。此派名家除杨筠松外,还有他的弟子曾文逸及宋人廖瑀、蔡元定等。他们的著作《疑龙经》《撼龙经》《泄天机》《青囊奥语》《青乌经》《发微论》等,千百年来,与《葬书》一道,成为风水家的必读之书,对元明以后的堪舆学和民间习俗,产生了广泛的影响。

堪舆术的核心是"生气",生气即古书中常见的"炁",它是促使万物奋发向上之气,现在有的人解释成宇宙辐射的高能物质。凡新兴而苗、与肃杀相对的叫生气,看风水就是要通过种种手段找到好的气场和强气场点,此即所谓的"风水宝地"。古人以为,气场的好坏与人的寿夭吉凶有很大关系。《庄子·知北游》:"人之生,气之聚也;聚则为生,散则为死。"清高见南《阳宅经纂》:"凡地气,从下荫人,力深而缓;天气,煦育人身,力浮而速。故阳宅下乘地之吉气,尤欲上乘天之旺气也。"《阳宅觉》:"人之居处,犹游乎二气之间,有所顺逆则寿。"这里,强调了人之生死寿夭与"炁"的关系,实质上是在讲人与自然环境的关系。自然"气场"的好坏,对人体确实有一定影响，但进而附会到"气场"能决定人生的吉凶祸福，显然是一种片面的、迷信的非理性活动，需要认真批判。古人基于上述认识，对居住环境进行了着意选择。

关于大环境的选择，古人根据生气的"遇风则散，遇水则界"的特点，提倡要避开风，抓住水，以使"气聚"。避风就是要避开强烈寒冷的西北风、北风和部分东风，应有一个环形物作为屏障。有水的地方，植被茂盛，氧气充沛，故"山环水抱必有气""山环水抱必有大发者"。以此为原则，在房屋建设的选址上，最好具有下列因素：

居于高处，面朝小河或湖水。

面南而居，房前平坦空旷，夏日南风会带来上乘之气。不宜面朝东北，东北风会带来很多尘埃。

住宅外部环境应前低后高。

植被要好。

主门前不宜有障碍物扰乱气的流动。

地基如是斜坡，建筑物不宜与其平行。

《阳宅十书》所总结的吉凶宅标准多属此类。如吉宅："前有高阜后有冈，东来流水西道长"；"宅前林木在两旁，前有丘阜后有冈"。凶宅为："南来大路直冲门，速避直行过路人,急取大石宜改镇,免教后人哭声顿。""东西有道直冲怀,定主风病疾伤灾。"

堪舆学对小环境也有所选择。如根据八卦、阴阳、五行理论,将住宅布局分为"三要六事"。三要是主、门、灶,六事是门、灶、井、路、厕、碓磨等,这些要素的相对位置如安排不好,对人的吉凶也有所影响。其中穿凿附会的成分很多,需要认真地分析批判。

堪舆操作时使用的主要工具是"风水罗盘",又名罗经。一般认为,它是由汉代的司南(指南针)和六壬栻盘(占盘的一种)发展而来。风水罗盘主要把《周易》的阴阳二气、八卦、河图洛书之数及五行生克之理、天星卦象之形等系统相结合,应用地磁原理来测定宅基方位、东南西北、八干(八卦方位)、四维、十二支、二十四向。其作用主要是相天、测地和推时。相天包括乘气、立向、消砂、纳水;测地包括测山川生成之纯爻,以辨其结地贵贱大小;推时指何时凶,何时吉。

堪舆作为一种术数,与《周易》结下了不解之缘。唐宋以后,它发展成为易学的一个支派——堪舆宗。在其理论和实际操作中,运用了许多易学的理论和方法。如测定水法的河图四局、洛书四局;测定宅内最佳气场分布位置的"洛书方格定位法";选择建筑物颜色的河图洛书数字色彩法,等等。堪舆术千余年来对中国人日常生活,特别是在建筑宅基方面产生的深刻而广泛的影响,可说是《周易》对中国传统文化影响的一部分。这种影响在大多数情况下,表现为非理性的吉凶推测、祸福礼祥,可说是消极的、迷信的、需要摈弃的。但它所揭示的"生气"(炁)等自然环境对人体的作用并非全无道理,现代科学证明了宇宙辐射是维持宇宙本身存在的一种必不可少的能量,而这种辐射不少人都认为是和我国古代"炁"的概念相通的。"吉宅"的选择即使在现代,也有它一定的合理性和实用性。这是一个古老的课题,又是一个全新的课题,有待进一步研究。

易学与象棋的起源和演变

易学的思想渗透了中国传统文化的各个层面,可说是无处不在。连棋戏这种不起眼的微末小术,在起源和演变中也深受其影响。易学的取象思维方式、阴阳八卦、六十四卦方图、河图洛书之象数,正是古代博塞象棋的起源,并发展为国际象棋、中国象棋的理论设计基础。由此我们可以看到易学的整体性思维、象数思维在创造奥妙无穷的棋戏文化中所起的巨大作用,领会到它在锻炼人类智力、提高人类抽象概括能力上所具有的特殊意义。

象棋之"象"中的易学理论

以象棋为名的棋戏主要有三种,最早的是《楚辞·招魂》中"菎蔽象棋,有六博些"的六博象棋,唐宋以后又发明了国际象棋和中国象棋。

为何称作"象棋"呢?古今的棋史学家几乎全都认为是棋中有像动物大象的棋子。如宋人晁补之《广象戏格·序》说:"象戏,兵戏也。黄帝之战驱猛兽以为阵;象,兽之雄也,故戏兵以象戏名之。""象戏"是象棋的别名。现代棋史专家孟心史先生力主此说,"古所谓象棋,本以象形得名,欧洲象形之象棋(指国际象棋),正与古合"。英国人威廉·琼斯更以此说作为象棋印度起源论的证据,认为中西象棋大体相同,应有共同的来源。中国古代不产象,印度则是产象国,今棋中有象,必然是古代印度的发明。此说乍看很有道理,但世界上最早的博塞象棋并无像动物之象的棋子,国际象棋的前身——蒙古象棋也无像大象的棋子。这不但使威廉先生的观点不攻自破,因"棋中有象"而名象棋的看法也并不符合实际。

李松福先生看到了这个矛盾,就另辟新径,认为"所谓象棋,《六臣文选·招魂》解释说,'象牙为棋妙且好也',即用象牙雕刻的象棋子,这就是象棋的由来"。此说被国际上最权威的《简明不列颠百科全书》认可,几乎成了不移之论。

如"中国象棋"条云:"那时(指战国)的象棋,意指象牙制的六博棋。"其实这种权威的看法是对象棋得名的曲解。考古资料中从未发现用象牙做的六博棋,倒是常见有陶质的、釉陶质的、木质的、石质的六博棋。《山海经》说:"休与之山,其上有石焉,名曰'帝台之棋',五色而文,状如鹑卵。"东晋李秀《四维赋》说:"四维戏(博塞棋的一种)者,画纸为局,截木为棋。"这些记载可与考古发现互相印证,故棋字古代从"木"作"棊",或从"石"作"碁",或从"土"(陶质的)作"基",绝无从象而得棋字的。这说明,以"象牙棋"来说明象棋的得名,完全是望文生义,不符合事实。如以质料而论,象牙质的称"象棋",陶、石、木质的当然也可称为"陶棋""石棋""木棋"了,显然这样说是荒谬的。

我们认为,象棋的得名与发明,完全是《周易》取象思维方式及其象数影响所致。今人仅把象棋当作体育运动中一种高智力游戏,所以对此就很难理解。古人则不这样认为,他们所理解的象棋功用大得很。如汉代人边韶的《塞赋》(塞与博棋雷同,只是不掷骰子)中说:

> 可以代博弈者曰塞……故书其较略,举其指归,以明博弈无以尚也。始作塞者,其明哲乎!……然本其规模,制作有式,四道交正,时之则也;棋有十二,吕律极

也；人操其半，六爻列也；赤白色者，分阴阳也；乍存乍亡，象日月也；行必正直，合中道也；趋隅方折，礼之容也；迭往迭来，刚柔通也；周而复始，乾行健也；局平以正，坤德顺也；然塞之为义，盛矣大矣！广矣博矣！质象于天，阴阳在焉；取则于地，刚柔分焉；施于人伦，仁义载焉；考之古今，王霸备焉；览其成败，为法式焉。

这段话简直不是在解释"塞之为义"，而是在解释《周易》的象数。西汉人京房等把《周易》卦爻象与当时的天文、历法、术数结合之后，易学象数的内容大为膨胀，而这些内容几乎被博塞象棋囊括无遗。从棋局讲，它制作像"栻"，即古代的六壬栻盘，四道交正，象征四时；局平以正，象征坤卦（即地）的德性——顺。从棋子上讲，子有十二，象征十二律数；两人弈棋，人各六子，象征着卦之六爻。从着法上讲，行棋必自中而直行，象征着《周易》的"时中"观念；到了角上要方折转弯，象征着礼制的宽容大度。迭往迭来，周而复始，象征着天行之健，地动之顺，刚柔相通。总之，《周易》"兼三才而两之"及"立天之道，曰阴与阳；立地之道，曰柔与刚；立人之道，曰仁与义"（《说卦》）的思想，在博塞象棋中被淋漓尽致地表现出来。无怪乎汉代的辞典《急就篇》总结道："棋局博戏相《易经》。"这里的"相"通"象"。

取象是《易》的核心，取象思维是《周易》独特的思维方式。八卦、六十四卦、三百八十四爻各有许多象，博塞象棋取法于《周易》象数，故其有"质象于天""取则于地"的各种"象"。它之所以被称为"象"棋，正是因为棋局、棋子中含有天地万物之"象"，它是依托于《周易》，从宇宙整体的三才观出发，根据天地间的万物变化之"象"，创造出来的复杂而又玄妙无穷的一种棋戏。

《周易》的象数思维被充分地反映在战国秦汉的"六壬栻"星占盘上（见图十三），而博塞象棋的棋局和这种六壬

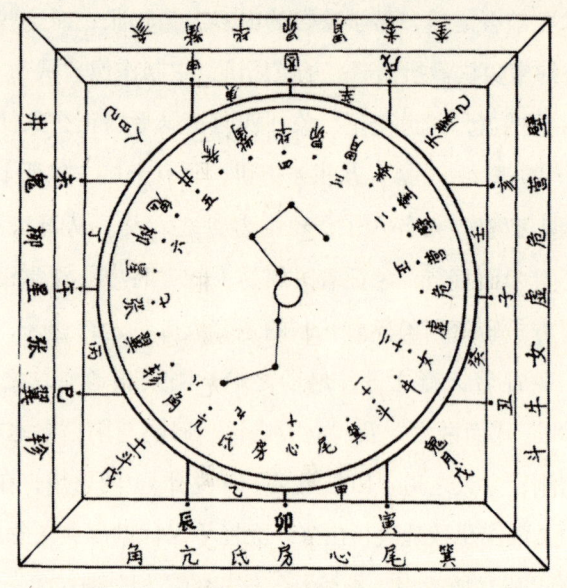

图十三　西汉夏侯灶墓的"六壬栻"星占盘

杙盘有着惊人的相似。杙和棋局，古人往往视为一物。如前举《塞赋》的"制作有式"（"式"通"杙"）即是。还有《史记·日者列传》说："今夫卜者，必法天地，象四时，顺于仁义。分策定卦，旋式正棋。"索隐云："按，式即杙也。杙之形上圆象天，下方法地，用之则转天纲，加地之辰，故云旋式。棋者，筮之状。正棋，盖谓卜以作卦也。"这里把棋视作筮占的工具，说明棋既是占卜的工具，又是棋戏的道具，棋理来源于《周易》筮占作卦的象数之理。因此，棋局与杙盘的相似毫不足怪，而是顺理成章。（请参看图十四）。

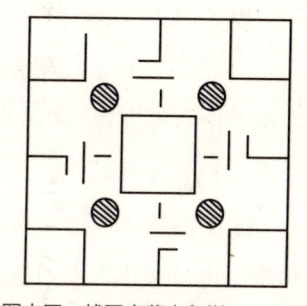

图十四　战国秦墓古象棋——六博

所以，象棋的得名在于棋局、棋子中有"象天则地"之"象"，象棋的起源与《周易》象数和春秋战国的杙盘有密切关系。根据《左传》等早期文献的记载及天文杙占盘的产生年代推断，博塞象棋应当定型于春秋中晚期，是由星占术数家们首先发明的。

六十四卦阴阳棋与国际象棋的起源

国际象棋的起源是一个争论很久又悬而未决的问题。权威的《简明不列颠百科全书》做了一含混不定的结论："国际象棋是从印度或中国的一种古老棋戏演变而来。"究竟由哪种棋戏演变而来？又是怎样传播的？特别是其棋局、棋子及着法中反映的是哪种文化思想，并没有人深入探讨过，而后者将是解决国际象棋起源问题的关键所在。因为，棋戏作为一种世俗文化，最能反映特定民族文化的突出特征，正如中国古代博塞象棋只能是易学象数文化的产物一样。

现代的国际象棋是八八六十四格，其中黑白交错，三十二格阴，三十二格阳，可称为八八阴阳棋局。棋子有三十二个，每方各二车、二马、二象、一皇帝、一皇后、八个兵，共十六子。

印度的梵文古籍（不晚于距今一千年前）记载了一种四角棋，也是八八六十四格，但不带阴阳。印度还发现有8世纪的立体象形的象棋子。这些是印度起源论的主要证据。

我国与现代象棋类似的棋戏出现也很早，唐代就已有"兵冲象戏车"的诗句，唐中期又出现了"宝应象棋"。这种最早的象棋棋局，根据唐代晚期苏制古锦——琴棋书画锦的形象（见图十五），可知它是八八阴阳棋局，和今天国际象棋的棋盘一模一样。又明末清初叶名澧的《桥西杂记》记载了一种流传于古代蒙古的八八阴阳棋，叶氏称作六十四卦棋（见图十六）。他说："局纵横九线六十四卦，棋各十六枚，八卒、二车、二马、二象、一炮、一将……将居中之右，炮居中之左，车、马、象左右列，卒横于前。……其棋形而不字。将刻塔，崇象教（佛教）也；象改驼或熊，迤北无象也。……马横行六卦，驼横行九卦……满局可行，无河为界。……卒直行一卦到底……斜角食敌之在前者，去而复返，用同于车。"

图十五　唐宋间"琴棋书画锦"中的八八象棋盘

图十六　古代蒙古象棋

　　我们注意到，蒙古象棋棋局同唐代的阴阳八八棋局一模一样，而印度的四角棋则不带阴阳格，而且是四人下，每方八子。在棋局上，蒙古棋和中国的古八八阴阳棋如出一辙，而与印度四角棋则有重大区别。在棋子上，"炮""将"都是中国独有的棋戏子。在着法上，蒙古棋与现代中国象棋完全一致，马横行六卦即走"日"，象横行九卦即走"田"，车行直路，炮越山吃子……因此，我们有充分理由相信，蒙古六十四卦象棋的源头是中国唐代的八八阴阳棋，随着蒙古大

《周易》与术数文化 | 347

军的西征，它逐步传入中亚、西亚和欧洲，15—16世纪时，被欧洲人结合其文化传统加以简单改造（仅去炮加皇后），定型为现代的国际象棋。

更有力的证据是唐代的八八阴阳局的设计思想，必然来源于《周易》的阴阳概念和六十四卦方局。西汉时，京房已把六十四卦排成方局，东晋时的李秀也说："盈尺之局，拟象乎两仪……九道并列，专都独毕。"两仪即阴阳，九道并列即六十四格方局。

大家知道，阴阳六十四卦中包含了天地万物之"象"，宇宙间的一切变化都寓于六十四卦的变化之中。"棋局博戏相《易经》"，为的就是在棋理中蕴藏这种变化，使人能够尽施才思，在对弈中提高智力，较量智力，趣味无穷。如果没有这种整体性的取象思维，棋中不含"象天则地法人伦"之"象"，就不可能具有如此功用。因而，国际象棋虽流传国外近千年，但还以"象棋"为名，绝非"棋中有动物象的立体子"所致（如蒙古象棋中就无动物象这个子），而是其中蕴藏了《周易》所取的"天地万物之象"而得名。

河图洛书与中国象棋的形成

现代的中国象棋大体定型于北宋晚期，它是在唐代八八阴阳棋的基础上，受易学河图洛书象数思想的影响而最终定型的。河图数为十，洛书数为九，故中国象棋棋局以十线为横，以九线为纵，交叉而成。这种变化只是在原来的八八阴阳局上多出一横行，由于此行是满足河图数"十"所致，故称"河界"，以把双方分开。后又附会楚汉相争的故事，称为"楚河汉界"。同时，洛书数"九"组成的"九宫"被当作弈棋双方的城堡或大本营，由将、帅及其护卫——士居之。早期中国象棋的将、帅都居于九宫的中位"五位"，象征协调万方或至高无上的君权。一旦弈棋开始，双方将、帅先要从五位退居一位，据说一位象征着宇宙万物之始，也象征着争夺天下的开始。

因为在八八阴阳棋局中加了河界和九宫，已不适宜在阴阳格中行棋，故略去阴阳格而改在交叉点上布阵和行棋，遂定型为现在式样的中国象棋。但它还保留着唐代阴阳八八棋的基本着法，如象斜行三步（即横行九卦）、马斜跨二步（即横行六卦）等。

综上所述，无论是春秋战国的博塞象棋，还是唐代的六十四卦阴阳棋以及从其演变而来的国际象棋、中国象棋，都和以《周易》为主的传统术数文化结下了不解之缘，它们通称为"象"棋，正是因为在其设计思想中充分应用了《周易》的取象思维方式和整体宇宙观，广征博取世间各种"物象"所致。从而，使棋戏具有了"质象于天，阴阳在焉；取则于地,刚柔分焉;施于人伦,仁义载焉;考之古今,王霸备焉;览其成败,为法式焉"等崇高的社会功能、伦理功能及智力培养功能。可以说,《周易》是各类象棋设计的渊源,象棋则是《周易》各种哲学理论的缩影。象棋之"象"中,高度蕴含了古代中国人对天道、地道、人道的精辟理解,包括了古代术数文化的精华。

在中国发源的象棋,历经二千多年的世间沧桑,不但未沉沦泯灭,至今反而发扬光大,成为世界人民喜闻乐见的游戏,不失为世界文化艺苑中的奇葩,原因就在于它是中国古代宇宙观、阴阳辩证观、三才观等高深哲理的概括。当它传入蒙古、中亚、西欧时,虽在个别棋子名称上有所变化,但基本设计思想和着法并无改变,也不可能改变。因为玄妙的《周易》象数思想是中国独有的,无论是古印度或者古代欧洲,都不可能有这种奥妙无穷的、包罗万象的、富有各种象征意义的《周易》象数棋戏构思。由此可以看出中国古代优秀的传统文化所蕴藏的无尽才思和博大情怀,虽然仅是棋戏,但棋之为义"大矣广矣!盛矣博矣!"它对于启迪人类智力,提高科学思维能力以及在社会文化方面发挥的功用,将是难以估量的。无论是国际象棋还是中国象棋,都是以《周易》为主的中华民族传统文化对世界文化宝库做出的巨大贡献。

余 论

中国文化传统是中华民族独特历史的产物。它是由逻辑思维方式，哲理观念学说，政治、经济、军事谋略，科技思维，文、艺、音、美特色，社会风尚习俗，民族心理素质等多层次组成的有机体。在这个有机体中，居于核心位置而又引发生成该文化传统的、一以贯之的部分，就是逻辑思维方式。因为逻辑思维方式不仅是形成民族文化特质的内在动因，又是该民族实践、感知、观念、民族性和风尚习俗最概括的抽象；从而它还是该文化传统的思想、心态、行为、气质、智能等诸要素在本文化传统内部形成的深层根源。因此，逻辑思维方式就是该文化传统的文化元。

《周易》是中国文化元的代表。从以上六章的论述中可以看出,《周易》作为一种逻辑思维方式,贯穿于中华民族各种文化形成发展之始终。太极、二仪、四时、五行、天干、地支、河图、洛书、方位、八卦等象数义理不仅相互应用于《易》的体系之中,而且被运用于中国古代几乎所有的学术领域。不管人们自觉或不自觉,《周易》的逻辑思维方式都对他们产生了重要作用,从而使中国的传统文化成为世界文化中一支具有独立特色的系统。因此,《周易》是中国文化之元,正如《汉书·艺文志》所总结的:"五者(指《乐》《诗》《礼》《书》《春秋》五经)盖五常之道,相须而备,而《易》为之原。故曰'《易》不可见,则乾坤或几乎息矣',言与天地为终始也。"《易》为之原",是说《易》的象数义理是其他五经的根源;而经学又始终是中国古代学术思想的圭臬。这不仅说出了《易》作为"六经之首"的崇高学术地位,而且指出了《周易》的逻辑思维方式是中国文化最深的根源,是中国文化之"元"。

《周易》在中国文化中的文化元地位,决定了它对中国文化长期而广泛深刻的影响。不论是农、医、术、数、天文、地理、律历、文史、艺术、棋戏,还是哲学、政治、经济、军事、教育、科技等都在不同程度上打上了易学的烙印,在我们民族的民族精神、伦理道德、风俗习惯、文化行为中更是流淌着易学的精血。本书所阐明的《周易》与中国文化的关系，只是其影响的主要部分以及这些部分的主要方面，全面地和从更深层次阐明《周易》与中国文化的种种有机联系，还有待于进一步的整体研究。尽管本书所论难免挂一漏万，但已足以看出《周易》对中国文化诸多方面的巨大影响。

作为中国文化元的《周易》，其数理逻辑符号、整体系统化思维、意象思维、辩证思维等理论体系是古代智慧多样性发展在中国大地上的结晶。《周易》之前，有《连山易》《归藏易》。与《周易》同时，还有"九筮""乾坤"和"易繇"等。《周易》形成之后，历代的哲人利用其开放性、包容性的特点，或引《易》为说，或援以入《易》，使易学成了中国哲学、思想、学术、科技等高度抽象智慧的总汇。这是一笔丰富而宝贵的文化遗产，也是世界文化宝库中的一枝奇葩。美籍学者成中英教授曾说："在《易》的发展过程中，早期的单向预测学说，到《易传》则发展为一种宇宙科学、智慧。《易经》成为一种创造性与灵活性相统一的学说，它所追求的既是整体又是开放，又是运动的思想体系；既是发展又是最平稳的人类社会。《易经》具有历史性、现代性和未来性，有其世界性意义。"

的确，《周易》不仅是中国文化元的代表，而且又是世界文化之一元。在国际上，文化模式的多中心论早已取代了一元中心说。有把世界文化分为八个中心的（如德国的奥斯瓦尔德·斯宾格勒），有分为二十六个文明单位的（如英国的汤恩比），比较集中的意见，至少可分为中国、印度、西方三个中心。印度文化，以佛学为基本内容，追求的是"彼岸世界"完全超现实、超实体性的思维，"空""真如""涅槃"等的抽象是其基本的逻辑思维方式。西方文化以希腊文化传统为文化之元，它以人的现实需要为出发点，是一种力求改变或认识自然为自己服务的意识形态。它的逻辑思维方式是形式逻辑的运用和发展，它面向现实，是一种入世的"人造世界"的文化。中国传统文化是把天、地、人三才做整合性思维的文化，"人与天地合"，说明在这种整合中人是居于中心地位的，人在其间最灵，最贵。人在这里不是指单个的人或单独存在的人类本身，而是生活在天地自然之间并与之有密切关系的三才之中的人，这明显是以《易》的逻辑思维方式为指导的。《易》的三才观、整体观、象数逻辑思维方式是中国文化传统之元，同时也构成了世界文化之一元。

这三大文化元系统在人类进步事业中都有各自辉煌的成就，它们之间的消长和盛衰，构成了人类文化的冲突、互补、交融的共同发展。现代的西方在经历了突飞猛进的发展之后，发现了其文化遗产中存在的偏颇和片面，进而倡导整体性逻辑思维方式和崇尚中国传统社会伦理、道德的群体性思潮。如瑞士著名心理学家卡尔·古斯塔夫·荣格多年研究《易经》，发现它是一个取之不尽、用之不竭的智慧宝库。德国哲学家黑格尔说他的正、反、合辩证法导源于《周易》中阴阳消长的原理。爱因斯坦则说："在我看来，中国的贤哲没有走上这两步（指形式逻辑与科学实验），那是用不着惊奇的。令人惊奇的倒是这些发现（在中国）全部都做出来了。"杨振宁教授在获得诺贝尔奖时声称：他怀疑"宇称守恒律"，是在西南联大读书时，从读《易经》中得到启发。诸如此类的事例还有很多。因此，在国际上很久以前就出现了《周易》热，并还将持续下去。美、英、法、日、德等国都有不少人在钻研《周易》，仅德国就有约五万人。大部分国外书店都有《周易》方面的书籍，仅日本近年来出版的就不下二百种，而且销量很好。美、英、法、加拿大等国还相继成立了易学研究团体，联合国早就成立了《易经》研究会。这种状况都说明，《周易》作为中国文化元的代表，在国际上已产生了很大的影响，它当之无愧是世界文化之一元，是人类文化宝库中的一颗明珠。

主要参考书目

《周易注》 魏·王弼、晋·韩康伯合注,阮刻《十三经注疏》本。

《周易本义》 宋·朱熹撰,上海古籍出版社1987年版。

《易图明辨》 清·胡渭撰,丛书集成本。

《周易古筮考》 尚秉和辑释,中国书店线装本。

《周易探源》 李镜池著,中华书局1978年版。

《周易古经今注》 高亨著,中华书局(重订本)1984年版。

《帛书周易注译》 张立文著,中州古籍出版社1992年版。

《周易古经白话解》 刘大钧、林忠军著,山东友谊书社1990年版。

《船山易学研究》 萧汉明著,华夏出版社1987年版。

《朱子及其哲学》 范寿康著,中华书局1983年版。

《周易之河说解》 李申著,知识出版社1992年版。

《周易阐微》 吕绍纲著,吉林大学出版社1990年版。

《周易讲座》 金景芳讲述、吕绍纲整理,吉林大学出版社1987年版。

《周易概论》 刘大钧著,齐鲁书社1986年版。

《黄帝内经》 元阳真人撰,西南师范大学出版社1993年版。

《河图洛书解析》 孙国中主编,学苑出版社1990年版。

《中国古代民间方术》 张荣华著,安徽人民出版社1991年版。

《周易与中医学》 杨力著,北京科学技术出版社1992年第二版。

《中国思维偏向》 张岱年、成中英等著,中国社会科学出版社1991年版。

《易学哲学史》 朱伯崑著,北京大学出版社1986年版。

《中国哲学史》 冯友兰著,中华书局1961年版。

《中国哲学史》 北京大学哲学系中国哲学史教研室编写,中华书局1980年版。

《周易杂论》 高亨著,齐鲁书社1979年版。

《科学无玄的周易》 沈宜甲撰,中国友谊出版公司1984年版。

《周易大传新注》 徐志锐著,齐鲁书社 1986 年版。

《周易全解》 金景芳、吕绍纲著,吉林大学出版社 1989 年版。

《周易古史观》 胡朴安著,上海古籍出版社 1986 年版。

《易经讲义》 张廷荣讲,台北易学研究杂志社 1993 年发行。

《周易人生哲理博览》 宋文安、张文郁著,四川人民出版社 1992 年版。

《周易今注今译》 南怀瑾、徐芹庭注译,天津古籍出版社 1987 年版。

《中国天文学史》 中国天文学史整理研究小组编著,科学出版社 1981 年版。

《文化危机与展望——台港学者论中国文化》 刘志琴编,中国青年出版社 1989 年版。

《周易研究史》 廖名春、康学伟、梁韦弦著,湖南出版社 1991 年版。

《周易研究论文集》(一、二、三、四辑) 黄寿祺、张善文编,北京师范大学出版社 1987—1990 年版。

《大道之源——〈周易〉与中国文化》 郭树森、张吉良主编,湖南师范大学出版社 1993 年版。

《大易集成》 刘大钧主编,文化艺术出版社 1991 年版。

《大易集要》 刘大钧主编，齐鲁书社1994年版。

《周易研究》（季刊）总第1—20期　山东大学《周易研究》编委会编辑。

《论象棋之"象"——象棋的起源演变与术数文化的关系》 宋会群，《体育文史》1993年第1、2期。